暴力的暗影——為何終結貧窮需要消滅暴力？

蝗蟲效應

The Locust Effect
why the end of poverty requires the end of violence

蓋瑞·豪根 (Gary A. Haugen)、
維克多·布特羅斯 (Victor Boutros) 著

楊芩雯 譯

終結貧窮必先消滅暴力

黃默

東吳大學端木愷講座教授、台灣人權學刊主編

這是一本讀來十分沉重的書,但也充滿了期待與希望。兩位作者既有學術的背景,也有豐富的經驗。書中描述當今發展中世界貧窮階層受到的暴力迫害與屈辱,遍及非洲、拉丁美洲、南亞、與東南亞各個國家。對貧窮階層來說,暴力無所不在、如影相隨,也使得脫離貧窮幾乎是不可能的事。作者稱之為「蝗蟲效應」,十分貼切。

雖是如此,發展的國家(台灣也是)對「蝗蟲效應」幾乎沒有瞭解,即使少數人有所認識,也都不願意去面對,這也是為什麼作者強調,如果我們不能消滅暴力,改變貧窮的努力,也必然事倍功半。

消除貧窮是一件十分艱辛的工作。既需要大量的資源,尤其需要價值觀的改變,涉及的面向涵蓋醫療、教育、就業、生活條件、住屋條件等等。如果我們同意作者的分析(我們又不能不同意),我們的工作可以說是雪上加霜,十分地艱鉅。

回顧人類社會的歷史,貧窮在傳統的社會,被視為是天經地義的事情,不是人的意志與努力所能改變的。到了十九世紀初,

科技的進步與利用，人類才擺脫了貧窮的主宰。然而，即使在今日，大多數經濟學者仍然將貧窮視為一個單純的經濟成長問題，不涉及文化、政治、社會的各個面向。誠然，這幾年來，這想法已經逐步受到挑戰。沈恩（Amartya Sen）教授主張發展是為了自由，自由是經濟成長不可或缺的構成要件。薩克思教授（Jeffrey Sachs）也提出「貧窮陷阱」的概念，以及破除的具體辦法。二〇〇〇年，聯合國千禧年計畫，尤以消除貧窮為核心的工作。聯合國組織、各國政府與民間團體，也都全力以赴，做了不少工作。但如本書作者所說，千禧年計畫幾乎沒有提到暴力的問題。

　　進一步的分析，暴力的問題來自於非洲、拉丁美洲、亞洲各個國家的刑事司法體制的失能，警察、檢察官、法院與律師都不是為保障貧窮階層的基本權利而設置的。適得其反，他們都淪為政府或是社會上有錢有勢階層的幫兇。他們既歧視貧窮階層，也為了他們自身的利益，不願為貧窮階層挺身而出。只有非常少數的警察、律師、檢察官與法官是例外的情形。普遍來看，貧窮階層不在法律保障之列。在許多非洲、拉丁美洲、亞洲發展中的國家，貧窮階層世世代代生活在暴力與貧窮的陰影之下。

　　面對這樣難以改變的情勢，作者的答案又是什麼呢？他們一方面回顧十九世紀歐洲、美國、日本刑事司法體制的革新，包括在短時期內改善貪污、腐化、訓練與設備不足的問題，還有扭轉觀念，不再將暴力視為警察執行任務理所當然的工具。另一方面，他們又敘述當前國際民間團體的活動與努力，包括作者多年來所主持的「國際正義使命團」（International Justice Mission）在世界各地所做的努力，尤其是在菲律賓宿霧（Cebu）城市，透過與政府、社區、律師、社工體系共同合作，所做的改革，深

信我們應該保持信心與開放的視野，試探各種有效消滅暴力的途徑。

作者十分強調只有非洲、拉丁美洲與亞洲的社區領導階層投入與行動，改變才有可能，這與十九世紀的改革運動，並沒有什麼不一樣。如果當今的情勢有什麼不同，那就是國際民間組織的出現與參與。早在二〇年代、三〇年代，國際民間組織已經逐步出現，比如說美國杜威教授（John Dewey）所領導的對托洛斯基（Leon Trotsky）案件的調查，又如英國哲學家羅素所領導的反越戰運動，都是大家耳熟能詳的事情。到了七〇年代，美國卡特總統倡議人權外交，國際民間組織投入改革的運動蓬勃發展、日新又新，普及世界各地。其中最著名的，如國際特赦組織、樂施會等等。本書作者所主持的「國際正義使命團」，根據他們的自述，也深受國際特赦組織的影響。

對台灣來說，蝗蟲效應的問題並不那麼嚴重，但地方政府迫遷以及私人暴力討債的事件時有所聞。社會貧富差距的擴大、新貧階層的出現，值得政府與民間組織密切地注意。

終結貧窮的漫漫長路

李茂生

台灣大學法律學院教授

　　本書《蝗蟲效應》談一個看似與我們並無多大關係，但實際上卻是存在於我們身邊，曾經發生過，而且不能保證將來不會再度現身的悲慘世界。兩位作者都在芝加哥大學法學院任教，而且都參與了企圖改變開發中國家刑事司法制度運作的非官方組織。他們寫下了觀察所得，也企圖揭開成功的序幕。

　　《蝗蟲效應》一書從一九九四年發生在盧安達的集團暴力屠殺事件談起。小教堂內的被害人幾乎都是被砍刀斬殺的。男人、女人、老人、幼童，都是些赤貧之人。之後，本書花了將近一半的篇幅詳述了在開發中國家發生的許多悲慘犯罪結果。

　　這些敘述都僅是為了說服讀者一件殘酷的事實。全世界有近二十億的赤貧階級，不管其多麼努力想改變自己的處境，也不管國際社會投入多少資源，透過糧食供應、醫療的提供、教育體制的改革等企圖改變現狀，只要沒有公共的刑事司法制度的保障，日常化的掠奪、性侵、人口販賣、奴役的拘禁等暴力犯罪，將會剝奪所有在福利、醫療、教育方面的援助所達成的效果。這種蔓

延的、日常化的暴力犯罪，就像群聚的蝗蟲災害一樣，一旦發生，所有的生機都會停頓。這些赤貧的二十幾億人，他們受不了任何的摧殘，而且受殘害後，幾乎是無法復原。

作者進一步研究，為何這些開發中國家的刑事司法制度會如此功能不彰。根據其研究發現，帝國殖民時代所創設的現代刑事司法制度，其本意並不是為了保障被殖民者的權利，而僅是用來確保殖民者權益的制度。其後，取代殖民者地位的本土社會菁英顯然也會沿用以往的制度而企圖確保其政經社地位。再者，經濟的發達造成了貧富上的不均，私人的保全制度日益發達，菁英分子溫飽之餘，當然不會願意資助公共司法的建設，於是公權力的司法機關日益衰敗，毫無起色。尤有甚者，菁英分子更是利用了功能不彰的公共司法而進一步剝削窮人藉此獲利。

雖然作者不斷強調刑事司法的保障是確保所有援助功效的前提要件，但是事實上國際援助幾乎都不重視這個領域。表面上，刑事司法的執行本身就是個暴力犯罪；再者，先進國家中透過刑事司法所展開的嚴罰政策，其本身就對貧困階級不利；此外，刑事司法的執行沒有降低暴力犯罪的效能，硬要強化無效的刑事司法，則最後可能會影響到對其他救貧計畫的資源投入；這些都是國際組織不願意介入開發中國家刑事司法制度改革的原因。事實上，先進國家投資以及協助的司法改革僅限於國際性犯罪的預防，例如毒品、恐怖活動的防制，以及透明商業機制的建設等；這些都是以不干預內國國權活動的名義下進行的活動，但是其本質不外是先進國家僅援助對其本國有利的他國刑事司法制度改革而已。

二十世紀被謂為國際人權的世紀，而放諸四海皆準的人權保障，都是透過三個階段而被實現的。此即，宣言、具有約束力的

公約與實現的具體計畫。一九四八年的世界人權宣言、二十年後六○年代的兩公約以及公約的國內法化，均實現了前兩個階段的要求，不過在最後一個階段，卻遭受到頓挫。

　　作者於本書的最後展現了最後一個階段的黎明曙光，其舉出許多成功的例子說明了前進兩步退後一步的荊棘進步。然而，果真前途就是如此的光明？

　　本書沒有提及台灣，或許作者並不認為台灣是正值司法改革的開發中國家，也或許作者並不認為台灣是個值得重視的國家。但是，不斷被殖民且企圖克服殖民的台灣、面臨兩公約的落實困境的台灣、缺乏最後踢出臨門一腳的社會菁英的台灣，縱然局勢不似本書所描述的非洲、南亞等國家般悲慘，難道不是個歷經諸階段改革，但是卻在每個改革的階段都留下遺憾的國度？本書所論及的局勢貌似與台灣無關，但是點點滴滴都留下一些反省的材料。

與窮人共同奮力打一場
真正遠離貧窮的仗

賴樹盛

全球在地行動公益協會副秘書長、《邊境漂流》作者

十餘年前我至柬埔寨拜訪時，有回隨著社福機構主管駕車訪視鄉間，記得他曾說過，當地人若看到「穿制服的人」在路邊攔檢，不但不要停下來，更要想辦法避開，讓我印象深刻。

我帶疑惑問著，他們不是執法人員嗎？難道沒違規也要如此嗎？他笑著回應：沒錯，就因為穿著警察或軍人制服，才可以對你予取予求。

坦白說，當時我蠻震驚的。但自己從事援助發展工作數年後，逐漸明白此書所言「對全球貧窮人口而言，最普遍的犯罪和掠奪者時常就是他們自己的警察機關。」

想盡辦法打工攢錢回老家的緬甸朋友談起，他們擔憂的不僅是惡劣工作環境、苛扣低廉工資，更害怕遇上了警察臨檢或拘禁時的索賄……

某日午後辦公室門前，行經一位衣衫不整的緬甸婦女，當地同事給予協助後轉告我，婦人說她被好像警察的人強暴了……

邊境有著流離失所的緬甸難民或非法移工，總不難聽聞這些邊緣弱勢者，受到鄰人、雇主或執法者的勒索、性侵害、人口販運，甚至動用私刑。曾有泰國雇主因懷疑緬甸工人盜賣作物，竟雇用槍手處決數人後焚屍滅跡，其中一人負傷逃跑才讓雇主惡行敗露。

　　對生活在台灣的我們來說，警政司法保護是理所當然的享有，對這些無法無天暴力行為，或許會感到荒謬至極。

　　然而，在泰緬服務時自己曾經想像過，若我沒有錢、沒有護照身分、語言又不通，當遇上暴力對待時，我真有能力反抗嗎？若不幸受到侵害後，我有辦法舉證並指認加害者，使其受到司法審判後定罪嗎？又有誰能真正幫助我？

　　「出於某種原因，世人忽略了全球窮人大多缺乏向前進展的最基本要素──全球窮人大多生活在執法的基本保護之外，而且極度易於受到蝗蟲般的暴力掠奪。蝗蟲可能在任何一天來到，把所有試圖改善他們生活的良善努力投入一掃而空。」

　　正如作者蓋瑞・豪根和維克多・布特羅斯所指出，困擾發展中國家的問題，並不只是貧窮、衝突及效能不彰，更有暴力不斷造成的秩序混亂，當欠缺可靠的威嚇力量（有效的執法制度），將使無數「無名小卒」不斷遭受侵害，無力反抗。

　　本書實地探究非洲、拉丁美洲、南亞等地真實案例，在社區遭強暴殺害的女童、監禁在磚造工廠裡的奴隸、被趕出自家土地的寡母等，無數受害者們重複陷入痛苦深淵，令人怵目驚心。一如我在東南亞曾接觸過的人們。

　　國際社會雖致力於各項援助投入，世上數億貧窮人口仍生活在貧窮及暴力威脅下。當社會持續漠視公共司法制度，有如重要環節總是被遺落了。作者呼籲各國政府及援助機構，此一失敗對

於消滅貧窮具有毀滅性影響。

「發展中國家的司法制度何以如此失能狀態，且對窮人全然失去效用？」作者抽絲剝繭般深入分析，除了舊殖民司法制度的怠惰、援助扶貧機構的忽視，或菁英的私人司法替代等，最大障礙來自於國家內部的激烈反對者——藉由制度維持失靈，繼續得到對窮人剝削式支配的好處。

此書讀來引人入勝，層次豐富而分明，直指貧窮與暴力共生的本質，不僅使援助發展工作者獲得啟發，更讓讀者改變對於終結貧窮的視角。

豪根任職人權組織「國際正義使命團」執行長，在各地協助健全司法制度。這個團體的努力「是讓窮人終於拉開布幕，揭露他們必須日日應付的持續性暴力威脅」，藉由當地律師及社工組成團隊，與權力當局合作，以期做到拯救受害者，將罪犯繩之以法，並使倖存者獲得安置及力量。

他同時坦言，這需要草根社區及國際社會，共同奮力打一場有意識、有策略、且成本高昂的仗——而且耗時經年，有時得花上數十年。如今在菲律賓、祕魯、獅子山等國，希望的示範計畫正陸續推展中。

數年海外服務工作經驗裡，我曾共事的貧困弱勢者，為帶給家人更穩定生活，投注了令人動容的決心和勇氣，但他們遭遇暴力侵害時的脆弱無助，仍為多數富足人們所難以想像。

所幸《蝗蟲效應》一書提醒世人，只有當發展中國家裡有了秩序，有了公平，有了安全——扶貧援助成果將能避免被蝗蟲啃食殆盡，貧窮者才得以真正邁上遠離貧窮的道路。

CONTENTS | 目錄

導論

　　那是我第一次親臨屠殺現場。時至今日，頭骨已全數整齊堆疊在架上，但是我初次撞見它們時，可不是這般景況。頭顱還連在身體上，大多僅存骨架，數量龐大、正在腐壞的人類屍體就這麼成堆置於盧安達的磚造小教堂裡。一九九四年的大屠殺發生之後，聯合國即刻派遣了一小隊「特別調查團」到盧安達，身為調查團的指揮官，我收到一份列出一百處亂葬崗和屠殺現場的清單。在大約十週的時間內，這個貧窮多山的國家有近一百萬人遭到殘殺──多數人死在寬刃砍刀下。我步出軍用運輸機，加入由各國人馬組成的小規模團隊，成員皆是犯罪調查員和檢察官，在種族屠殺後不出數週便在盧安達首都集合。整個國家瀰漫著一種災後的怪異空曠感。直到步出機場、坐上廂型車，我才發覺自己並未通過護照查驗站和海關就入境盧安達，因為機場裡沒有入關查驗處，也沒有海關。在我們潛意識裡代表著秩序及文明──還有安全──的象徵，經過一場肆無忌憚、全面席捲的種族屠殺之戰後，徹底消失無蹤。這讓人相當不安。

　　初期那段日子裡，我的任務是協助聯合國的專家委員會大略估算出數字，並且蒐集指控種族屠殺指使者主腦的證據。（設立

國際法庭至少得等上超過一年。）然而，面對成千上萬的兇手，我們該從哪裡著手？

　　最終我們先從基佳利（Kigali）①南邊的小鎮納塔拉馬（Ntarama）起步，在小小的教堂建物裡，所有屍體都維持著兇手離開前的樣子──散落在牆與牆之間，堆得與膝齊高，衣物腐爛，周圍還有冀求活過這場圍攻的赤貧人民的所有物。

　　然而他們未能倖存。

　　有四位西班牙鑑識專家與我合作，在遺體間仔細翻找，挖出每一顆頭顱做簡單的計數：「女人，砍刀。女人，砍刀。孩童，砍刀。女人，砍刀。孩童，砍刀。孩童，鈍傷。男人，砍刀。女人，砍刀⋯⋯」就這樣連續記上數個小時。

　　我們的任務是蒐集倖存者證言和凌亂可怖的實體證據，拼湊出大屠殺發生時的精準圖像。隨著時間過去，這個問題開始深深影響我，我無法停止在心中揣摩──那確切說起來是什麼感覺？驚恐之餘被強壓在教堂的牆上，四周盡是嚇壞了的家人，浸滿血的鋼鐵砍刀則是一路猛劈在尖叫中橫死的鄰人，朝你而來？

　　最終浮現心頭並且改變我的，單純是想清楚了暴力和貧窮的本質。我明白教堂裡這群赤貧的盧安達人絕望至極，縮擠成一團面對不斷逼近的大刀，此時他們不需要旁人給予佈道或食物，也不要醫生、老師或小額貸款。他們需要的是有人阻止那隻握著砍刀的手，其他事物都幫不上忙。

　　善心人士多年來試著資助赤貧的盧安達人，不過要是那些好人無法阻止他們被砍刀劈死，無論試圖分享任何資源都沒有用。而且沒有任何一樣好東西（糧食、藥物、教育、庇護所、乾淨的

---

① 譯注：盧安達首都，位於全國的中心位置。

水、小額貸款）能夠擋下揮劈的砍刀。蝗蟲②一般的掠奪暴力行為日益加劇，蹂躪踐踏脆弱窮人群聚求生存的掙扎。的確，窮人謀生的努力不僅絲毫未阻攔掠奪者，劫掠還會使他們增長且更富力量。

＊　＊　＊

然而令我同感震驚的是，盧安達種族屠殺後，我在接下來的二十年不斷進出開發中世界裡最為貧窮的社區所發現的狀況：沉默的暴力災難正靜靜地摧毀數十億窮人的生命，嚴重程度超出我們世界裡新聞頭條的大規模暴行和屠殺。

在世界的視線之外，掠奪者普遍且觸犯罪刑的暴力，此刻正摧殘著數十億窮苦鄰居的生命和夢想。對此種瘟疫般的獨特暴行，及其施加於全球貧民嘗試脫貧的嚴厲衝擊，我們稱之為**蝗蟲效應**（the locust effect）。肆虐的掠奪暴力行為跟窮人面對的其他問題不同，所以蝗蟲效應的解決方案也肯定不同。在窮人的生活中，暴行有能力摧毀一切，而且我們應對貧窮的其他作法都無法阻擋暴力。這是合理的說法，因為窮人的其他緊急需求也是如此，嚴重的飢餓和疾病同樣足以摧毀窮人的一切。但是能夠消除飢餓的事物不一定能消除疾病，對疾病有效的事物未必可以應用在飢餓時。差別在於這世界**知道**窮人苦於飢餓和疾病，並且忙著去滿足這兩種需求。

可是這世界渾然不知，窮人的**特性**是容易受暴力攻擊，或者

---

② 譯注：蝗蟲喜食植物葉片，在聖經《出埃及記》中，法老不准摩西率以色列人離開埃及，耶和華即召來蝗蟲，「吃地上一切的菜蔬」，藉此懲罰埃及人。「locust」一字視情況譯為蝗蟲或掠奪者。

該這麼說——如今暴力正以撲天蓋地之姿壓碾過全球的貧窮階級。無知的結果是沒人動起來、試著阻止暴力，從而形成環環相扣的悲劇。未能處理暴力問題，到頭來反而摧毀許多善心人士為了幫助窮人所做的事。

基於相當明顯的原因，假如你正閱讀這本書，我很確定你並不屬於世界上極度貧窮的那群人——僅靠一天幾美元餬口的數十億人。我也曉得你八成沒有長期處於飢餓，你不太可能因為完全可治癒的疾病而死去，你有適當的管道取用乾淨飲水，你識字，住在不錯的屋簷下。我還知道關於你的其他事。我敢說你的生活有一定程度的安全保障，遠離暴力。你大概不會常常受到被人奴役、監禁、毆打、強暴或搶劫的威脅。

但是假如你屬於世界上最貧窮的十億人，你就會。這正是人們不了解貧窮階級之處，也是這本書所要著墨之處。我們將攜手開展一趟艱難的旅程，探究廣袤隱蔽的地下暴力世界，平凡窮人在此過活，遠離世上其他人的視線之外。我在國際正義使命團（International Justice Mission）的同事鎮日行走於發展中國家最窮的鄰里社區，探訪不見天日的真實。在本書裡，他們的個人故事使資料與數據得以擁有血肉，以及對我們意義深重的人心。

國際正義使命團是跨國人權機構，支持著全球規模最大的各國律師群，讓他們直接幫助在發展中國家受暴力欺壓的貧民。在非洲、拉丁美洲、南亞和東南亞的貧窮社區，國際正義使命團資助在地的律師、調查員、社工、社區推動者等團隊，全職協助遭到奴役、禁錮、毆打、性侵害或被趕出自家土地的窮人。這些團隊與地方當局合作，援救受害人脫離凌虐，並將加害者繩之以法。接下來輪到跟地方社會服務夥伴攜手，陪伴受害人走上自長期折磨中復原重建的漫長路途。累積數千位案例後，他們的故事

讓貧窮的另一面真相浮上檯面。

　　提及全球貧窮階級，我們很容易聯想到飢餓、疾病、無家可歸、不識字、不乾淨的飲水和欠缺教育，可是很少人會立刻想到全球窮人長期遭受的暴力對待——數量眾多且盛行的性暴力、強迫勞動、非法拘留、霸占土地、侵害、警方濫權，以及隱藏於顯見的貧窮困乏背後的欺壓行為。

　　確切來說，我指的並不是偶發的大型暴力事件，例如盧安達種族屠殺，或有時殘害貧民、占據新聞頭條的戰爭和內亂。與之相反，我指的是在盧安達那段日子其後數年，國際正義使命團同仁使我得見的事實——普遍的暴力罪行發生在除此之外堪稱穩定的發展中國家，折磨全球數量更為龐大的貧窮階級，規模與持續期間均超乎想像——並且不斷阻撓、限制他們的脫離貧窮之路。

　　然而我們卻不這麼看待貧窮，即使專家也是。或許，處理全球貧窮現狀的基本優先順序，是由眾所注目的聯合國的千禧年發展目標（Millennium Development Goals）界定。在二〇〇〇年的聯合國千禧高峰會中，經一百九十三個國家認可的八項經濟發展目標，被視為激勵人們採取行動、解決全球貧窮的基本原則。不過在那份重要文件裡，竟未曾提及如何應對窮人面對的暴力問題。

　　這一點尤其不幸，因為——我們接下來就會看到——現今逐漸浮現的資料證實了一項共識——暴力對窮人為了脫貧所做的努力具有毀滅性的衝擊，嚴重侵蝕貧窮國家的經濟發展，且直接降低了扶助貧民措施的效力。結果是，你可以提供窮人種種物資和服務，如同善心人士過去數十年所做的；但是假如你沒能制止社區裡的惡霸施暴與偷竊——如同我們過去數十年沒做到的——那麼不免將會對我們努力的成效大失所望。

當然，這不是說扶助貧窮的工作未能達到可觀成效，尤其是減緩最為極端的貧窮，例如一天僅靠一點二五美元生存的人。但是我們將看到，被迫一天以兩美元維生的人數（超過二十億人），三十年來幾乎沒有變動過，證實日常暴力與貧窮之間關聯的研究則日益增加。沒有人會在本書找到任何主張是關於減少對抗貧窮的傳統方法，相反的，數十億深陷赤貧的人民仍舊迫切呼求，要我們把現在所能做的努力加倍。可是你會在書頁裡發現急迫的呼喚，要我們確實保護那些努力的果實，免遭蝗蟲群般的掠奪暴行而白費。

　　事實上，當你接觸這些人的故事，得知發展中國家的一般貧民是如何被無情的暴行伏擊，注意到他們忍受著何等的野蠻現實與駭人經歷──喪失生產能力，營生潛能被奪走，自信和健康受創傷摧毀，掙扎求生的被剝奪資源、流入掠奪者的口袋。一旦細想，在發展中國家裡有上百萬件此類個人悲劇的數據資料，你會察覺，未能對抗吞噬掉窮人希望的巨大暴力涵洞，是多麼令人憤慨。

　　不過比起未能優先處理窮人面對的暴行，或許更驚人的是，那些了解問題的人忽略了最基本的解決方案──也是在他們自己的群體中最受仰賴的解決方案──法律的執行。我們將共同見證，發展中國家的窮人之所以承受如此高度的暴行，是因為他們居住的國家實際上淪於法治敗壞。也就是說，發展中國家的基本法律執行制度淪喪，以至於現時的國際研究證實多數窮人的生活不受法律保護。確切來說，發展中國家的法律體系使窮人更窮，更不能受到保障。這就像世人終於醒悟，察覺發展中國家的醫院竟使得窮人的病加重，或是供水系統實際上汙染了窮人的飲水。

　　假如世人意識到此般現實，你會希望他們快速承認並著手處

理此一不幸。然而，可悲的是，世人不僅沒有體認事實，也未做出能讓窮人抱有確切希望的反應。他們大多什麼都沒有說，什麼也沒有做。我們將會明白，無能回應如此基本的需求——優先改善刑事司法制度、保護窮人免於日常暴行——對於上個世紀蔚為壯舉的兩項偉大搏鬥具有毀滅性影響，亦即終結赤貧和維護最基本人權，因而在二十一世紀阻礙了底層貧民的發展。

對本世紀的全球貧窮階級來說，除了實現基本司法制度，的確沒有更優先、意義更加深長的需求，因為司法可以保護他們不受日常暴力的可怕傷害。只要經歷過的人就知道，**假如你的人身不安全，別的事再也無關緊要。**

《蝗蟲效應》訴說一個驚人的故事，關於目無法紀的暴力禍患是如何摧毀這世界深深愛惜的兩種夢想：終止世界貧窮，以及維護窮人的最基本人權。本書也要呈現幾個驚人的故事，講述發展中國家的基本司法制度何以淪喪至此。半個世紀以前，殖民當權者離開發展中國家後，許多法規改變了，**可是法律執行體系沒有改變**、也未曾改造過。這些制度從來就不是為了保護平民免於暴力而設計，而是保護當權者。

其次，由於**公共**司法制度的殘缺，發展中國家的政商勢力在世人的視線以外，辦到了近代最重大的其中一項社會改革——建立完全平行的**私人**司法體系。他們擁有私人警衛和解決爭端的替代制度，讓窮人困於無用、只會愈來愈敗壞的公共司法制度。

最後，出於不可思議的歷史緣由（以及造成的不幸影響），緩解貧窮、促進經濟發展和人權的重要機構，均有意避免涉入發展中國家司法執行體系的強化改善。

為了務實的面對這個挑戰，《蝗蟲效應》把重心放在有歷史軌跡可循、帶來重大希望的改變，並關注正在全世界靜靜開展的

轉型計畫。原來，今日世上幾乎每一種適度運轉的公共司法體系，在歷史上均曾一度徹底失能、腐敗、遭到濫用。《蝗蟲效應》試圖尋回那些被遺忘、激勵人心的故事，描述近代歷史中司法制度如何改頭換面，使得即使是最弱小的人民也能得到合理的保護。此外，國際正義使命團和其他機構在全球實行的多項示範專案，皆顯示出強烈的希望。這些專案證明，改造發展中國家的破敗公共司法制度是可能的，使司法有效保護窮人不受暴力傷害。

然而，為了確保懷抱期待是有意義的，我們必須腳踏實地，認清現實。抱持一廂情願的樂天想法、未能嚴肅正視問題的嚴重程度，是發揮不了作用的。在世人對愛滋病的流行想出對策以前──現在已經開始慢慢做到了──全世界數百萬健康良好的人，必須逼視另外數百萬以駭人方式死去之人的遭遇──程度可比末日災禍。經由勇敢拒絕把頭撇開──全球數百萬人選擇這麼做，他們原本大可翻到下一頁、轉換頻道或點到別的網頁──從艱困現實萌芽的希望得見天光，從黑暗處境脫困的隊伍堅定邁開步伐。

同樣地，唯有當我們願意與當世至窮的人並肩行走，進入藏於貧窮表面下的恐怖祕境，他們才有可能過得更好。因此我們請求你做出決定、忍耐前幾章言之確鑿的創傷，讓書頁帶領你通過黑暗，因為另一頭存在真實的希望。隨後，我們會一齊爬梳歷史，從中發現距今不遠而真實的提醒──各式各樣發展中的社會如何反轉全無秩序的暴力漩渦，建立起一度無望的安全秩序。我們也將探索現今漸漸崛起、代表希望的眾多實例，包括國際正義使命團、其他非政府組織和政府機構，他們讓某些最惡劣的暴力形式對窮人造成的傷害顯著降低，諸如性販運、奴役、性虐待、

拷打和非法拘留。

不過，進入正題之前，有幾個關鍵的要點需要澄清。

本書主旨不在於為任何議題下定論，而是主要擔任對話的起點，談論一個未經解決的重大問題——應當被視為急迫危機，需要周全的思索和資源，卻不可得。書中引介多個極其複雜的龐大問題：窮人遭受犯罪暴力行為的嚴重程度和類型；暴力對經濟發展、脫貧、力爭現代人權的影響；殖民司法制度在發展中國家留下的遺風；司法體系的私人化；援助計畫下的司法體系；法律執行的歷史發展；目前試驗中的司法制度改革，以及其他更多議題。每一個主題都觸及廣泛領域的智識探索，重點介紹多位專家、學術文獻、專題論文和最新發表在網路上的研究篇章。因此全書並未徹底探究某個領域，希望做到的是將可信的論證以能引起討論的方式串在一起，使全球窮人面對的暴力危機從不幸受到忽視的現況，轉為得到立即有力的處置。

另一個關鍵點也必須在開頭提出，我與共同執筆者認為，獲得足以保護窮人免於日常犯罪暴力的法律執行，對於提升他們的生活安寧至關緊要，然而我們絕不認同法律執行是唯一能在暴力跟前保護窮人的手段。犯罪性暴力行為是高度複雜的社會現象，有許多需要設法解決的成因。我們提出的主張很簡單，假如有人試著要從源頭化解以消滅犯罪暴力，卻**少了可靠的執法行為作為威嚇力量**，如此做法終將走向失敗之途（在發展中國家**現正遭到挫敗**）。此外，雖然我們熟知且希望學習西方成功的執法形式，但身為人權律師，我們深深知曉自身刑事司法制度的缺陷。由於早期職業生涯中，皆在處理美國有系統的執法濫權案件，我們可以斷言，國外不至於發生我們在國內體系沒見過的濫用行徑、暴虐或貪汙腐敗。我們也不相信西方的刑事司法體系能在其他國家

一體適用。最佳解決方案將會是以下兩者的結合：孕育自本地、切合當地脈絡的補救策略，以及最有可能適用的外國做法。我們希冀做到的，是使世上最貧窮的人享有在當地能發揮最大效用的刑事司法系統，保護他們不受暴力侵擾——無論是何種形式。

　　本書的起點是納塔拉馬教堂裡駭人的大屠殺現場，經由漫長的路程，通往當代深藏的禍患，即全球貧窮階級每天面對的恐怖暴力。無論是哪種暴行，挑戰均在於直視暴力的本質，並且終止犯罪者不受懲罰因而一再重演憾事的現況。一九九四年，我們從納塔拉馬教堂撿拾出的骨骸，如今整齊堆放在建於同一位址的屠殺紀念館架上。層層骷顱提醒人們，什麼是**我們對他人做得出的事**，以及什麼是**我們無能為他人做到的事**。假如能夠激起人類本質中更良善——與更勇敢——的行動，那麼這就算是值得的紀念物。

接下來的內容中，有些人的姓名經過更改，
有些圖片經過模糊處理，以保護涉入者的身分。

以下論述為作者本身的觀點，
不代表美國司法部的觀點。

第一章

我們遺漏了什麼？

從各層面來說，這世界沒注意到祕魯城鎮拉烏尼翁（La Unión）發生的事極合乎情理。

即使我嘗試使用神奇的地理工具「Google 地球」找尋拉烏尼翁，還是完全看不見這座城市。從 Google 地球的六千呎海拔往下看，整個鎮完全隱身於安地斯山脈的陡峭地貌中。相形之下，如果用 Google 地球俯視我住的那一帶，不僅能找到我的小鎮、我的住家、我停好的車，甚至可以辨識當地藝術電影院門口跑馬燈上的字。反觀安地斯山的拉烏尼翁，鎮上的教堂、法院、醫院、印加帝國遺跡、體育館、學校、中央市場、市鎮廣場和數千居民全無蹤影。

我不認為 Google 應該為此受到責難。Google 地球上任何地點的圖片解析度，取決於「當地有無名勝景點與人氣高低」，而大多數人樂於從十二哩外高空觀看拉烏尼翁——也就是什麼都看不見。世人對拉烏尼翁任何地點的高解析照片需求均弱，主要是

市場經濟的問題。有人得替衛星和拍照技術買單,而拉烏尼翁的奎查恩(Quechan)印第安人不太可能擁有這樣的購買力。

然而你我看不見這座小鎮還有另一個原因:這裡沒有糟糕至極的憾事發生——至少表面上沒有。

事實上 Google 地球擁有一個備受讚譽的特殊圖層,讓我們得以看見橫受災禍之地的清楚圖片,例如曾發生過屠殺、森林砍伐、戰爭,或其他恐因地處偏遠而被遺漏的嚴峻需求——像是剛果東部在二〇一一年爆發的武裝衝突,據報因此爆發大量針對女性的性侵害行為,數字是驚人的**每小時四十八起強暴案件**。[1]

跟那種程度的恐怖事件相比,拉烏尼翁所在的瓦努科大區(Huánuco)有什麼可看之處?

如果是可與遭戰爭蹂躪的剛果比擬的強暴盛行率①,這樣如何?

我初次造訪瓦努科時,此大區首府城市擁有二十萬人口。當地報紙報導,五天內累積有五十位強暴受害者踏進一間法醫辦公室。[2]這位親自檢驗了五十位受害者的法醫告訴我,女孩的年紀全都介於十歲到十三歲之間。更糟的或許是曾與我交談過的律師、當地領袖、援助受害者的志工,無一有印象**任何人**曾因犯下性侵案而被送入監獄。

很明顯的,在這幾個安地斯山脈城鎮有某些事正在發生,而且是錯得離譜的事。

---

① 以剛果的七千萬人口分布來計算,報載的每小時四十八起強暴案件,亦即在每五天,二十萬人中有十六人遭到強暴。在瓦努科地區,一間醫療診所的記錄顯示,五天中二十萬人口裡有五十起強暴案。當然這並非性侵害盛行率的系統性比較,僅僅是為了指出,發展中國家窮人遭受的性侵害程度有多離譜,且遠離報導頭條的探測距離之外。

對瓦努科以外的世界來說，這地區可能看起來就像是另一個發展中國家的貧窮邊緣地帶，平凡、遙遠且如出一轍。從許多方面來看，瓦努科的確如此，可是兩位祕魯當地律師急欲帶我看得更深入。在像是拉烏尼翁這樣的小鎮，表面下的醜陋真相不斷往上竄升，留下一具街頭橫屍——是一具慘遭踐踏的八歲小女孩的屍體。

然而，要深入了解這個駭人故事並不容易，我得潛入小鎮裡超現實、凶殘、公然行賄的謀殺現場。在此每一個人都認識對方，每一個人都清楚知道誰對誰做了什麼，罪惡與純真在街頭交會，強者欺凌弱者，代代皆如此。

這就是為什麼我忍著陣陣作嘔，蜷曲著身子窩在一輛開往拉烏尼翁的新款豐田車裡。目的地海拔七千呎，整路是連續不斷的髮夾彎，穿梭安地斯山脈的翠綠層巒間。荷西和理查在前座，這兩位祕魯律師希望在拉烏尼翁發生的事廣為世人知曉。

理查和荷西都為祕魯最有聲望的人權組織「和平與希望」（Paz y Esperanza）工作。沿路顛簸駛過的陡直峭壁和髮夾彎，使我不禁把靈魂託付給上帝，而他們歡快地聊天大笑，拿彼此開玩笑作樂，稱許通往拉烏尼翁新鋪的道路使路程減半，花四小時就能抵達。

理查在瓦努科大區出生，父親在我剛經過的山間危路以開卡車維生，他是家族裡第一個接受高等教育的孩子。理查這個人慷慨過頭，他工作太賣力，付出太多，每年都對妻子承諾會對自己更好一點。他為人十分親和誠懇，熱情洋溢，臉上掛著滿滿笑容與一抹調皮氣息。他能在瓦努科就讀的法學院當上學生會主席，靠的是揭露了院長的貪汙行徑，把熱門工作職缺賣給出價最高的人。我懷疑今日的祕魯還有那位律師能比理查工時更長、更勤奮

地把兒童強暴犯送進牢裡。

　　說起來有些矛盾，荷西是從**讓人出獄**開始他的法律生涯。一九九〇年代的祕魯，恐怖分子「光輝道路」和藤森政權②之間發生凶殘的衝突，在那個醜陋的流血年代，數以千計的無辜祕魯人消失進黑牢，接受政府的祕密恐怖分子審判。荷西跟他在「和平與希望」的同伴挺身而出，替遭到起訴的貧窮祕魯人辯護，對抗濫捕、凌虐百姓的拘留體系，並干冒被該體系逮捕的風險。荷西挺過了那些年，與他那位活躍分子的妻子一齊協助「和平與希望」，開始幫助窮人抵抗性暴力。他們的工作始於二〇〇三年，也就是尤莉遭綑綁的殘破小身軀出現在拉烏尼翁街上的同一年。

尤莉的故事

　　荷西和理查想要讓我看看，這座山城外人幾乎從未見過的一面。不是遙遠如畫的奎查恩城鎮；興高采烈的遊客看到的總是這些小聚落。不是第三世界的貧窮現象；每個去過發展中國家或「新興市場」的人，都見過那些棚屋、衣衫襤褸的孩子、垃圾

---

② 譯注：光輝道路（Shining Path，西班牙文Sendero Luminoso）由一位大學教授古茲曼（Abimael Guzmán）創立，是祕魯共產黨的一個分支。在一九八〇年代晚期，光輝道路控制祕魯三分之一國土，直到一九九二年藤森政府在美國協助下逮捕古茲曼，組織勢力才漸式微。藤森（Alberto Fujimori）一九三八年生於祕魯利馬，一九九〇至二〇〇〇年擔任祕魯總統，成功剷除占據部分領土的游擊隊，並吸引外資提升經濟發展。後期多起政治醜聞爆發後，二〇〇〇年具日裔血統的藤森逃到日本，以傳真信請辭總統一職。二〇〇六年他在智利被捕，引渡回祕魯受審，因侵犯人權、貪汙等罪分別遭判刑二十五年、七年半和六年監禁。

堆、戶外廁所和濁黃的水。

不是那些。荷西和理查要帶我深入世人熟知的表象之下，見識窮人在其中生存、廣大隱蔽的暴力世界。他們要揭露這股地下勢力，因其竭力使最窮的一群人淹沒於充滿身體傷害與蒙羞恥辱的地底世界。

比方說，沒有人真正目睹拉烏尼翁二〇〇三年那個夜晚尤莉所遭遇的事——除了尤莉與加害者以外，而他們不會開口。此般暴行的後續結果，通常不像尤莉被棄置主街上任人觀看，相反的，真相常沉沒入河，禁鎖於祕室，扔進黑牢，以罩衫掩蓋，埋藏地底。難怪祕魯竟有地區的性暴力發生率可比非洲遭戰亂蹂躪的至深之處，而你我聽不見任何動靜。

我們還遺漏了什麼？

* * *

可怕的是，在那個寒冷的十二月清晨，她十一歲的哥哥約翰是第一批在街頭發現尤莉屍體的其中一人。「我記得那天早上離開家，」約翰告訴我，「有人猛敲我們家的門，我聽到有人說我妹妹被殺了。」

當時是二〇〇三年十二月十九日，還不到早上五點，約翰和他幾個舅舅、舅媽從他們的小屋連忙趕往鋪著碎石的主街，街道兩旁是泥磚和煤渣磚搭建的店面。人行道上已經聚集了一小群人。他們曉得那個地點，因為昨晚的慶典就在同一個地方舉辦。

儘管在赤貧的處境裡拚搏，約翰的母親和家族還是設法讓他上小學，直到畢業。前一晚，約翰的老師和畢業班上的三十六位學子，與孩子的家人和贊助人齊聚一堂，在租來的宴會廳慶祝社區生活的盛大里程碑。約翰期待這場學校晚會好幾個星期了。約

翰的母親露西拉不能來，她被迫到離家數百哩之遙的地方找工作，可是她撙節開銷，省下錢買寄給兒子他人生的第一套西裝，讓他可以穿去參加晚會。

約翰對我說，他從畢業的一個月前，就開始偷偷把深色西裝從包裝裡拿出來試穿，再小心翼翼地放回去。從他遞給我的老照片，我看見他在宴會廳裡，姿勢僵直地站在祖母和舅舅中間，一副彬彬有禮的樣子，穿著略顯尺寸過大的雙排扣深藍西裝和領帶，手拿畢業證書。那是張拍得很好的照片，記錄一個非常貧窮的家庭裡的重要日子。

然而在照片裡，我也能看見約翰身後的樓梯，通往當地一個有權勢家庭的居住空間，宴會廳即屬於他們家。隔天就是在這座樓梯上發現血跡，也是尤莉生前最後被人看見的地點。

尤莉跟哥哥和親戚住在宴會廳幾個街區以外。她是個精神飽滿的八歲女孩，有著黑色大眼睛和奎查恩人的微笑圓臉。即使沒什麼值得開心的事情，她也總是給全家帶來笑語。尤莉和一群朋友跟著去參加哥哥的典禮，大家身上穿著一層層的衣服，好抵抗安地斯山脈的冷冽。大廳滿是孩子和音樂聲，還有傳統慶典會出現的烤全豬。尤莉和她的朋友忙著玩和到處看，有時爬階梯到樓上，約翰告訴我們，屋主在那裡賣便宜玩具給家長，讓他們可以拿來當成耶誕禮物送畢業生。夜愈來愈深，孩子逐漸散去，老舊的宴會廳換成擠滿大人，在屋主的臨時吧檯喝上一整晚。

佩卓‧阿亞拉和他的妻子凱莉是宴會廳的所有人，他們跟十九歲的兒子蓋瑞住在樓上。同住者還有個十一歲的男孩，我們稱他為傑拉多，他從遭受性侵害的家庭逃出來，在此工作換取食宿。根據理查和荷西的描述，阿亞拉一家就像是每個貧窮小鎮都會有的有錢世家：進取而聰明，熟知如何在窮鄉僻壤賺錢。阿亞

拉家把宴會廳變成夜間營業的舞廳，販售啤酒和食物，讓鄰人付錢使用電話，賣衣服，在耶誕節兜售塑膠玩具，或其他任何窮人摸得著邊的事物。身處普遍貧窮的社區，人們順服謙遜，勉求餬口度日，也有少數像阿亞拉家這樣堅守自我主張的人，呈現出想要獲取力量與收益的動能。特出於一片沉寂貧困的地景，他們坐擁新粉刷的豪宅，屋頂上裝有衛星天線，青少年孩子穿著流行服飾，家具上覆蓋一層塑膠布。一般的窮人會指著他們家說那就是有錢人、有權力的人、重要的人，說他們是「大人物」。尤莉的家人就是這麼形容阿亞拉家，跟他們比起來，尤莉家與其他拉烏尼翁的窮人，在他們的語言裡是「小人物」和「無名小卒」。

*　　*　　*

畢業慶典過後的早晨，聚在尤莉已失去生命軀體旁的就是一群「無名小卒」，屍身橫陳阿亞拉家二樓露台下的街道上。十一歲的約翰發現妹妹被電線綁住手腳，內褲褪至腳踝處。「她全身到處是擦傷和瘀傷，」約翰告訴我：「他們從膝關節扭折她的腳，她的頭被打到凹陷。」

「她看起來像一隻被剖開的羊。」嬸嬸卡門補上一句。

他們最後一次見到尤莉是在阿亞拉的宴會廳裡。圍在屍體旁的嬸嬸、舅舅和小約翰領悟到是由於自己的疏忽讓尤莉留在這裡一整晚，深受震驚與打擊。每個家人都以為另一個人早已帶小女孩回家。有個也去了慶典的孩子說，他看見尤莉爬上階梯到二樓的阿亞拉家，之後他一直留在階梯附近，卻沒見她再下樓來。

佩卓·阿亞拉終於從屋子裡現身。他目睹橫陳街上的渺小屍身，以及在他家外面擠成一團的鄰居，然而奇怪的是他未曾表露好奇或關心，沒再多看一眼，直接走下主街。

報案後，兩名警員和一位檢察官到場，把尤莉的屍體帶往停屍間。可是警察和檢察官不曾訊問阿亞拉家任何問題，也沒進屋子裡查看就離開，引起尤莉家人和圍觀鄰居一陣騷動不安。這是怎麼回事？受急切的情緒驅使，眾人匆匆湧進宴會廳。

　　他們在二樓地板上發現一塊髒汙的床墊，滲有血跡和其他汙漬。床墊旁有尤莉的小靴子、帽子和她穿了好幾層的衣服。佩卓的妻子凱莉‧阿亞拉試圖主張衣物屬於她，不過那明顯是小孩尺寸，家屬也很快指認是尤莉的衣物。接著在屋頂水槽旁、阿亞拉家洗衣服的地方，尤莉的家人發現更多她的衣服，浸得濕透，還有一件染血的上衣，後來查證出屬於阿亞拉家的十九歲兒子蓋瑞。

　　同天早上稍晚，阿亞拉家的十一歲「家僕」傑拉多被警察帶往醫院去見一位心理醫師，報告他有沒有看見當時發生了什麼事。根據這個男孩的證言，他當時在宴會廳睡著了，可是半夜被小女孩哭喊「媽咪，媽咪，媽咪！」的聲音吵醒，然後又聽見蓋瑞和佩卓的說話聲。傑拉多說他想上樓看看發生什麼事，卻被蓋瑞阻止，告訴他只是小孩在街上玩的聲音，不用擔心。他回去睡覺，清晨醒來上樓後，發現醉醺醺的佩卓身旁有個小女孩蓋在毯子下。傑拉多說，他輕輕推那個小女孩，但她沒有反應。傑拉多描述佩卓是如何對他大吼，叫他閉上嘴，並且威脅要送他回對他施暴的繼父家，要他去清理宴會廳。傑拉多再回到二樓時，小女孩的屍體已經不見了。

　　那個白天，警察終於重返阿亞拉家，運走床墊、尤莉的靴子和衣服，還有屋頂洗衣間已泡水的染血上衣。尤莉的家人接著趕往醫院，他們聽說尤莉的屍體被帶到那裡驗屍。如今沮喪恐懼的家人得決定由誰向尤莉的媽媽開口，告訴她這件難以啟齒的消息。

＊　＊　＊

　　露西拉身在數百哩之外，做著她這輩子都在做的事——努力工作，勉力維繫自己和家人的生計。露西拉的外表有傳統奎查恩女人的特徵：深色眼睛，高顴骨，下半身結實。不過，她這一代變得不再穿戴羊毛裙、編織圍巾、黑色軟氈帽等傳統服飾。我造訪拉烏尼翁時，她身穿牛仔褲和保暖的棕色套頭毛衣，黑色頭髮盤起。我們在鎮裡步行時，露西拉帶我到她成長的破敗小屋，以石頭、泥磚、白鐵浪板搭成，距離發現尤莉屍體的街道僅有數百碼③。

　　在露西拉兒時，只要家裡經濟收入夠穩定，她就能去上學。不過跟眾多安地斯山區的孩童一樣，她大多數的記憶都是離家踏上漫漫長路，獨自在山間照看家裡的豬隻、山羊和綿羊。最終露西拉的家庭在父親酗酒施暴的壓力下崩解，她只得就此輟學。多年過後露西拉嫁人，養育約翰和尤莉，而她的家庭再次粉碎。小倆口在利馬北部找到工作，可是露西拉的丈夫變得滿口惡言且暴力相向，使她感到自己跟尤莉不再安全（約翰在拉烏尼翁上學，跟外婆同住）。露西拉跟丈夫離婚，靠自己爭取工作機會，把尤莉送回拉烏尼翁，跟露西拉的母親和其他家人一起住。

　　這就是露西拉在那個暗黑早晨離家數百哩的緣由。現下她的兄弟姊妹得找個方式，讓她知道自己的小女兒發生什麼遭遇。行動電話無疑盛行於已開發世界，不過像露西拉和她的家人這般的至貧階級，仍須仰賴附近擁有電話的朋友、親戚或店家。

---

③ 譯注：一百碼等於九一‧四四公尺。此處說的數百碼可能只有兩、三百公尺遠。

「鄰居一早跑來猛力敲門。」露西拉說，「那人大喊：『有人打電話來找妳。』所以我穿好衣服，走到街上的公共電話亭。」

露西拉的手足卡門應該要打這通電話，可是她發現自己說不出話來，只好把話筒遞給嫂嫂。

「電話那頭有個人說：『尤莉在宴會廳被殺了。』」露西拉對我訴說時，她的黑色眼睛充滿淚水。「他們就說了這麼多。我崩潰了。我沒辦法說話。我心想：『我有仇人嗎？別人根本不知道我們是誰。為什麼尤莉會在宴會廳？誰下的手？』」

掛掉電話以後，露西拉意識到她負擔不起開往拉烏尼翁的日班巴士（票價十五美元），只得等較為便宜的夜車。到拉烏尼翁要花上十二小時，在開往山區沒鋪柏油的彎路上，那些詭異可怕的字眼在露西拉心底一再重複：「尤莉在宴會廳被殺了。」

* * *

露西拉出身的世界或許充斥泥土地、受汙染的水、文盲，以及伴隨著絕望需求的無盡屈辱，但還是存在世人常見的夢想蹤跡。我從露西拉珍藏的照片瞥見些許這種夢想，照片裡的尤莉受到疼愛且生活豐足——有生日蛋糕、前往海邊的旅行、校慶和遊行——每個都是露西拉努力給予女兒的特殊紀念場合，或許就像她清掃的那些中產階級家庭裡的孩子所能得到的。我最喜歡的照片（圖1.1）中，四歲的尤莉驕傲地踩在椅子上，手背在身後，在巨大的生日蛋糕前綻放笑顏。乾淨純白的桌布上食物成堆擺放，還準備了裝飾布置和派對塑膠杯。遠遠站在角落的露西拉，試著躲開鏡頭卻失敗了。如同所有生活在郊區的媽媽，她對於自己替小女兒拼湊準備的一切感到喜悅與自豪。

這些年來我與許多極為貧窮的父母親同座，聽他們分享自大

圖1.1：尤莉的四歲生日蛋糕，照片左邊是尤莉的母親露西拉。

屠殺、奴役、謀殺、虐待、羞辱的強暴與辱罵中倖存的故事。他們描述的痛苦深不可測，誘使人產生錯覺，想像承受過這些痛苦的人總會在某些方面與我有著根本上的不同。或許出於某種原因，他們跟我對事物的感受就是不一樣。或許他們預期較少，關心較淺，希望沒那麼多，想要或需要的不多。然而令人痛苦的是，長時間觀察下，我親眼目睹他們跟我**一模一樣**──尤莉在那張床墊上承受的，或是露西拉在攀爬安地斯山區的十二小時巴士路程上忍受的，並不會因為他們是窮人而比較容易承受。露西拉跟任何父母親一樣，她只想知道女兒發生了什麼事。她想要人們做對的事，想見到殘殺她女兒的惡人受到法律制裁。

　　然而事實令人遺憾，露西拉在拉烏尼翁步下那輛巴士時，對於橫阻於前的勢力毫無頭緒。等到她曉得自己在對抗什麼時，已經太遲了。

＊　＊　＊

　　大部分「常見」的暴力行為確實在我們看不見的地方發生，不過強暴和凶殺會把場面搞得特別混亂。而在尤莉的案子裡，加害人留下可恥的一片狼藉。正是因為在他們家**屋外**那段人行道上有個遭受虐殺的小女孩，**屋內**則找到染血的床墊和被害人的衣物，阿亞拉一家要替脫罪找到說詞可得費上一番功夫。警方挪走尤莉屍身與阿亞拉家中的物證後，沒隔多久凱莉・阿亞拉就悄悄溜出屋外，穿越幾個街區到城的另一邊，付錢給知道該怎麼做的人：一個名叫埃斯塔西奧・弗洛雷斯的當地律師。

　　荷西和理查解釋，這正是發展中國家窮人希求司法正義、局面卻不再是公平較量的典型時刻。他們向我解釋，在祕魯鄉間，如果你是犯罪行為的受害人，而且你想要執法體系替你討回公道，你得為此付錢。沒得談。荷西和理查承認，這在已開發國家的人耳裡聽來奇怪，因為那裡有財務健全的公共司法系統付薪水給警方偵查人員、檢察官和預審法官，替暴力犯罪的受害人尋求司法制裁。在已開發國家，這些暴力犯行的確會被視為藐視國家體制的罪惡。

　　然而在祕魯──以及許多發展中國家──這卻屬於花錢購買的服務。有錢有勢的加害人必定會掏錢為自己辯護（正當與非正當的），而一天靠一至二點五美元過活的窮人根本付不起。所以窮人受害的案子無從進展，虐待他們的人不受司法制裁，也不存在能有效嚇阻暴行再度發生的力量。

　　當像露西拉這樣的母親去見政府檢察官，理查說明：「檢察官問的第一件事是：『你有錢嗎？』」──用來支付檢察官調查這件案子的開銷，或是付錢給為檢察官做事的私人律師。」露西拉

連趕回家領取受害女兒屍身的十五美元車資都拿不出來，更別提雇用律師承接案子的費用。

「不過這是明顯的強暴和謀殺案件。」我問理查，「假如這位母親拿不出錢，會發生什麼事？」

理查僅僅用他溫和的目光看著我一會兒，流露淡淡悲痛神色。這股悲痛是歸因於我不了解如此顯明之事，或是他為自己的國家感到羞愧，抑或替露西拉這般的母親感到難過。可能三者都有。

「假如她沒錢，」理查說，「**什麼事都不會發生。**」

之後我遇見其他六位來自瓦努科大區的母親，她們聯合代表女兒遭到強暴的數百位母親。她們告訴我相同的事：「當他們發現我們沒有錢，就拒絕受理我們的案子，只說『我無法幫你』。」「我們得不到正義。」她們悲痛直言：「因為我們窮。」

* * *

對露西拉一家來說，沒有能力付錢請人保障尤莉之死的調查，很快便出現顯而易見的後果。按照祕魯的法律規定，受害者的家屬有權派一位代表出席解剖現場，但根據尤莉家人的說法，本案檢察官羅莎里奧·弗瑞特拒絕讓他們家任何一人到場。不過，她卻允許阿亞拉的律師埃斯塔西奧·弗洛雷斯出席。此種做法十分怪異，因為這位律師的客戶（佩卓·阿亞拉和蓋瑞·阿亞拉）尚未因任何罪名遭起訴。

解剖過程中從受害者身上取下的陰道組織樣本，鑑識出有精液殘存。[3] 然而這些樣本——證實襲擊尤莉兇手的身分——不可思議地被丟掉，並且從未尋回。在那之後取得樣本的醫生作證表示，醫院院長告訴他樣本丟掉了，可是院長沒說這麼做的理由何

在。[4]類似的情況一再發生，尤莉的屍體送達停屍間時，內衣還在她身上，但是負責證據採集的弗瑞特從未獲得這件關鍵的生物跡證。

同日稍晚，取得陰道組織樣本的那位醫師，接到來自醫院院長一道十分怪異的命令。他被指派前往尤莉的親屬家，從孩子身上採集新的陰道樣本——而且是在親友正在為她守靈哀悼的時候。像這種程序實際上需要取得法院授權，以及檢察官到場執行，可是院長兩者皆無。奇怪的事還有一樁，跟院長同時出現、下指令的人，被醫師認出是在解剖時見過的律師弗洛雷斯。被問起時，弗洛雷斯謊稱他是尤莉家的律師。

驚人的是，尤莉的家人表示，弗洛雷斯當晚與兩位警員、兩位醫事人員抵達他們的單房小屋時，用了同一個謊言。尤莉家人指稱，弗洛雷斯下令要所有守靈中的親友到屋外，而他們表達困惑、出於悲傷而提出反對時，弗洛雷斯無恥地要求尷尬的醫院職員再次動手採集檢體，並對家屬說：「別擔心，沒事的。我是你們的律師，她也就等於是我的外甥女。我是你們的律師。」

弗洛雷斯還需要一樣東西：從尤莉屍身上脫下來的衣服。卡門嬸嬸守在醫院外等待解剖結果時，很快地跑去買了一件乾淨的白色洋裝給尤莉。尤莉的屍體清洗好穿上新的蕾絲洋裝後，親人把她的舊衣服帶回家——包括衣服上殘留可供司法鑑定的微量跡證。在屋子裡，弗洛雷斯堅持要尤莉的家人把衣服給他。尤莉的舅舅奧貝德不情願地答應了，他想說這人聲稱是「他們的律師」，所作所為是要幫助他們。那些衣服跟原本採集的生物樣本一起消失，再也沒出現過，而新的生物樣本則「出奇地」沒驗出精液。

那染血的床墊和那天早上在阿亞拉家找到的衣服又發生什麼

事了？它們從警方手上轉交到檢察官辦公室，此後從未接受檢驗或登錄為證據。事實是佩卓・阿亞拉和蓋瑞・阿亞拉被**宣判無罪後**過了好幾個月，理查和他的同事總算插手此一案件，才發現床墊鎖在檢察官的儲藏室裡。整張床墊已經過徹底清潔，刷洗得一乾二淨。

在這之中最令人瞠目結舌的，莫過於床墊染血的部分被切掉、重新縫合，好像什麼事都沒發生過。理查第一次告訴我這些事時，聽起來實在太荒謬了，以至於很難想像那是什麼場面。不過後來我親眼看到照片——一張是尋獲尤莉屍身的早晨在阿亞拉家拍的。我看見底色為白的床墊上有七條藍綠間雜的直花紋，血跡染於床墊的左邊。另一張照片是從檢察官辦公室取出的床墊，同樣是白底和藍綠花紋，但是花紋只剩下四條，而不是七條。左邊三分之一的床墊被切掉了，再從側邊縫合回去，好像這麼做沒人會注意到。或者更準確地說，好像就算有人真的注意到，也完

圖1.2：在阿亞拉家發現的染血床墊。

圖1.3：阿亞拉父子判決無罪後，在檢察官儲藏室找到清洗乾淨的床墊，左邊染血處遭切除，直條花紋從七條減為四條。

全沒關係。

在非常短的時間，阿亞拉家的律師、醫院院長、警察局長和鎮上的檢察官以極度明目張膽的手法，成功擺脫了解剖得來的生物跡證、受害者的衣物與床墊染血的部分——在床墊上面，有個小女孩曾遭到野蠻強暴。然而有個小女孩被強暴和謀殺仍然明擺在眼前，所以得有個人為此負責。只要他不是阿亞拉家的人。

* * *

發現尤莉屍體的早晨，傑拉多向醫院的心理醫師第一次說出證言。這個在阿亞拉家以工作換取留宿的十一歲流浪兒，在證言中暗示了佩卓·阿亞拉和蓋瑞·阿亞拉的涉入。但是警方和檢察官辦公室從街上抓來舍沙，把強暴和謀殺尤莉的罪名強加在他身上，而大家都知道舍沙是個老酒鬼和乞丐。於是小傑拉多被帶到警察局，遭施壓要他證實新的說法。

舍沙在零證據的情況下正式遭起訴強暴和謀殺，只憑傑拉多被脅迫做出的指控。可是有關當局的如意算盤打錯了。當鎮民聽說舍沙被起訴，一群民眾便聚集到警察局，抗議他遭到逮捕的事。這真的太過荒謬了。太多人曉得舍沙那晚根本沒去宴會廳，而且鎮民認定他是無害的酒鬼。人們要求知道，有權有勢的阿亞拉家為什麼沒半個人受到調查。當局很快翻案，就像以強暴和謀殺的罪名逮捕舍沙時的動作一樣迅速，沒多加說明就釋放他。

是時候嘗試另一種版本的故事了。阿亞拉家的律師埃斯塔西奧·弗洛雷斯有個姐姐，提供幾個地方讓在城市間流動的窮困勞工交租睡地板過夜。其中有個窮工人是十九歲的圓臉男孩，名叫赫西。本地人認為赫西心思單純，並非不友善的那種論調。只要能抽身，赫西會充當收錢小弟，替跑拉烏尼翁到帕查斯的小巴士

駕駛收車錢。

赫西在街上遭到逮捕帶往警局，被指控強暴謀殺尤莉——罪行發生時，他人在費可康查的家中，距離此地三小時的路程。根據赫西的證詞，拉烏尼翁警方將他脫光，打他、掐他、性侵犯他，連續刑求兩天，直到他順從。

赫西的「自白」需要一些佐證，所以小傑拉多又一次捲入這場夢魘之中。跟赫西的遭遇一樣，傑拉多事後描述警方是如何毆打、辱罵、刑求他，直到他願意簽署由警方撰寫的陳述，表明**他與赫西兩人**共同強暴、謀殺了那女孩。刑求之外，這兩人事後皆表示，凱莉·阿亞拉承諾會為他們扛下罪名而支付一筆錢和食糧，而且未成年的傑拉多將無需入獄服刑。

三天後，他們終於見到地方法官，兩人齊聲抗議自白書實屬偽造，是受到脅迫才簽下。傑拉多甚至舉出更清楚的目擊證言，指控蓋瑞犯下強暴和謀殺。不過一切都太遲了，火車已離站、駛上鐵軌。拉烏尼翁的「有力人士」已經把轉轍器弄壞，將軌道鎖死、只能前往他們要的目的地。他們把可能指認出加害者的物證拋出車外，而一個叫赫西的「無名小卒」則被鎖進貨物車箱裡。

露西拉和她的家人請來一位律師，試圖爭取導正已進行的程序，卻遭遇了我在全世界窮人身上常見到的冷酷玩笑——他們這麼做，只是把自己推向更深的貧窮絕境。為了負擔律師費用，露西拉賣掉她辛苦掙來的資產，那一小塊土地只換得當初買價的好幾分之一。多年的工作和儲蓄歸零，她多打一份工，甚至到街上賣炸甜甜圈，只為了試著付得起律師的費用。她的親戚找兼差，父親則賣掉全部牲口。他們覺得必須丟更多錢進入無止盡的黑洞，這情況他們既不了解，出於對尤莉的愛更讓他們無法不這麼做。完全可預見的結局是律師連番上陣，然而他們只伸手拿錢，

圖1.4：作者蓋瑞·豪根（左）與尤莉家人一塊去她的墓地。

什麼也不做，最後拋棄這件案子。

　　反觀佩卓·阿亞拉和蓋瑞·阿亞拉，從這場仗的第一分鐘開始，他們就施展財富和地位，雇用一位積極且不擇手段的律師。這家人犯下的罪行，到頭來獲判全數無罪。赫西則成了替死鬼，這樁離奇罪行的重擔全數落在他肩上。在審判的過程中，他**不曾擁有法律代表**，就被撐進嚴厲且危險的祕魯監獄關上三十年。如今他正在牢裡等死。

貧窮背後的恐怖

　　這是貧窮的恐怖，是你我和世上眾人未必能深入了解的暴力

横行之地。比如說，我們可能知道許多祕魯人生活貧困，但是對於藏在貧窮下的暴力夢魘，我們又曉得多少？我們可能知道祕魯鄉間的婦女大多處於貧窮線④下方掙扎，求取每日所需的食物和住所。但是我們可曾曉得，百分之五十到七十的祕魯女性為了反抗性侵害和其他形式的暴力而奮戰[5]，如同露西拉和她的母親及女兒？指出百分之四十七祕魯女性是強暴或強暴未遂受害者的那份研究[6]，我們曾聽說過嗎？

一提起貧窮，我們很容易想到飢餓、疾病、無家可歸、遭汙染的水、不識字和失業。可是荷西和理查想到的是另一種把窮人困在貧窮中的現實——就是暴力。外界的人很難看見此種現實——即使是時常造訪發展中國家、熟稔此處的訪客——因為大部分施加於窮人的暴行，皆經過有意隱藏。骯髒、簡陋木屋、汙水、乞討者和垃圾難以忽視，然而在貧窮築起的牆後，鮮少有人曾親眼目睹突然打在臉上的耳光、醜惡掙扎的強暴、往腦袋砸去的鐵條，以及扼住喉嚨的雙手。

我們很輕易就可以把尤莉和露西拉的故事視為單一事件，是驚人且罕見暴行下的悲劇。不幸的是，她們並不孤單。這故事是「常見」暴行的縮影，這股巨大浪潮靜靜地衝擊發展中世界裡超過億萬的窮人。

世人的確未能深入理解以下這段簡單明確陳述中的可怕意涵，連起步都稱不上。這段文字埋藏在聯合國鮮為人知卻不失詳

---

④ 譯注：貧窮線指的是滿足生活所需的最低水平，然而這條線的基準在已開發國家和發展中國家明顯不同。一般通用的貧窮線為「以少於一點二五美元生活一天」。若要更精確計入購買力基準，則可解釋為「一天的總開支少於在美國以一點二五美元所能購得的物品與服務」。

盡的報告中，僅僅指陳：

> 大部分窮人並未活在法律的庇蔭之下，相反的，他們與法律
> 的保護傘距離遙遠。[7]

考量到世界上極為貧窮的人口至少有二十五億[8]，影響「大部分窮人」的任何狀況，都會影響**一大群人**。再者，假如這狀況影響二十五億人中的多數人，使他們不在法律的保護之下，那麼一大群人就面臨了大麻煩，而且是我們外人幾乎難以想像的嚴重麻煩。簡單地說，他們不安全。他們——數以億萬計的人口——日日遭受被脅迫為奴、監禁、痛打、強暴和搶劫的威脅。

然而，或許這場隱而不宣的暴力惡夢，是被隔絕在像瓦努科大區這般渺小而遭人遺忘的重貧之地？它們過於隱蔽無名，甚至用 Google 地球也看不見？

假如答案是肯定的，或許我們會感到些許安慰。然而並不是。針對窮人兇猛又猖獗的暴行，都在發展中國家裡許多最為知名且醒目的地區發生——就在我們眼皮底下，而我們卻沒有看見。

印度或許是最令人震驚的例子。這個國家猛爆的成長率，使其成為全球經濟圈中令人屏息的驚喜話題。而印度境內大概沒有別的城市，比新興的高科技之都班加羅爾（Bangalore）受到更多注目，原因出自它看似奇蹟般的經濟成長和現代化。此城號稱「印度的矽谷」，是全國第三大城市，擁有九百萬人口。它享有百分之十點三的經濟成長率[9]，居民至少有十位屬於億萬富翁[10]，超過一萬人是百萬富翁[11]。這裡也是眾所皆知的湯馬斯・佛里曼（Thomas Friedman）頓悟全球競爭真相的所在，其後寫就

《世界是平的》（*The World Is Flat*）這本書。跟祕魯隱而不見的拉烏尼翁不同，你我皆能駕馭 Google 地球的高解析度衛星照片，俯衝而下深入班加羅爾的每條大街小巷。我們可以數出停在班加羅爾嶄新國際機場的巨型客機有幾架，或是飛越修剪整齊的草坪和玻璃帷幕大樓，正是這些擴張的景觀吸引佛里曼注意到此地的那些科技巨人。

可是，班加羅爾的一位年輕律師莎須密塔・莫米，想讓我看看這城裡的另一面。莎須密塔是位出眾的年輕女性，出身於高種姓⑤的上流家族，她排除萬難到班加羅爾讀法律學校。身為明星學生，莎須密塔很快受到城市裡其中一間生意興盛的公司搶著聘雇。由於在公司的主要業務項目表現突出，她迅速上了軌道，而出乎她意料的，這項業務是交涉行賄。任何大型且複雜的經濟體，必定需要持續解決大量的糾紛、交易和監管事務。在印度，這些事情時常透過錯綜複雜的行賄與收賄獲致解決。像這麼繁複的系統，當然需要一群有經驗的專業執行者與協調人，而印度常是由律師來提供上述服務。

身為新入行的律師，莎須密塔順應著局勢走，不過幾年後，她感到工作愈來愈空虛，覺得自己在做錯的事。於是她接受幾位良師益友的忠告，循著招聘廣告加入班加羅爾的國際正義使命團，與我的同事一起工作。

接下新工作前，莎須密塔和所有人一樣，都曉得印度存在著貧窮。共計四億一千萬印度人試圖一天花一點二五美元過活，比

---

⑤ 譯註：印度社會實行種姓（caste）制度，畫分社會階級。一九四七年印度獨立後，種姓制度已不具法律效力，但人們仍遵循運作。種姓將人由上而下分為婆羅門、剎帝利、吠舍、首陀羅四級，另有一種無社會地位的賤民。

美國總人口數還多出一億人。百分之四十六的印度兒童營養不良[12]，另外有大約七千八百萬印度人無家可歸[13]。人們想到貧窮，腦裡是這幅圖像：貧民窟、營養不良、乞丐、髒水和疾病。但是莎須密塔想要讓我看見她新工作所揭露的：由綁架、強迫勞動力和折磨構成完全隱蔽的地下經濟，吞噬了數百萬人，藏匿於南亞一望無際的稻田、磚窯、採石場與農場中。

對我來說，**奴隸**這個字眼很強烈，輕易地指出今日此種荒謬暴行仍以重大規模發生，是可憎且駭人聽聞的事。然而令人震驚的事實擺在眼前，如今世界上的奴隸（最佳估計值為兩千七百萬人）多於四百年間從非洲交易到大西洋彼岸的總人數。而且印度是世界上擁有最多奴隸的國家。[14]奴隸對莎須密塔不只是統計數字，而是迫在眉睫的私事。她和同事從班加羅爾和隔鄰坦米爾納德邦⑥的工廠、農場和各種設施裡，已救出數千位受到奴役的印度同胞。

莎須密塔載我在城裡駛過一小段路，剛出班加羅爾外環路的西南角，她指向長草叢與寬廣樹林外，那裡有片低矮的白色水泥建築，屋頂由紅色瓦片斜搭成，底下堆著數千塊人工燒製的磚塊。

在這二月底的涼爽午后，四下靜謐無聲。但是就在這院落，退至路邊聽不到的田野上，大約有十二個奴隸受困於綁架、痛打、挨餓、虐待折磨、強迫勞動和輪姦的惡夢中。

像這樣的奴役當然明顯違反印度法律。那麼數百萬人怎麼會被扣留為奴，又為什麼**不曾有人**因犯下此等罪行而實際入獄服刑？

---

⑥ 譯註：印度的行政區畫分，以邦（state）為一級行政區，共有二十九個邦。

為了尋找答案，莎須密塔帶我去見一度在磚窯廠為奴後被釋放出來的人，聽聽他們的故事，並且弄清楚涉嫌綁架、迫使為奴、強暴、虐待他們的男人，怎麼會七年後還在班加羅爾街上自由來去，完全無所畏懼。

　　前往會見消息來源，莎須密塔得載我往班加羅爾城外行駛約一小時，開入散落於「印度矽谷」周邊遼闊鄉間的村莊。那些人要向我們說明身為他人奴隸的感受，但在赴這樣一個約之前，在城外路邊的麥當勞暫停似乎有點怪——然而麥當勞就在那兒。嶄新的 McCafé 位於剛下高速公路主幹道的路旁，包括造型固定的金黃色拱形招牌，陶瓷製的麥當勞叔叔坐在店門口，供應最新口味的濃縮咖啡飲品。這些全在人們被迫為奴的製磚廠一小時車程內，那裡的勞動方式千年來未曾改變。

　　柏油路在此處讓路給泥土路。手裡拿著麥當勞表層覆蓋奶泡的卡布奇諾，我們開車經過鄉間的草地、犁田、棕櫚樹園和路邊的聚落。我們在距離一座小村莊數百碼的距離下車，步行穿越一片犁過的田埂，與十來個成人和混在裡頭的小孩會合，他們聚集於鋪在大羅望子樹下涼蔭處的草蓆。莎須密塔和她國際正義使命團的同事，跟這群男男女女並肩前行七年了，起初陪伴他們爭取自由，接著是司法制裁。這些年裡孩子出生，其中兩個人過世，不時慶祝一些甜美的進展，更多時候得忍受苦澀的失落。

　　在村民眼中我是陌生人，不過憑著莎須密塔與他們深刻陪伴的關係，我受到眾人歡迎，投以信賴的友好對待和溫柔微笑。這裡的女人身穿漂亮的紗麗，紅色、綠色和橙色流動交疊，她們的黑色長髮整齊往後梳，突顯出稜角分明的顴骨。為人妻的在耳鼻穿刺裝上小金飾，腕上戴手環，腳趾戴戒指。像這樣的場合，她們的丈夫會換上乾淨熨過的有領襯衫，著長褲或腰布，是傳統由

格子棉布綁繞的長裙。這群男女正值二十或三十多歲，可是身上負載的疲累使他們看起來有四、五十歲。莎須密塔並未抱有錯誤幻想——認為他們擁有高超美德、能忍人所不能忍——他們只不過是生活凌亂的普通人，就像我們一樣。跟我們不同的是，他們撐過暗黑世界裡無法言說的艱辛和恐怖，而能恢復原有的人性、率真和尊嚴，這能力既動人且使人心生謙卑。

瑪利亞瑪的故事

有段時間，這群男女在距離班加羅爾六十公里遠的磚窯廠，以自由勞動人力的身分一起工作。他們大致認同這是份辛苦但還算不錯的工作。住在磚造建物裡，他們分成小組，從早上六點工作到晚上六點，遵照數千年來基本沒什麼改變的製作程序，一天生產數千個磚頭。

大量的工作得彎腰駝背或蹲著完成，在離地六英吋高的地方灌磚模，排列成行；或是在頭上負重磚蹣跚步行。我看過體重少於一百磅的印度女人和小孩，在頭上扛起五十、六十或七十磅重的磚頭，橫越三十、五十至一百碼，行走好幾個小時不停歇。實作任一工序超過十、十五分鐘，總會使我的肌肉和關節疼痛不已，更別提每天的單調麻木生活，如同中世紀造磚機器裡的人身齒輪。然而為了使家人吃飽穿暖，繼續過活，這些朋友認為那樣的工作是尚可接受的辦法。

種姓階級低、兒時因為太窮無法上學、不識字，或是青少年就成婚、家無地產（或是跟兄弟姊妹平分切割得愈來愈小的菜園地），磚廠的工作足供這群勞工飽食、養活孩子、有地方給家人住，需要的時候還能去看醫生。他們得到探索機會的自由、計畫

更好的生活、拜訪親戚、參加慶典,還可以讓孩子去上學。

　　小個子女生瑪利亞瑪坐在我旁邊,身穿橘色和金色的紗麗,解釋說週日是他們的休息日。我問這天他們做些什麼,她一想到就面露微笑,告訴我:「我們可以好好洗個澡,把自己弄得漂漂亮亮的。只有在這一天女人會覺得自己美。」

　　那天下午我們在樹蔭下聚在一起時,瑪利亞瑪是第一個來向我打招呼的人。我曾事先在國際正義使命團看過資料檔案,我應該能靠上頭的照片認出她來,不過奴隸的面容與自由的人極為不同。在那些檔案照片裡,瑪利亞瑪的臉龐全無血色,有種氣力耗盡的木然,像是準備好承受下一次無可避免的巨大疼痛或羞辱。而如今身處自己故鄉的村落,在我身旁溫柔自信地安坐著,她臉上滿溢發光熱情和洞察智慧。瑪利亞瑪跟其他人的妻子一樣,在

圖1.5:瑪利亞瑪坐在草蓆上。

男人敘述和回答提問時，耐心地坐在一旁。只不過這個身輕如燕的女子，自然而然地成為團體裡的發言人，勇敢、話語實在且清晰。

她描述他們如何做出那個改變命運的重大決定，改到另一家磚廠工作。在舊工廠，每做一千個磚頭他們得到六美元，可是他們欠缺放置磚頭風乾的空間，需要更大的廠區來擴大產量和收入。有天，工廠老闆的一個朋友——我們稱為V先生，因為還在法律訴訟過程中——來看他們，說他的磚廠有工作機會。他預付給這組工人三百三十三美元的現金（一人可分得四十多美元），作為搬家到新廠區的費用，並支應最基本的財務需求。

然而，瑪利亞瑪和其他家庭一搬進新廠區，奴役的陰影便迅速籠罩他們。那間造磚廠的工作條件絕非他們所能想像，V先生和他的大兒子殘虐成性。離奇謊言和野蠻的抵債勞動如此運作——V先生堅稱瑪利亞瑪和其他人欠他錢，因此得替他工作直到清償債務。V先生認為，這使他有資格用暴力來迫使工人勞動。他們不能離開此處到其他地方工作，而該付多少薪水任憑V先生決定，所以他只給他們夠買食物的錢（而且規定只能跟他買）。V先生也可以決定什麼都不付。有時他甚至不提供製作磚塊的原料，於是他既未付薪水，也不供應食物，更不准他們離去。瑪利亞瑪和其他人告訴我，他們曾多達七天沒有進食，被迫挨餓。

根據工人所說，V先生為了確保他們曉得自己無路可逃，他會帶來一車惡棍，身上配備鐵鍊、棍棒和刀，把一個工人拖進房裡，惡毒地痛打他整晚。之後再把被揍扁的人拖出來，這時V先生會告訴其他人：「假如你逃跑，這就是你的下場。」

瑪利亞瑪和她的丈夫素喜受困，沒辦法回村子探訪當時托給

她父母照顧的兩個年幼孩子。有一度瑪利亞瑪收到訊息，得知孩子病重，她和素喜溜出磚廠想回去救助孩子。可是Ｖ先生帶著他那幫惡棍追到村裡去。瑪利亞瑪敘述這件事時，手裡扭著一小條方巾。她告訴我，Ｖ先生將她和素喜帶回他在班加羅爾的家，把素喜綁到一棵香蕉樹上。Ｖ先生、他兒子和一個雇來的惡徒，用雙手、拳頭和跟男人臂膀一般粗的木棍，揍得素喜體無完膚。

瑪利亞瑪說，她被迫眼睜睜地看著丈夫流淚、對這群人哭喊：「別打我！別打我！」她求他們停手時，「Ｖ先生抓住我的手臂，推我進隔壁的房間。」瑪利亞瑪對我說：「我抵抗不從，他兒子從後面抓我的頭，推我進房間。他們都拿我的頭去撞牆壁。我癱軟在地，然後兩個人都強暴我。我尖叫出聲，Ｖ先生對我吼：『妳敢開口，我就殺了妳。』」

最後工人們告訴我，就是這些惡毒的性侵害最讓這些家庭感到痛苦威脅。瑪利亞瑪和另一位勞工蜜尤奇描述，Ｖ先生會在晚上來磚廠，把她們的丈夫綁起來，女人則被趕進吉普車（包括一位十二歲的女孩），載到一個建築工地——那是一間他正在蓋的寺廟，地點就在他位於班加羅爾市中心的家旁邊。他和他兒子就在此處強暴她們。她們對我說，不久後Ｖ先生邀來幾個暴徒，加入在寺廟建地舉行的定期輪姦。

女人開始害怕每天的黑夜降臨，不知何時Ｖ先生會來帶走她們。有些人想自殺，可是她們不想遺棄家人。最終大夥決定把命運掌握在自己手裡，逃跑並躲起來。「我們活在巨大的恐懼之下。」瑪利亞瑪說：「我們甚至不敢吃東西，深怕他們會殺害我們。所以我們決定冒險。如果留下來，我們就會死。如果逃走，我們則是有可能死。」

*　*　*

　　於是他們逃出磚廠，等著看會發生什麼事。他們說，當Ｖ先生發現奴隸不見蹤影，他就在吉普車上載了幾個惡棍朋友，開往他們的村子，綁架三個與工人沒什麼關連的男人，放話出去，要奴隸回來他才肯釋放人質。

　　回到那個在羅望子樹下的午后，在這次造訪的尾聲，我聽到南代夫、馬列許和馬魯提訴說他們如何從煎熬中倖存。

　　Ｖ先生和同夥把人質載回他班加羅爾市中心的家，把三人脫個精光，削去頭髮，焚毀衣物，每隔一段時間就揍他們。折磨到第四天，他們被載往磚廠上工。打手時不時前來，用曲棍球桿和粗木棒痛揍他們全身和關節處。到了第七天，馬魯提在Ｖ先生家裡的神像前通過古怪的火之試煉，他們選中他回村子裡，最後一次要求工人回來。他告訴村民，否則南代夫和馬列許就會被殺。

　　我們有必要先退一步觀察。回到村莊公開宣告Ｖ先生持有人質，假如逃跑的工人不回來，Ｖ先生會殺了他們──這件事現在變成馬魯提的工作。Ｖ先生**想要**這件事傳遍鄉下，那是他的計畫。就算犯下諸多無恥罪行，他顯然完全不畏懼執法者──而且還是在印度最為著名且先進的大都會中心。

　　另一方面，對逃跑的奴隸和三個人質來說，他們感受到的全是恐懼。關在磚廠的水泥小室，頭留著血，拷打到第十天，腳已跛得不能站也不能坐，馬列許看著地板上的南代夫，對他悄聲說：「我想這是我生命的最後一天。」

　　「到了那一刻，」馬列許對我說：「我縮在房間角落等死。」「我也覺得我會死在那裡。」南代夫輕聲附和：「我想我再也見不到家人了。」

　　　　　　　　＊　＊　＊

　　幸好在這關鍵時刻，莎須密塔的國際正義使命團同事發現這一切。他們協同一位地方法官抵達Ｖ先生的磚廠。當面對質時，Ｖ先生大力否認虐待勞工或扣留人質。不過國際正義使命團的人與檢察官設法找到人質，把他們從上鎖的監禁室帶出來，讓他們在檢察官面前訴說整個恐怖故事，並架設攝影機錄下來。不消說，事態看起來對Ｖ先生不利，而他第一次面露擔憂神色。

　　然而到頭來，他根本無需煩惱。根據印度法律，Ｖ先生對受害者至少犯下三十五條重大刑事罪，從抵債勞動、監禁勞工到侵犯人身罪、綁架、強暴、勒索、竊盜、非法拘禁，數也數不清。可是如同在祕魯發生的性侵害案件，當這些罪行發生在非常貧窮的人身上，卻不被視為法律禁止的**實際問題**──因為司法體系不執行法律。

　　莎須密塔向我解釋，Ｖ先生對接近十二位受害者犯下的每條罪行，班加羅爾執法當局都得到多個目擊者的證實陳述。有位法官親眼目睹，在犯罪現場抓到加害者囚禁人質，而且他們身上被打得遍體鱗傷。證據包括發現人質的過程，以及他們立即陳述受到綁架和拷打的證言都經過錄影存證。假如這還不夠，官方曾要求莎須密塔和她的公共律師團隊、調查員和社工待命，一旦官方或受害者需要，就提供協助，以確保公義。

　　我問莎須密塔，那後來怎麼了？

　　她說，先是當地警方竟然拒絕對Ｖ先生或他的同夥提起告訴，且**長達兩年**。但是為什麼呢？我問。

　　警方不情願地說明未能起訴的理由。以下是他們告訴莎須密塔和她同事的論點：

- 因為其中一位受害人照理說屬於另一個警察局管轄。（不過根據印度法律，以這個理由而不去調查是「怠忽職守」。）

- 因為遭強暴的受害人並未自行取得醫療檢驗。（不過根據印度法律，像這樣的檢驗並非必要，再說檢驗結果能作為有效證據的期間內，受害人均被強暴者監禁，如此要求顯得荒謬。）

- 因為警方曾（祕密地）向法院提交報告，認為受害人的訴求不符事實、沒有調查的必要。（不過他們從未對犯罪展開調查就提出此報告，而且沒有提出獲致此結論的依據。）

- 因為受害人並未現身警察局。（不過事實是警方反覆拒絕接見受害人，儘管收到**沒完沒了的主動提議**。一年多過後，警方終於同意採錄受害人的證詞，而且受害人提供了所有必須的犯罪佐證。）

- 因為他們找不到受害人。（不過國際正義使命團已告知警方他們的確切位置，而警方**從未**來找過他們。國際正義使命團也一直表明帶他們去找警方的意願。）

- 因為受害人並未證明他們的傷勢，或是提交醫療證明。（不過事實是他們已為傷勢作證，而且根據印度法律，醫療證明並不具有必要性。尤其是現今已距離受傷當下一年半。）

- 因為他們沒有針對抵債勞動犯行的管轄權。（不過他們有。）

- 因為國際正義使命團並未對相關法律提供說明。（不過這並不是國際正義使命團的責任，即使他們確實一再地這麼做。）

- 因為強暴不可能在周圍還有其他人的情況下發生，而且父親和兒子不會一起做這件事。（不過他們當然可以，而且他們就是這麼做——有多個目擊者這麼說。）

- 因為檢察官並未明確行文要求警方提起告訴。（不過這從來就不是必要條件。另外，除非警方明確行文要求，檢察官拒絕提供此種不必要的信件。）
- 因為他們覺得必須扣押加害者的吉普車作為證據，卻因為輪胎消失而辦不到。（不過這不是未提出告訴的理由，老實說這些話太蠢了。）

最終，兩年過去了，受害人在這期間曾向警方提出所有罪行的目擊佐證陳述，分別在**三次不同的場合**提供。警方終於回應莎須密塔和她同事不屈不撓的施壓，對V先生和他兒子犯下的綁架、不當監禁、觸犯刑法的恐嚇、強暴、預謀犯罪和抵債勞動，提出應有的告訴。

然後呢？我問。

莎須密塔再次講述重點。

法庭讓V先生和他兒子交保釋放，儘管他們身上背負暴力犯行重罪。辯護律師指稱他的當事人（蓄奴、強暴、綁架、暴力攻擊的被告）是「身體不太好」，於是庭上准許交保。

隨後當局遺失加害者用來凌虐受害人的武器，以及其他在突襲磚廠那天找到的實體證據。同樣遺失的還有發現人質時的照片，和他們陳述經歷的影像等副本。此外警方甚至沒有將國際正義使命團交給他們的影像和照片，與控告資料一起提交給法庭。檢察官在陳述證詞時未能提出此證據，而法庭在得知照片和影像存在後，也未能就此情況做出任何補救行動。

儘管如此，地方法官在庭上對審判法官做出清楚證詞，說出他目睹被告的罪行，還有多個受害人作證證實所有相關犯行。但不可置信的是，即使被控犯罪的是V先生的長子，警方卻逮捕另

一個兒子提交庭上──如此一來，目擊者就不能指認**出庭者**犯下罪行。為了不讓警方出糗，檢察官拒絕提出應有的質疑，以確保提交出庭的確實是被控犯罪者。加害者和辯護律師的刻意詐欺，以及警方和檢察官打的迷糊仗，得向國家最高法院提出上訴，因此使被告的最終重審**又延後三年**。

從磚廠救出受害人、並向當局首次申訴的六年半以後，終於舉行完整的審訊，受害人又一次提供證實相關犯行的證言。不過審理此案的法官接到調職令通知，雖然他有足夠的時間做出裁決，甚至也在收到調職令後判決了其他案件，他卻拒絕對此案做出判決。案件重新分派到新的法官手上，他沒有聽取任一位目擊者的證詞，也沒有採證，直接宣判 V 先生和他的兒子全數被控的罪名無罪。

聽莎須密塔和她同事說完這整個經過，我呆坐了一會兒。「最糟的是，」莎須密塔總結：「這個案子的結局並不特殊，或是不尋常。事後不會有憤怒的輿論，也不被當成醜聞，媒體上完全看不到這件事。沒有任何一個警員、檢察官、書記官或司法官員會因為任一樁錯誤受到譴責、曝光或負起責任。我們經歷過幾百件這樣的案子，而且**這是常態**。」

事實上這起案件唯一特殊之處，是莎須密塔和她的國際正義使命團同事給予班加羅爾執法機關的驚人協助，目的是為了幫他們打贏官司。在這個單一案件裡，莎須密塔的團隊出差去與警方會面二十六次，拜訪相關政府官員五十三次。他們在七年內造訪法院七十三趟（包括為了推動十幾次未解釋原因的休庭），跟十位檢察官會面共七十九次。

如果得到如此過頭的協助，印度當局還無法對犯下綁架、強迫勞動、輪姦和侵犯人身的人民執法，那麼遭受暴力侵犯而得不

到如此幫助的窮人，會有多少可能見到暴徒伏法？

外界的人只看見寫在書上的法條、身穿制服的警察和著黑袍的法官，就推斷這些警察和法庭職員會在合理的規範下，為印度的貧窮人民執行法律。但是瑪利亞瑪、莎須密塔，還有尤其是 V 先生，他們全知道這並非事實。

瑪利亞瑪也知道法律不為她執行的原因。答案和露西拉的一樣，和那些祕魯母親給出的全都一樣：因為他們窮。

「我們遭受不公平，我們必須設法接受。」瑪利亞瑪告訴我，「我對法律一無所知。這些殘暴——我們得認命——是因為我們無錢無勢。警方相信 V 先生，而不是我們，因為我們是 V 先生的奴隸。他說什麼，警察會相信。」

提到執法當局，瑪利亞瑪說：「在他們眼裡我們不是好人。假如我們給錢，他們會多看一眼，否則他們不會。」

關閉的警報系統

從尤莉和瑪利亞瑪的故事裡，我們目睹在發展中國家的貧窮地區裡，有力財主如何積極利用貪腐破敗的刑事司法制度，保護他們對窮人的暴力施虐——要不是斷然將執法機關當作他們凌虐的工具，就是主動以賄絡收買官方保護。然而就許多發展中國家的環境而言，刑事司法制度的運作機制過於殘破不堪，欺壓窮人的暴力施虐者**完全不需擔心**司法制度會起作用。

在這樣的環境中，加害者不需要**造成**司法制度失效，司法本身就會失效。這樣的情況有如一個竊賊從屋外看見警告標誌，得知那裡有警報系統，接著卻發現沒人肯費心將系統打開。竊賊不需要做任何努力來克服警報系統，它已經失效了。

為了具體描繪此種徹底的毀壞，設想一個擁有三百萬人口的都市（大約是蒙特婁、舊金山或羅馬的人口規模）。接下來，想像這個城市的強暴發生率非常高（比如說是百分之十），代表每年有接近十五萬婦女和女童淪為強暴受害人。

而在幾乎每一件強暴案中，為了成功起訴襲擊者，受害人需經醫師檢驗，採集生物跡證和鑑定證據。但是，再想想看，全城僅有**一位**警方的醫師，負責三百萬人口城市**每一件侵犯人身案**的官方檢驗。

假如你是暴力侵犯的受害人，你必須加入近六百位強暴受害人的隊伍，等著見僅此一位的醫生，而這是他一天的工作量——還得加上另外幾百個不屬於性侵害的受害人，他們也需要醫生的關注。當然了，好好做檢驗的醫師一天可能看不完六百至一千位遭侵犯人身的受害人，從昨天和許多個昨天累積下來的名單也排在隊伍中。換算成實際數字，假如你是在一年的中段遭到侵害，可以預期有十四萬九千個強暴受害人排在你前面，人龍綿延五十六哩長⑦。

聽起來荒謬，不是嗎？然而這正是東非最大城市的現實景況。除非深入了解這城市的公共司法制度，你很可能從不知曉失序的真相。

不過如果你是像蘿拉這樣的年輕女孩，這就不只是荒謬了。這代表即使你年僅十歲，而你被三個住在附近的男人強暴，卻沒有一絲希望見到強暴你的人被繩之以法。

---

⑦ 然而有效的強暴檢驗必須在侵害發生後的七十二小時內完成，九十六小時是最大極限。

蘿拉的故事

　　為了多了解一點蘿拉的世界，Google 地球將帶我們從班加羅爾郊外、瑪利亞瑪那擁有茂盛綠地的村莊，橫越蔚藍的印度洋，鑽入東非，盤旋於肯亞奈洛比（Nairobi）的蘿拉家正上方。世上數百萬人會記起電影《疑雲殺機》（The Constant Gardener）裡的貧民窟：一大片如棋盤排列的鏽蝕鐵皮浪板屋頂；棚屋間濕滑的窄路，形成污物流淌的渠道；由高掛曬乾的衣物、塑膠桶、剝落海報交織出的色彩補丁。這些事物錯落滲入廣袤的褐色堅硬土地，積存了好幾代人的廢棄物和碎屑。

　　蘿拉有著大大的深邃杏眼，臉上常綻開露出牙齒的笑容。她和父親、九歲的弟弟塞斯、四歲的妹妹坎泰同住，住所是租來的十呎乘十呎房間，位於一整排茅屋裡。蘿拉的母親不久前回到她

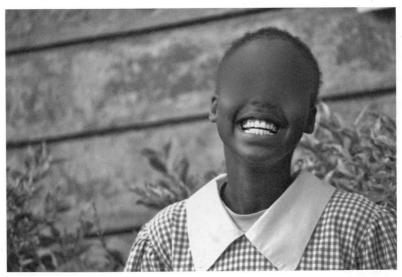

圖1.6：住在奈洛比的蘿拉是個愛笑的十歲女孩。

的村落，約四小時路程外。可是她再也沒回來，永遠跌入名為愛滋病的非洲長夜中。

在發展中國家，每三位都市居民就有一人住在貧民窟。換言之，將近十億人像蘿拉一樣生活在過度擁擠的骯髒貧民區，無人擁有土地所有權（據聯合國估算，約為八億二千八百萬人）。非洲的撒哈拉沙漠以南地區，約有百分之六十二的都市居民住在貧民窟。那可是一大群人，約為二億人。[15]蘿拉住的貧民窟叫科羅戈喬（Korogocho），那裡等於把整個阿拉巴馬州蒙哥馬利市的人口塞進略多於半平方英里的土地。蘿拉的鄰居——約十二萬人[16]——平均月收入是拉烏尼翁居民的一半。

這是發展中國家常見的貧窮景象：廣闊貧民窟裡滿是失業者，衛生條件惡劣；他們處於飢餓狀態，住處環境低於一般水準。這樣的貧民區看在外界眼裡或許有點嚇人，不過外人不會知道，實際住在裡頭的人覺得貧民區有多可怕。聯合國近期關於貧民區的報告指出，居民最恐懼的不是遭到驅離、飢餓或患病，而是被暴力行為傷害。事實上，「窮人將暴力和安全議題看得比居住或收入更重要。」[17]

這份報告研究的貧民區跟奈洛比的蘿拉所住的地方相似，那裡的住民一面倒地認為暴力是社區中的「主要問題」。[18]而奈洛比貧民區內的大多數住戶，的確舉報他們覺得自己不安全[19]，對婦女和女童來說尤其是如此。一份時常經人引述的全球貧民區報告發現，大型貧民區的居住條件「告急」，這點倒不令人驚訝。不過「即使不看得更嚴重，同樣令人不安的是貧民區內對婦女施暴的行為猖獗。單單這一問題或許是本研究中**最有力的跨領域課題**。」[20]

對十歲的蘿拉來說，對婦女和女童施暴的猖狂行為當然不是

圖1.7：棲身貧民區的女性日日面對暴力威脅，家人和鄰居都可能變身施暴者。

研究裡的「跨領域課題」，那是她生而面對的人間惡夢。像許多人一樣，蘿拉遭受的性暴力從她稱為家的地方開始[21]，一個由木頭廢料和生鏽鐵皮浪板搭成的鬆散盒子。自從母親死後，每當黑夜降臨，老舊的藍色煤油燈熄滅，蘿拉的父親會把她抱起，放到床鋪上，掩住她的嘴強行進入她。後來鄰居說，晚上聽得見她悶聲尖叫，乞求父親停手，可是他們什麼也沒做。他們說那是「家務事」，並且認為向當局舉報這種事感覺很冒險，因為大概沒有什麼幫助。時間一久，蘿拉不再哭泣，她說因為「我習慣了」。

* * *

對貧民區的婦女和女童而言，暴力威脅無所不在。舉例來說，去上個廁所都不安全。貧民區裡百分之七十五的住家內都沒

有廁所[22]，於是成千上萬的女人和女孩必須在貧民區內行走數百碼，去使用缺乏隱私和衛生的公共茅坑和淋浴間，夜間沒有燈光。根據一份針對蘿拉居住的城市貧民區的全面研究指出：

> 不夠充足、難以抵達的廁所和浴室，以及普遍欠缺的有效治安維護、不安全感，使女性更易於遭到強暴和其他形式的性暴力。暴力侵害女性盛行於奈洛比的貧民區和居住聚落，這些罪行普遍未受懲罰，明顯導致並維持女性的貧窮處境。[23]

可怕的是，蘿拉對這現實擁有更基本的了解。有天她走往雜貨攤購買沐浴用的海綿，一個叫喬瑟夫·伊蘭古的男性鄰居抓住她，把女孩死命掙扎的七十磅身軀拖進科羅戈喬的其中一間公共浴室，然後強暴她。事後他丟給她五十分錢，叫她別告訴任何人他做過的事。

此時我多麼希望能夠跟你說，在這場惡夢裡有個神奇的安全處所。可是蘿拉和世上數百萬最貧窮女孩生活的地方，是犯罪者免受懲罰的土地，家裡不安全，浴室不安全，甚至連學校都不安全。過去十年，教育的擁護者帶起有力且鼓舞人心的運動，彰顯教育凌駕一切，給予女童和她的社區最為正向的影響。然而為了蘿拉和數百萬個與她處境相似的孩子，我們應該坦白講明一件事：**缺乏有效的執法**，學校將無法保護女孩免於暴力。

現今關於發展中國家的研究，確實呈現暴力是女童一開始不再去學校的最重要原因之一。近期一項聯合國研究主張：「都會貧窮地區低就學率背後的顯著因素，雖然鮮少為人提及，實是人們認為學校不夠安全，對女孩更是如此。」[24]

悲慘的是，蘿拉同樣對這種情況知之甚詳。一天早晨，她正

走往四年級教室，另一個鄰居安東尼‧穆托契亞抓住她，把她推進他家的小棚屋強暴。完事後穆托契亞朝蘿拉扔下七十五分錢，叫她閉緊嘴巴。在蘿拉住的地方，這是強暴犯應付的唯一代價。

*　　*　　*

從 Google 地球的六千呎高空視野，當然看不見一絲一毫奈洛比貧民區的醜陋真相。鏽蝕金屬浪板屋頂充塞構成的矩陣之海，看似自有某種秩序。外來訪客即使踏上科羅戈喬的街道和窄巷，還是不可能目睹蘿拉的遭遇，那發生在煤油燈熄滅後她家的金屬浪板牆內，或發生在公共浴室的可怕黑暗中，還有前往學校途中穆托契亞住的棚屋裡。

想想那些羞恥、懼怕與絕望無助，蘿拉也不大可能告訴任何人她的遭遇。從拉烏尼翁、班加羅爾到奈洛比，身為窮人最深層的意義是：遭受他人侵犯和傷害造成的恐怖羞恥與受辱。因著每一天從四面八方而來的持續威脅，蘿拉曉得她不安全，而她周遭的掠奪者也曉得。

但是我們不曉得。望向蘿拉住的巨大貧民窟，我們看見的是棚屋和髒汙。要是想到一個十歲女孩住在這樣的地方，一股隱約的不安會湧上心頭，然而我們不會親眼看見最為駭人的片段。

不過，所幸蘿拉身邊有個非常慈愛且勇敢的人看見了。從外觀看來，奈歐蜜‧萬吉魯在科羅戈喬的家跟蘿拉或貧民區裡任何一戶毫無差別，同樣是長排鏽蝕棚屋裡其中一間租來的方室，周圍環繞相同的泥濘巷道和洗衣籃，褐色鐵鏽啃蝕所有一切。可是走進奈歐蜜家找她就像踏入另一個世界，奈歐蜜會以充滿生氣喜樂的眼神歡迎你。她是體格健壯的女人，頭髮盤起，包在純白的頭巾裡。她家以鐵板和廢料木材拼起的粗糙牆面，依隨本地習俗

懸掛白色的編織物予以覆蓋。還有座頂到天花板的松木色分層櫥櫃，充當家中的休閒娛樂重心，放置照片、動物標本和茶水站。奈歐蜜是科羅戈喬的自發性社工，許多受到汙辱、飽受驚嚇的女孩在這裡找到唯一的庇護。為了那些毫無抵禦能力的女孩，奈歐蜜在此以愛和希望統治小小的領地。

被穆托契亞強暴的那天早上，蘿拉抵達學校後，終於因為太過疼痛而對老師吐實。女孩的老師立刻知道該怎麼做——帶蘿拉去找奈歐蜜。一段時間後奈歐蜜贏得蘿拉的信任，並且拼湊出蘿拉承受的性暴力全貌。她帶蘿拉去醫院接受治療，負責診療的內科醫師記錄，女孩身上有遭到強暴的明顯證據。

奈歐蜜從經驗中得知，行凶者——尤其是受害人的父親——會激烈否認指控，並質疑這個驚恐且困惑小女孩的可信度，以此來替自己辯護。奈歐蜜也知道，不會有其他目擊者為此暴行作證。鄰居曉得——聽見蘿拉夜晚在家裡尖叫的鄰居，更曉得被告通常會雇用當地的混混，威脅可能的目擊證人，因此陷入進退兩難的恐懼之中。就連蘿拉的老師都怕得不敢作證。這麼一來，奈歐蜜了解蘿拉若要能得償正義，她手上的醫療文件至關緊要。

然而制度就在此處完全失效，使蘿拉的正義不可能發生。

在奈洛比，就算記錄在正確的官方表單上，奈歐蜜持有的醫療證據還不夠。

為什麼會這樣？是那位醫生不合資格嗎？是證據未經正確採集嗎？還是有法律或條款禁止使用這種證據？都不是。原因是市警局堅持醫療證據僅能由**特定一位醫師**記錄在表單上，否則警方不會將表單提交給法院或檢察官。我們稱這位法醫為K醫師。

事實上，受害人經過K醫師重新檢驗、「確認」並記錄，是警方願意提交證據的唯一管道。

沒錯，奈洛比是擁有三百萬人口的城市。根據研究，一年內預估會發生五十萬件侵害人身案，其中包括十五萬強暴受害者。[25] 在這種情況下，奈洛比警方要求所有侵害人身的受害人都由K醫師檢驗，而且只能是K醫師——如果他們希望侵害案件的醫療證據提交法庭的話。[26] 這麼做確保了不可置信的未處理案件量，在K醫師破舊的辦公室（見圖1.8）外堆積如山，並且對解決奈洛比盛行的性暴力設下難以突破的瓶頸。

　　不消說，遭侵害人身者得等好幾個月才能見到K醫師。病人和社會工作者熟知，K醫師常因各種理由不在辦公室。一位社工告訴我：「這對年幼女童來說是非常創傷的經驗。那裡沒有全面的醫療檢驗或報告。他只有不超過十分鐘來做一次檢驗。」

　　蘿拉的經驗十分相似。經過所有的等待，以及馬虎檢驗帶來

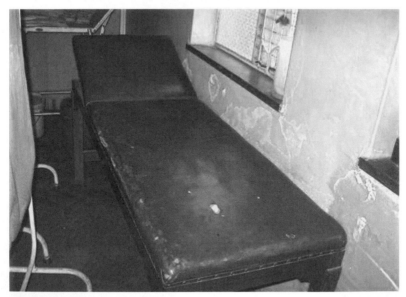

圖1.8：K醫師辦公室裡的檢驗檯。

的窘迫羞辱，K醫師僅僅開出總結式的文件，否定任何顯示性侵害的證據存在，且斷言蘿拉沒有被強暴。

就算合格的外科醫師記錄了蘿拉身上有強暴證據，也完全沒用。就算肯亞的法庭百分百會採用這樣的證據，也完全沒用。就算奈洛比有數百位醫師有能力做這些檢驗並採集證據，也完全沒用。之所以沒用，是因為奈洛比警方多年來堅持，侵害人身案件任何提交法庭的醫療證據，都需由K醫師填寫官方表單。

如果要說比這更糟的，或許是沒人知道為什麼會這樣。國際正義使命團駐奈洛比的律師團一年年提出詢問，並釐清肯亞判例法的立場與此相反，警方仍然堅持一定要由K醫師來填表單。唯一的解釋是警方可以宣稱「這裡做事的方式就是如此」。

所以像蘿拉這樣的女孩，在強暴犯未被拘捕的狀況下回到她們的貧民窟。罪犯甚至不需要行賄，使司法系統放過他們。像奈歐蜜這樣一個女孩的保護者，回到跟科羅戈喬一樣的窄巷，完全被荒謬光景擊潰，面對下一個年幼強暴受害者時沒有故事可講，好鼓勵她應該挺身而出，爭取正義。

蘿拉的故事是令人震驚的案例，描繪出暴力和目無法紀的亂象，世上數百萬尋常窮人必須日日面對。不僅如此，理應保護女孩的基本刑事司法制度更是極其殆忽職守，程度嚴重到在東非最大的城市，由於一個沒人肯探究原因、或甚至嘗試去辯護的荒謬行規，就足以使司法制度實際上無法運作。最為基礎的治安體系（富裕國家的人將之視為最基本的公共服務），在許多發展中國家長期如此無用，使得暴力罪犯掠奪窮人時無需多考慮一秒。然而不幸的是，世上大多數人從未對改正或僅僅是了解此種失序多想一秒。

他們未受重視的程度，反映出其中的含意有多嚴重。蘿拉、

瑪利亞瑪、尤莉和露西拉不只代表發展中國家掙扎逃離赤貧的數十億人，更代表發展中國家盛行的日常暴力，在刑事司法制度缺乏有效運作的情況下，從根本毀掉他們的努力。過去半世紀以來，許多行動號召廣大的國際支持以對抗發展中國家的貧窮。可是如同我們將要看見的，全球窮人在力求振作時，暴力持續扯著他們的後腿。此種毀滅一切的手段鮮少引人注意。所以是時候了，讓我們看清四種巨大的暴力暗流，一再阻撓窮人逃離貧困、向上攀爬的路程。

第二章

歷史轉折點的潛藏危機

　　時值一九八一年。雷根剛當上新任美國總統，黛安娜王妃和查爾斯王子完婚，埃及的艾爾·沙達特遭到暗殺，比爾·蓋茲在IBM第一部個人電腦上發表MS-DOS作業系統，MTV音樂台開台，科學家證實人體免疫缺陷病毒的存在，《法櫃奇兵》（Raiders of the Lost Ark）上映，而美國的利息率是百分之十五點七五（那年我從高中畢業。）放眼國際，發展中國家每兩人就有一人處於赤貧狀態（百分之五十二）──代表他們一天倚靠少於一點二五美元生存。

　　快轉到二〇一〇年，發展中國家處於赤貧的人口比率大幅縮減，如今為每五人中有一人（百分之二十一）。專家預估數字會繼續下滑，到二〇一五年將降至百分之十五。[1] 上述進展令人驚喜且出乎意料，不過壞消息同樣令人震撼：縱使好消息持續下去，到二〇一五年仍然會有幾近**十億人處於赤貧**（八億八百三十萬人）。一天靠一點二五美元生存是種難以消受的貧窮，負擔不

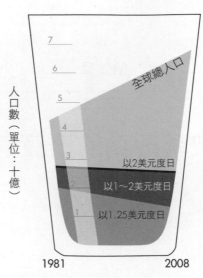

圖2.1：半滿還是半空？1981～2008年全球貧窮趨勢

起醫療或教育等重要事物。[2]更重要的是一天靠一點二五至二美元生存的人數，自一九八一年的六億四千八百萬，翻倍擴增至二〇〇八年的十一億八千萬人。

　　檢視貧窮人數緩解的趨勢，真正的問題在於：你是把杯子看作半空，還是看成半滿的人？

　　貧窮人口比率：一天靠二美元生存屬於非常艱難的貧困狀態，絕對人數自一九八一年至二〇〇八年幾乎不變，分別為二十五億九千萬人和二十四億七千萬人。而到二〇一五年仍會有二十億人。另一方面，發展中國家一天靠少於二美元生存的人口，一九八一年是百分之七十，二〇〇八年下降至百分之四十三。

　　健康：五歲以下的兒童，每年有七百六十萬人死於可預防和可治癒的因素（多數為缺乏食糧和醫療），不過這是三十年前兒童死亡率的一半（一千五百萬人）。[3]

水：七億八千萬人無法取得生命最基本的構成因子——乾淨用水。不過自一九九〇年起，過去只能汲取導致疾病、使人喪命的用水的二十億人，如今已有辦法取用乾淨的水。[4]

飢餓：世上幾近十億人在挨餓（九億二千五百萬人），而發展中國家有百分之十六的人口營養不良。不過在一九八一年有整整四分之一的人口營養不良。[5]

教育：全球有六千七百五十萬個兒童未曾有機會上學，而七億七千五百萬個成人無法閱讀和寫字。[6]然而，自一九九九年至二〇〇八年，五千二百萬個過去沒有機會上學的兒童，得以接受小學教育。

居住：十六億人的住家低於標準，一億人無家可歸。[7]不過住在貧民區的人口比率從百分之四十六降至百分之三十二。[8]

再多退一步思考，與赤貧和窮困的偉大對抗，在人類歷史上似乎第一次來到關鍵轉折點。二百年以前，百分之七十五的人類活在最嚴厲的貧窮處境（相等於今日的一天以低於一美元過活），而如今僅有百分之十二，實為驚人。[9]這是好消息。不過悲慘的是若計入現今的人口成長，這十二個百分比仍有約八億人——跟二百年前靠一美元度日的絕對人數恰好幾近相同。[10]

歷史上對貧窮與其殘忍後果的重大抵抗，似乎在我們的時代，戲劇性地加速來到這點，展現了驚人的機會。赤貧有如地心引力，過去把前人拉跌回地面；而今數十億人在人類史上首次發現了足以逃離的速度，並且準備好脫貧狀態彈射出去。另一方面，也有跡象顯示進展的動力停滯。就像那些逃離以一美元度日的人們，發現自己僅僅落入火山口的外圍，那裡的人受困於一天靠二美元生存。[11]

那麼這股動力會朝哪裡去？

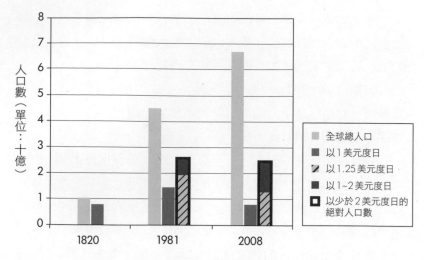

圖2.2：1820～2008年全球貧窮趨勢

了解我們在對抗什麼

我們明確知道一件事：世界在對抗強大的敵人。嚴重的貧窮既顯而易見，卻又隱而不見，說單純卻也複雜。舉例來說，兒童挨餓的問題顯而易見且單純。小女孩甚至會直接對你說：「我餓了。」而她需要的顯然是食物。隱而不見的是飢餓對她的種種影響，複雜的是她無法得到足夠食物的所有原因。世人對抗赤貧的歷史，是一段發現明顯而單純的問題，並且嘗試提供協助的故事，在這過程中，揭露貧窮底下潛藏的複雜真相，接著試圖重新策畫，更能對應此種真相的解決方案。

假使你關注一九五〇年代在墨西哥和印度的窮人，他們餓肚子的原因似乎是因為無法種出足夠的小麥和稻米。不過後來發現，或許是他們根本種下錯誤的小麥和稻米品種。如諾曼·柏洛

格（Norman Borlaug）的農業學家，在發展中國家引進高收成的作物品種，推動綠色革命（Green Revolution），使墨西哥和印度成為這兩種作物的淨出口國，並且拯救十億窮人免於飢餓。可是農業學家無法拯救在孟加拉因飢餓瀕死的三百萬人，這國家擁有充足的食物。原因正如經濟學家阿馬蒂亞·森（Amartya Sen）教育世人的，問題不在**食物供給**，而是**分配體系的不均**奪走窮人取用食物的權利。

取得食物解決了飢餓問題，而改善營養更緩和了窮人易患病的狀況。不過公共衛生專家知道，**食物**無法阻止傳染病的擴散流行，諸如小兒麻痺、痢疾、瘧疾和愛滋病。要對付傳染病，窮人需要能近用醫療、疫苗接種，學習個人衛生並建立公共衛生機能。可是假如低所得國家政府承負過度舉債，排擠掉公共衛生基礎建設的預算，或是腐敗的當權者貪汙掉原來要用於這些項目的資金，那麼人們或許就無法取用這類服務。

一位在低所得國家的貧窮母親假如能夠獲得小額貸款購買縫紉機、在家中從事裁縫生意，或許她就負擔得起家裡需要的蚊帳，並且改善衛生設備。當然，如果她擔心當地政府會勒令她停業，抑或把她趕出居住的土地，因為兩者均未妥善「取得執照」，或者因為地方政客的富裕友人想偷走她的財產，她可能就不想做這樣的生意或改善家裡的衛生設備。即使她不畏懼這些威脅，結果無法取得執照的理由是她不識字，沒上過學，不曉得該怎麼申請或填寫表格。她沒上學，是因為在她家，學校是給男孩子去的，家裡窮得付不出學費，而她十五歲就嫁給年紀比自己大的男人，生養孩子。她不能再去外頭做女傭的工作，因為她家的孩子病了──鎮上採礦的事業未經管制，汙染當地水源，孩子喝到髒水才生病。小鎮官員從經營礦坑的國際公司手上收賄，因此

置之不理。而她丈夫丟掉礦坑的工作，因為他們雇用薪資更便宜的勞工──鄰國逃離內戰的難民。

以上僅僅稍微揭開貧窮的複雜面貌。在這混雜的貧窮腳本裡，人們見識到貧窮的種種明顯都與其他的問題牽連，而每種問題皆有其獨特性。假如核心問題未解決，光是排除周邊牽連的問題，同樣無濟於事。舉例來說，不良衛生系統造成的腹瀉，顯然會使飢餓的問題加劇，因為拉肚子會使身體無法吸收營養。可是顯而易見的，如果解決了衛生系統和腹瀉問題，可是卻沒有食物，還是無望解決飢餓問題。貧窮的每個面向確實會受到其他因素影響而加劇，但是欠缺直接的解決方案時，僅僅排除相關的因素一點用處也沒有。有時使其加劇的因素過於嚴重，會導致直接解決方案幾近無效。不過如果欠缺直接解決方案，只排除加劇因素是**永遠不夠的**。

此刻，站在對抗全球貧窮的關鍵轉折點，這正是為什麼我們必須闡明人世間的貧窮一個過去未受重視卻十分獨特的面向。換句話說，人們不常將其視為貧窮的本質問題。就算人們確實如此看待，他們慣常的應對方式還是排除使其加劇的因素，而沒有優先訴求直接的解決方案。

這裡所說的貧窮面向是暴力──普遍、每天發生、掠奪式的暴力。以我們世界的運作方式，窮人──**由於他們的貧窮**──不僅傾向於蒙受飢餓、疾病、居無定所、不識字、欠缺發展機會，而且還易於遭受暴力。[12] 身為窮人，暴力等同於飢餓、疾病、居無定所、失業，都是生活的一部分。事實上，正如我們將看到的，暴力常是窮人最關切的問題。這是他們起初成為窮人的其中一個核心因素，而且是他們持續貧窮的主要理由之一。確切地說，除非處理好這個問題，否則我們永遠無法打贏對抗赤貧之戰。

因戰爭或武裝衝突而起的暴力影響世上許多至貧的人，有些論述──特別是保羅・克里爾（Paul Collier）的《底層的十億人》（*The Bottom Billion*）──已指出這是貧窮或發展陷阱（poverty or develepment trap）的主要根源，這些論述有時會在關於全球貧窮困境的全球對話場合中出現。但那不是我們此處關注的。相反地，我們要把注意力導向格外貧窮的數十億人，他們居住在相對來說較為穩定的國家，受到「常見的」、每天發生的暴力行為衝擊，盛行的日常恐怖吞噬掉許多試圖協助窮人的善意。而對正處於對抗貧窮的轉折點的這數十億人來說，能否向前進展，端視世界是否準備好處置暴力。

貧窮的隱藏恐怖

我們看不見的才是最陰險狡詐的問題──涉及對抗發展中國家的貧窮時，大多數人都忽略了隱身於表面下的恐怖。發展中國家的暴力如同已開發世界中的諸多不幸，遍地都是，然而我們就是看不見。

過去在大型公司法事務所當暑期實習律師的日子，當時我既年輕又不留心。記得有一天，我發現平日看來昂首闊步、洋溢著主宰宇宙的光采與至高無上能力的資深合夥人，幾天前無助地看著兒子在醫院的加護病房因病去世。而現在是早上九點四十分的辦公室，他出現在我面前，梳洗完畢、刮過鬍子，身穿畢挺西裝，正在釐清一件複雜的環境侵權法事件，要了杯不加牛奶的咖啡，而他兒子的照片全擺在黑色木框裡。假如沒有人告訴過我發生的事，我不會察覺。

那如同有片薄布簾拉起、蓋住另一個可怕世界，就藏在我剛

走過的現實表面之下。從那時起，富足的白領專業世界有兩種真實把我迷住了。第一，在我們的日常現實裡，身邊時時存在諸多不幸（死亡、癌症、自殺、失智症、不貞、倒閉、成癮等）；第二，我們幾乎從未探見不幸。我們易著眼於顯而易見的掙扎，但不幸呢？我們得挖得非常深，才看得見。

發展中國家窮人身邊的暴力也一樣。暴力的持續威脅是他們生活的核心潛文本之一，不過我們未必能看見，而他們未必願意對外人訴說。可是智慧使我們不致遭受愚弄，因為就像不幸一樣，我們看不見的也許就是窮人最深層的生活。

對外部觀察者而言，窮人承受的所有痛苦幾乎都是難以察覺的——因為地處偏遠，與富足人民在地理上隔絕；因為常是小規模發生；因為窮人面帶微笑，總是把身上的塵埃洗淨；因為我們無知地假定太多事情，缺少仔細觀察或探問。然而，暴力本身具有的隱蔽性特質是很特別的，因為三種理由：第一，暴力藏身於聰明而意志力強的掠奪者背後，他勤奮地——通常是**非常勤奮**——掩飾暴力。暴力**行為**確實幾乎永遠不會被外部觀察者所見。第二，暴力是窮人——所有人都是——認為格外難以談論的生活層面，因其造成絕無僅有的創傷。曾遭受暴力的蓄意凌辱、侵犯、控制、玷汙、蒙羞之人，這經驗對他們來說羞愧不堪。說來矛盾，結果掠奪者和受害者出自本能地共有一個強烈傾向：**雙方都想要掩蓋這件事**。最終在許多窮人眼中，暴力威脅變成如同空氣般稀鬆平常的存在，因此鮮少視為獨特現象來談論它。他們僅是忍受它。

人們大概會感到意外——聆聽窮人傾訴的其中一個重大成功的行動，是由世界銀行（World Bank）出資、於一九九九年發表的三大冊研究，名為《窮人心聲》（*Voices of the Poor*）。過去從

來沒有像這樣的研究。在成千上萬的個人詳盡口述裡，赤貧的人為自己發聲，回答以下問題：你怎麼看待貧窮？怎麼看待幸福？你面臨的問題和當務之急是什麼？

而直接聆聽窮人的心聲，世人從而得知什麼？毫無疑問地，其中一個最有力的發現，是讓窮人終於拉開布幕，揭露他們必須日日應付的持續性暴力威脅。這暴力並非戰爭或爭奪領土所導致，單純是窮人的鄰居恃強凌弱。這份研究提供許多關於貧窮的洞見，可是到了世界銀行發表其巨作之時，新聞稿以兩項眾所皆知的事實作為標題：弱勢與暴力，尤其是對婦女和女童施暴。[13]

這項報告證實了即使是對全球貧窮擁有深度理解的人，還是會輕易忽略一個事實——非戰爭環境下的日常暴力。因為「舉世害怕負面迴響，在暴力這主題的周遭設下沉默屏障」，並且混雜了深深的羞愧，使窮人很難樂於開口談論他們承受的暴力和脅迫。[14]

其次，報告證實窮人的困境有著全世界皆然的本質。無論住在最貧困的國家或（愈來愈多是）中等收入的國家，也不管身在哪一片大陸，假如身為窮人，他們就是暴力的受害人。[15]

- 馬拉威：「在所有造訪的鄰里，貧困的男人和女人舉報竊盜、入室行竊、謀殺和其他具體威脅人們性命的行為。」[16]
- 巴西：「巴西貧民區的居民舉報，暴力和犯罪在他們日常生活裡異常盛行。」[17]
- 泰國：「窮人舉報身處險境與缺乏安全感。」[18]
- 奈及利亞：「鄉間和都市地區的窮人都恐懼罪犯。持械搶劫和竊取食物時常為人提及。」[19]
- 厄瓜多：「窮人面臨一長串人身危險……包括攔路行搶、搶

劫、強暴和謀殺。」[20]

如此這般無窮無盡。《窮人心聲》的種種發現與日漸增多的證據相呼應，記錄相對穩定的發展中國家和中等收入國家的窮人，比我們其他人經歷更高的暴力事件發生率。[21]住在都市中貧窮區域的人，有愈來愈多人把暴力排在恐懼的首位。[22]而窮人時常表明，他們「最大的恐懼」或「主要的問題」是暴力。[23]窮人為自己發聲時，暴力侵擾踐踏性命、摧毀社區的事實無比清晰。

了解問題，卻搞錯解答

耐人尋味的是，對全球貧窮擁有細緻理解的人，縱使確實了解發展中國家窮人的生活如何被暴力嚴重摧殘，他們卻一面倒地對付使問題加劇的因素來化解暴力，而非優先訴求直接解決方案，之後再處理加劇因素。

暴力的直接解決方案又是什麼？在現代社會，答案是**執行法律**。也就是說，公告暴力行為屬「違反法律」，隨後國家（握有政權的實體，得以合法使用強制力）有權使用強制力去**執行法律**，制止並懲處犯下違法暴行的人。

法律執行不是暴力的唯一解答。現代社會確實以各式各樣的手段來減少暴力（包括擴張經濟機會、教育、文化態度、社區調解、街燈、午夜籃球①等），這些介入手段處理了使暴力加劇的因素（諸如失業、缺少機會、經濟不均、偏執、厭女症、不良照

---

① 譯注：午夜籃球（midnight basketball）在一九九〇年代的美國實行，舉辦社區活動如籃球賽，避免青少年因無所事事而心生暴力犯罪念頭。

明、無所事事的年輕人）。但是沒有一個興盛茁壯的現代社會，應對暴力的方式是處理這些加劇因素、**同時卻缺乏**正常運轉的法律執行能力，對暴力行為施以有效約束和可靠的威嚇力量。

然而奇怪的是，就算人們對發展中國家窮人面對的暴力問題已有一定的了解，卻仍在缺乏正常運作的刑事司法制度的情況下，尋求主要針對加劇因素（例如無知、文化態度、缺少經濟機會或教育）的解決方案。欠缺法律執行，就無法有效保護窮人免於暴力。以盡可能積極的作為處理加劇因素是正確的，可是一旦缺少極聚焦且縝密的投入來確立有用的執法能力，這麼做註定全盤皆輸──而且眼前是一場窮人輸不起的賽局。

資源投入與保護

若我們暫時停下腳步，思考貧窮的本質和人類的處境，窮人必須靠基本的法律執行來保護他們免於暴力便成了再明顯不過的事。人類以極度脆弱的狀態誕生並存續於世，是因為我們需要完全仰賴**自身以外**資源的投入和保護。人不是自給自足的個體。我們體內沒有生存和茁壯所需的元素，相反的，我們必須朝自身以外尋求，持續獲取滿足需要的資源，並且保護自己不受威脅。

我們還有一系列新陳代謝的需求要滿足，身體不斷尋索卡路里、營養、氧氣、水等人體無法生產，然而光是要活著就必須攝取的元素。我們不僅需要自身以外的資源投入以生存和成長，也需要獲得保護，因為我們欠缺防衛自己免於威脅的能力。例如我們需要居所，（通常也要）一些衣物蔽體，還有抗生素和藥物來抵禦細菌和疾病。於是，當我們說他人陷入貧窮，即是指這個人窮得無法取得人類存活、成長、茁壯所需的一切資源投入和保護。

若思索貧窮的本質，這一切就顯得是種主流常識：人類需要**自身以外的資源投入**，要有良好的食物、飲水和教育以茁壯成長；人類也需要**自身以外的保護**，抵禦有害的細菌、飲水、天氣等威脅，保障身體的健康狀況。然而，我們必須在此種認知中加入另一項重點，也就是非常清楚地了解到，人類必須獲得另一種自身以外的保護——針對**他人**威脅的保護，抵禦來自人類暴行的力量。此外，個人無法靠自身力量保護自己免於暴力，他們必須向外界尋求保護，而這種保護所費不貲。

抵禦暴力行為

假如你在相當安全平和的狀態下閱讀這本書，無需懼怕遭迫使為奴、監禁、毆打、強暴或搶劫，那麼要不是你在一個遠離其他人類之處，就是受惠於保護你免受周遭人的暴力衝動的制度。總是會有人更強壯、更有侵略性、更奸巧或擁有更好的配備，而這樣的保護是需要花錢取得的。

也就是說，如果你現在覺得安全，那是因為你有付錢給保護措施。或者是直接付給私人保全措施，或（更可能是）間接透過稅金來支撐法律執行和公共安全制度。假如保護措施運作良好，你幾乎不會想起它，通常也會忘記在具強制力的法治系統失效時，此城住民確實有犯下驚人掠奪性暴行的能力。保護你免於暴行的力量就像你付出一筆合理的費用所購買的疫苗。在服下疫苗的一個小時之內，你可能就忘了這件事（即使此制度隨時準備為了你征戰）。而且因為太有效了，讓你沒怎麼意識到，其實你在一個具有侵略性的微小有機體面前根本不堪一擊，而那被遺忘的隱形疫苗正無時無刻地牽制著這個有機體。

但是，如果你住在太窮（或是不願意）而不付錢給公共執法

體制的地區，會發生什麼事？要是負擔不起雇用私人保全措施呢？那麼你就只能和暴力直接面對面，實際成為受害人便僅是時間早晚的問題。就像空氣中的細菌、嚴厲氣候和看不見的汙染物，暴力在人類的社會情境中盛行。假如缺乏（不論公共或私有的）資源以確保免於暴力的保護，你就不安全，**幸福**也不受保障。事實上，終將淪落**不幸**是十分肯定的事。

然而，生活在富足社會的大多數人，過於習慣經由龐大、昂貴執法制度換取的和平安全（因為大多是看不見的，因此便不放在心上），使我們忘了暴力的病菌一直飄在空氣中。我們不再警覺暴力一直以來不斷地進犯人性的邊界，因此也不涉足正迫切提出疑問的貧窮地區：要怎麼保護這些窮人免於暴力侵擾？我們缺乏使我們能提出這個問題的實際訓練，於是難以超越表層、深入探測。如果想了解窮人實際生活中的暴力，我們必須非常使勁去看。因為讓窮人受苦的所有情境中，暴力是最難看見的。

性暴力

如果想要更了解發展中國家裡潛藏在貧窮表面下的無聲恐怖，不妨隨著我在國際正義使命團的同事達爾米．拉米瑞茲走一趟。達爾米帶我到瓜地馬拉市她住的區域，造訪受她照顧的幾位女孩。達爾米是一位嬌小的社會工作者，四十多歲，渾身散發著溫柔暖意、長者的智慧和開朗活力。如果有人可以讓遭受性暴力摧殘的少女找回愛，達爾米身上正擁有了一切必需的特質。

達爾米跟城裡曾受過性侵害的貧窮少女合作，人數多達好幾百位。當她用柔和的低語講起每個人的故事時，達爾米會揚起手捂住嘴巴，淚光依舊輕易充盈眼眶。但是當達爾米跟女孩相處，

她歡笑、給予擁抱，像親阿姨一樣自在地開她們玩笑，把她們視為普通的孩子——她們也是普通的孩子——納入懷中。

達爾米安排我到數個孩子同住的居所拜訪。最後，我發現自己坐在放滿手工藝品的摺疊桌前，抱著一位胖嘟嘟的一歲男嬰在我腿上，身邊是六個介於八歲跟十五歲的少女，她們一邊咯咯輕笑、一邊做手工藝。想到達爾米預先告訴我女孩們的背景故事，眼前這幅充滿歡愉童真的景象看起來很不真實。在她們的故事裡，全世界的專家報告裡曾提及的暴力，都在此成為可怕的真實。

我懷抱的男嬰，其實是身旁十一歲女童的孩子。這位「母親」身形瘦小，還不到青少女的年紀，身穿藍色牛仔褲和正面印著彩色卡通人物的白T恤，用藍色花飾髮夾將黑色捲髮別在頭側。當她決意放開懷時，煙火般的露齒笑靨會取代平常的害羞微笑。接下來我將稱她為葛蘿莉亞，她出身的貧窮家庭，就是專家指出一天靠少於二美元過活的其中一戶。

葛蘿莉亞十歲大的時候，母親的男朋友趁她外出工作強暴葛蘿莉亞，因而產下我膝上的寶貝小男嬰。這位男朋友實際上性侵葛蘿莉亞跟**她妹妹**好一陣子了，而且兩位女孩的學校課業都嚴重落後。葛蘿莉亞姊妹被迫跟這個男朋友共同生活，因為她們的親生父親幾年前遭人謀殺，在那之後兩姊妹搬去與祖父母同住，祖父母也被殺害。上述兩起謀殺案從未破案、或將兇手繩之以法，不過這就是葛蘿莉亞降生的世界，暴力如洶湧急流。強暴葛蘿莉亞的人對她說，要是她敢告訴別人自己遭到虐待，他就會殺掉她。可以想見葛蘿莉亞輕易就相信了他的威脅。

我周遭盡是這樣的事：怵目驚心且令人無所適從的極端暴力，存在窮人每天的生活裡；兒童（尤其是女孩）非常脆弱，且

容易成為受害者；無意識匯集的沉默和羞恥感，通常不會允許你看見掩藏在面紗後的恐怖。

然而，假如想要真正了解全球窮人的困境，並採取最能幫助他們的介入手段，我們就必須看進面紗之後。而且我們一定要從性暴力開始，這是窮人所面對最普遍且勢若摧枯的暴力根源。值得花時間和精力去做的原因，在於性暴力即使殘暴至極，且受害者人數無可匹敵，仍有問題持續落在我們監看的雷達螢幕之外。為什麼呢？

或許是因為每天發生的災難就不叫新聞了。身為普立茲新聞獎得主的人權記者紀思道（Nick Kristof）和他同為記者的妻子伍潔芳（Cheryl WuDunn）對此表示過質疑：

> 中國每週不必要夭折的女嬰人數（出自性別歧視而疏於照顧），跟天安門（廣場）事件死去的抗議者人數同樣多。這些中國女嬰從未得到一小欄新聞報導，而我們忍不住想，我們的新聞優先順序是否已經傾斜……當中國有位重要異議人士遭到逮捕，我們會寫一則刊載頭版的新聞；當十萬名女孩一如例行公事地遭到綁架、賣往妓院，我們甚至不把這看成新聞。[24]

如今紀思道和伍潔芳盡了無人能有的努力，透過他們寫的暢銷書《她們，和她們的希望故事》（*Half the Sky*），把全球的性暴力問題搬上檯面。不過他們自身的經歷也闡明，要確保人為的重大災難受到注意有多困難。但是讓我們看看，假如連基本需求都無法掌控——由於全球窮人的龐大數量，少有其他因素會比性暴力更威脅他們的健康和安寧。

那麼，我們需要知道關於性暴力和全球窮人的哪些事？或許只要知道兩件可怕的大事：性暴力的盛行不僅致命，而且是賺錢的生意。

性暴力的流行

首先，由於其龐大規模和致死的能力，性暴力最適合以全球流行病的形式來說明。對窮人而言，它的威脅身影顯得無處、無時不在，且毫不留情。學識最為淵博的國際領袖們提到性暴力時，一而再、再而三地用傳染病的特性來形容。橫跨全球、靜靜地散播毀滅的力量，隨著所到之處，一個接一個地粉碎成千上萬條性命。如同某些令人聞之色變的瘟疫，性暴力滲透發展中國家的每處隱蔽角落和隙縫——家裡、學校、巷弄、工作場所、孤兒院、禮拜堂、商業和醫護地點②。

而專家從全球的視角觀察性暴力流行，又告訴我們哪些事？第一，他們看見性暴力自蹂躪全球窮人的更大型瘟疫流出——也就是廣義的**性別暴力**，結合了性暴力、家庭暴力，以及女性承受男性施虐的其他形式。在貧困地區，也有窮男人和（尤其是）男孩成為性暴力的受害者，然而每天遭受大量暴力攻擊的絕大多數人是女人和女童，**僅僅因為她們是女性**。

橫跨《窮人心聲》研究的六十國貧困地區，「女性遭受的身體暴力顯然普遍且被視為日常生活的一部分。」[25] 從巴基斯坦到衣索比亞，再到迦納、阿根廷以至孟加拉，女人和女童都提及性侵害、毆打、家暴和虐待。

---

② 性暴力在已開發國家同樣普及，然而對發展中國家最貧窮的人來說，因為司法制度的結構設計對他們不利，完全沒有獲得資源以對抗不公義的希望。

這些案例的數字龐大。全世界每三位婦女中即有一位曾遭毆打、強迫性交或其他形式的虐待。[26]女性和女童身上的暴力事件發生率，在窮困女性身上較高。[27]研究指出百分之四十九的衣索比亞女性遭性侵害，烏干達女性是百分之四十八，祕魯女性是百分之六十二，印度女性是百分之三十五，巴西女性是百分之三十四。[28]走遍全球發展中國家，我們會收集到類似的遭虐統計數字。不難看出為何世界銀行估計，猖獗的性別暴力造成十五至四十四歲婦女的致死與致殘人數，比癌症、交通事故、瘧疾和戰爭全部**加起來**的數字還要多。[29]

原本使人感覺麻木的統計數字，在你深入發展中國家女性的個人生活細節時，才恍然成真。在祕魯，不只有露西拉的女兒尤莉被強暴謀殺，露西拉自己就是因為家暴被迫離家；在那之前，她母親逃家的原因也是家暴。在瓜地馬拉市，葛蘿莉亞被強暴，她妹妹被強暴，她母親被毆打，而她祖母則被謀殺。

在發展中國家，性別歧視以驚人暴虐且致命的面貌橫行。[30]

- 全球每年有五千婦女和女童遭到家人「名譽處決（honor killings）」。主因是家庭成員認為姊妹或女兒行為不檢，蒙受恥辱；或是認為她們愛上錯的人，或者（最殘忍的一種）因為她們被強暴，受到「玷汙」。[31]
- 在印度，估計每年有一萬五千名婦女和女童由於嫁妝而起的家庭紛爭遭到謀殺。嫁妝是新娘家贈予新郎家的金錢或物品。[32]
- 發展中國家每年有數百萬女童（約七人中有一人）被迫在年滿十五歲前出嫁，陷入暴力事件發生率高的情境，且性啟蒙伴隨著強迫、恐懼和疼痛。[33]

- 全球**每天**約有六千女童得忍受女性割禮（female genital mutilation），切除全部或部分外陰蒂，大多在未注射麻醉藥的情況下進行。

在這裡要特別指出，發展中國家的婦女和女童所承受的暴力──毆打妻子、嫁妝謀殺、名譽處決、潑酸蝕身、強迫女童成婚、女性割禮──在她們發生的國家裡幾乎**全屬違法**。不過法律就是沒有被執行，使婦女和女童天天陷入「狩獵季節」。國際特赦組織（Amnesty International）與全球性別暴力交手多年後證實：

> 針對女性犯下的暴行大多從未受到調查，兇手安心犯罪，知道自己不會被逮捕、起訴或懲處。對婦女施暴而能免於罪刑，塑造出此種行為是正常、可接受而非犯罪的氛圍。同時女性不尋求司法正義，因為她們知道自己得不到。原本身受的傷痛折磨，因嚴重違反人權的犯行遭否認而延長加劇。[34]

發展中國家的**性暴力**流行，就是從此種婦女和女童遭受了大量廣泛暴力的景況中浮現。疾病控制與預防中心（Centers for Disease Control）的流行病學家告訴我們，性暴力「是全球的人權不公，其中大量比例的個案導致了嚴峻的健康與社會後果。」[35]而且就跟大部分的流行病一樣，窮人缺乏防護措施，承受慘烈傷害。世界衛生組織（World Health Organization）的大型全球暴力研究發現，貧窮女人和女童易受性暴力侵害的機會超出比例。所有社會階層都會經歷性暴力，然而研究結果一致顯示，處於社經地位最底層者受害風險最高。[36]建立明確的性暴力量化評估以

難度高聞名，但從發展中國家的每個地區，形式各異的資料一點一滴地累積匯聚，拼組出窮人所經歷的恐怖圖像。世界衛生組織訪查了非洲五國的二萬二千六百五十六位學生，幾近每四個孩子裡就有一人（女童是每四人中超過一人）舉報被迫發生性行為。跨越整個非洲，類似的數據成群結隊而來：根據一項衣索比亞研究，百分之五十九的女性舉報曾受性暴力所害。另一項研究[37]指出，百分之六十八點五的衣索比亞**女童**表示曾遭受性虐待。[38]馬拉威有百分之三十八的女童說從事首次性行為時「完全不願意」，迦納則有百分之三十的女童表達同樣的想法。[39]在南非，強暴顯然是最盛行的兒童犯罪案件，向警方舉報遭人強暴或強暴未遂的案件中，有百分之四十來自十八歲以下的女童。[40]十至十九歲有過性經驗的肯亞女童中，百分之四十五舉報被迫經歷至少一次未經雙方同意的性行為。性暴力當然也在非洲以外的地區肆虐，而且程度劇烈。在孟加拉，首次性經驗發生在十五歲前的鄉下婦女，其中有百分之三十六的人說她們遭到強迫；在祕魯利馬，背景相同的婦女有百分之四十五表明同樣的遭遇。泰國有百分之三十的婦女舉報身為強暴或強暴未遂案的受害者，墨西哥某些地區的數據為百分之四十二。針對拉丁美洲性暴力研究的綜述評論發現，「性暴力是這個地區普遍的嚴峻問題」，一生中曾遭受親密伴侶強迫性交的普及率從百分之五到四十七不等。[41]

　　窮人遭受性暴力的資料遍布四處，逐漸受到世人注目。不過專家小心翼翼地解釋，他們掌握的資料與實際的「問題的全球規模」，兩者之間的關係就像是「漂浮水上的冰山」。[42]也就是說，窮人遭受的**大部分**性暴力事件皆隱藏在表面之下。

　　發展中國家裡，數以千計的婦女和女童告訴我的同事，她們就是感覺不安全，而且性暴力像是無時、無處不在的威脅。舉例

圖2.3：性暴力的冰山一角

資料來源：《世界暴力與健康報告》（"World Report on Violence and Health." Ed. Krug, Dahlberg, Mercy, Zwi and Lozano. Geneva: World Health Organization. 2002. 150.），由世界衛生組織授權使用。

來說，性暴力存在於照理說最安全的所在：家。性侵害案有高比率由親人犯下（以及親人的朋友和性伴侶），通常發生在狹小的貧民區。蘿拉遭父親強暴時，她就是身在貧民區小家屋裡；葛蘿莉亞被母親的男友反覆侵害時，人在自己家裡。對極端貧窮的女人和女童來說，家成為了一個暴力無聲肆虐的法外之地。

　　走出家門，性暴力也潛伏在周遭鄰里，一如糾纏的幽靈鬼怪。在科羅戈喬，蘿拉被拖進鄰居家裡和附近的公共廁所，遭到另外兩個男人強暴。令人悲傷的是，這是全世界的共通故事。無國界醫生（Doctors Without Borders）是其中一個了解窮人面對性暴力流行此一隱蔽現象的全球性機構。他們在風暴中心提供服務，並且宣告性暴力是全球的「醫療危機」。[43]此一聲明不僅適用於艱困的交戰或衝突地區，無國界醫生謹慎地強調：「性暴力也影響了居住在穩定環境的數百萬位居民。」[44]在發展中國家進

行的正式研究證實，性暴力滲透了貧窮女童會希求親密感和安全感的所有地方，此種瘟疫般的散播方式令人生畏。確實，在世界上最窮的社區裡，「非經雙方同意的性行為最有可能發生在熟悉的環境（例如鄰里、家中或學校）、在日常生活的例行活動期間，而且加害者大多是幼童認識的人。」[45]

尤其悲慘的是，性暴力入侵學校，橫阻就學之路，奪走發展心理學家稱為「女孩效應」（The Girl Effect）的光明前景。女孩效應意指世上至貧地區的女童得到就學、受教育的機會，隨之帶來的些微正面效應。正當一群專家欣喜於教育給予女童的無窮希望，另外有群專家逐漸了解，發展中國家女童**不上學**的其中一個主因來自性暴力。世界衛生組織從多項研究中發現，對發展中國家的眾多女童人口而言，學校實際上是最常發生性暴力行為的地點。[46] 在當地進行的研究揭開可怕的真相，包括老師和同學都可能是學校性暴力的加害者。[47] 發展中國家的父母與你我毫無二致，他們想保護女兒不被強暴。父母親說明為何讓女兒輟學時，遠離強暴是常提到的不幸共通原因。此種正當恐懼在發展中國家的鄰里間迴盪，尤以在南亞和撒哈拉以南非洲所產生的影響特別明顯，當地女童一旦成長至青春期，入學率即急遽衰退。[48]

女孩效應要能發揮預期中的光燦效果，前提是必須保障女童上學的安全。現今缺乏可靠的執法來防治性暴力，因此學校就**不安全**。此外「性」這種特殊的暴力類型，其破壞力連帶導致女童身心均受創傷，增加受害者罹患性器官疾病和面臨生殖健康問題的風險——甚至使女童死亡。世衛組織專家的臨床筆記指稱：「與性暴力有關的致死形式有自殺、感染愛滋病和謀殺，可能發生在侵害當下，或隨後的『名譽處決』。」[49]

無論走到哪裡，女人和女童易於受到性暴力侵害，一如她們

對病菌不具有抵抗力。因此人類學家把強暴貼上「人類共通」的標籤，代表這是全人類社會均見的行為傾向，例外並不存在。[50] 就跟空氣中的病菌沒兩樣。差別在於有些女人和女童透過醫療和衛生系統來抵抗病菌，而另外一些女性則沒有（最窮的那群人）。與之相仿，有些女人和女童擁有即便不完美、一般來說仍屬盡責有效的當地執法制度來對抗性暴力，而另外一些女性則沒有（最窮的那群人）。全世界最窮的人跟我們最脆弱的姊妹、女兒和母親，她們置身猛烈的流行病之中，毫無設防。

作為生意的性暴力

關於性暴力，我們應該了解的第二件事是它不只等同於流行病，而且還是一種**生意**。也就是說，強暴和性侵害確實可以賺錢——**很大一筆錢**。對發展中國家的女人和女童來說，這是天大的壞消息。暴力從人際爭端、社會病態或觀念偏狹中浮現已經夠糟了，當某種形式的暴力明確地成為賺大錢的管道，就等於替流行病裝上經濟引擎，為廣大人口提供盡可能散播「疾病」的有力誘因。沒有多少人覺得製造更多瘧疾、更多髒水或痢疾能致富，然而有許多人**知道**，性暴力可以讓他們賺大錢。於是他們緊抓住機會，一頭熱地以殘暴對付脆弱的窮人。

得知強暴構成世界上大規模的營利生意使人心神不寧，不過這就是人性的汙點、世界的真相。世上**每天**發生數百萬件經過付費的強暴和性騷擾，被視為商業交易。**每天**有數百萬人（大多是女人和女童，還有少數男孩）出於商業交易的理由而遭到強暴或性騷擾（例如受到暴力威逼，或受到以施加暴力的威脅，而被迫跟他們不願相好的對象性交）。**每天**有多於數百萬人付費從事上

述強暴和性騷擾，還有數十萬人助紂為虐，從中獲利。

這些敘述聽來稍嫌聳動瘋狂，因此有必要將數字攤開來明講。

首先，每天有數百萬人出於商業交易的理由而遭到強暴或性騷擾。

採取保守的全球性販運估算，據稱受到暴力控制、身陷性剝削行業的人數介於四百二十萬至一千一百六十萬人——受到暴力威逼，迫使人們忍受因消費者付錢而發生的性行為。[51]紀思道和伍潔芳審慎地檢視數據，發現至少「全球三百萬女人和女童（以及非常少數的男童），情況足以稱為性交易中的奴隸。」此外，他們也補充：

> 那是保守的估算，不包括其他眾多受人控制、恐嚇而賣淫者。也未涵蓋另外數百萬十八歲以下的孩子，他們不可能有意圖地同意在妓院工作。我們正談論的這三百萬人，事實上被視為他人財產，而且有許多被主人懲罰致死的案例。

要估算出一項違法行為的確切受害人數有其困難，不過已經有人投入聰明而不失嚴謹的方法，幫助我們摸索受害者的規模。警醒且嚴謹的英國醫療期刊《柳葉刀》（*The Lancet*）專注在**兒童**身上，發現**每年**至少有一百萬個兒童被迫賣淫，整個統計起來，全世界可能共有一千萬個兒童出賣肉體。[52]聯合國兒童基金會（UNICEF）告訴我們，有二百萬個兒童被迫在商業性交易下忍受性暴力。[53]國際勞工組織（ILO）估計，光是印度一地就有約二百三十萬女性和女童受人控制，被迫違背自身意願賣淫。[54]

其次，每天有數百萬人付費換取經暴力脅迫的性行為。

在四百萬至一千一百萬個受人控制、被迫賣淫者之中，合理推測多數人一天得接客多次，忍受不情願的性行為。這很合理，因為擄獲受害人的性行業經營者，會想要從他或她的投資中獲利愈多愈好，而盡可能製造多次的交易，使投資獲利極大化。綜觀我們走遍全世界的經驗，被迫賣淫的受害人一天常要服務三至十個客人。假如只拿一半的數字來計算，那麼**每天**世上就有六百萬至五千萬人（坦白說是男人）付費換取與受到暴力脅迫（強暴）的對象發生性行為，或從事他種由暴力逼迫的性行為（性騷擾）。

　　無可否認，大多數顧客並非真心希求憑恃暴力獲得性行為。他們只是想要發生性行為。顧客通常偏好想像受害者是個自願、甚至熱切渴望性的參與者，因此性行業經營者會實際以暴力逼迫，或是威脅受害者表現出開心樂意的樣子，假如不從就加以懲罰。性行業顧客的立場跟購買盜版光碟的人類似。他們並非真正想要「偷來的」電影，只是想用便宜的價格看電影。跟這樣的情況類似，僅有非常小一部分性交易行業的顧客真正追求擺明是受到暴力脅迫的性交。大多數顧客只想要性，可是他們樂意忽視並否認使他們得以便宜地買到性交的暴力脅迫。（即使他們親眼看見或被人告知真相。）

　　最後，全世界每年有成千上萬的人明知故犯，助長實為強暴和性騷擾的性交易，從中獲利。

　　在每位被迫賣淫的受害者背後，至少有三個人賺到錢，並維繫著性行業的運轉。他們是：⑴騙取受害者信任的召募人；⑵連結性行業經營者的中間人或販運人；⑶連結顧客群的性行業經營者。實際上，這一行通常會有超過三個人參與共謀，逼人為娼賺錢。以全球每年四百萬至一千一百萬人被迫賣淫的生意來看，每年必定有高達數十萬人（即使不到數百萬人）從中獲利。

性暴力在我們的社會裡屬於重大**行業**，聽來難以接受，卻是真確事實。保守估算，全球逼迫賣淫的生意營收，在發展中國家可達一百八十五億美元。[55]

可是為什麼要在逼迫賣淫的問題上投入如此多的關注？以影響人數計算，這不是全球窮人面對的最大問題——而且因為牽涉到性，而較易流於誇大的言詞敘述，有可能分散掉給予更迫切的需求原本得到的關注。然而性剝削行業有幾個值得我們投注關心的理由：第一，這是種主動且主要**針對窮人**的暴力形式。第二，性剝削無論在哪個發展中國家均屬違法，而且觸犯多重嚴重罪行。但是，即使是重罪，仍然如同窮人面臨的其他種暴力，日復一日**大規模**地發生。每天有數百萬窮人身受強迫賣淫的數項重罪數百萬次，無人遭到定罪，**只因受害者是窮人**。最終，強迫賣淫的罪行被埋沒掩蓋。一般人會認為靠強暴獲利的全球大規模事業應該要廣為人知，但是並沒有。這一行在整個二十世紀橫行霸道，直到一九九〇年代，人權觀察組織（Human Rights Watch）[56]、國際終止童妓組織（ECPAT）和其他少數小型倡議組織，開始讓恐怖的真相見光。一九九八年，國際正義使命團把倖存者從發展中國家帶到國會山莊，讓他們親口說出自己的遭遇，以支持隨後在二〇〇〇年通過的人口販運受害者保護法（Trafficking Victims Protection Act of 2000）。當時得到的反應，彷彿這個問題極其新鮮，聞所未聞。察覺到這個問題是新鮮事（對國際正義使命團的我們來說，的確是首次聽聞），可是問題本身存在已久。而其「突然」現身國際領域，清楚顯示此一窮人面對的巨大暴力問題，竟然可以完全隱身在雷達偵測範圍以外，即使見識廣博的人也未曾聽說。

要了解作為一種生意的性暴力，得先理解加害者的動機和盤

算。因為正是他們的意志、他們的意圖、他們的想法、他們的算計，種種誘因和阻因構成驅使生意運轉的動力。然而不幸的是，從犯罪者觀點洞察這門生意的例子極為罕見。在聯合國召開討論人口販運的最高階論壇中指出：「人口販運這一項廣受譴責卻普世皆存的議題，我們對從事者的瞭解少得令人詫異──他們促成或參與販運、剝削人類個體。」[57]

從一九九七年開始，國際正義使命團花費上萬個小時潛入發展中國家的性行業，調查數千名個別犯罪者。我們甚至進行一項不尋常的調查，針對遭定罪的強迫賣淫犯罪者，系統性地訪談六十位在獄中服刑的妓院老闆和人口販運者。[58]強迫賣淫是高度複雜的犯罪、人類行為與社會經濟現象，我們承認目前所知的僅是冰山一角，不過長時間訪談驅動這行業的犯罪者，確實讓我們學到許多。

從我們觀察到的，加上針對受害者的研究在在顯示[59]，強迫賣淫的犯罪者學會集中找上處於**貧窮處境**的女人和女童。原因何在？

結果犯罪者一面倒地認為她們**比較容易脅迫**，似乎比較**好騙**。要直接把人抓到將受強暴或性騷擾的妓院或性行業營運場所是件困難的差事，因此犯罪者設下多種騙局，誘使受害人合作、減少反抗。

國際正義使命團在全球經手數千件強迫賣淫案，我懷疑其中沒有一件是不包含欺騙受害人的部分。

- 尼拉雅是來自尼泊爾村落的青少女，她聽說可以去加德滿都為一位富有的女士幫傭──結果她被販運到加爾各答的妓院。

- 蓮是越南的青少女，她以為要去波別的咖啡店工作，卻被販運到偽裝成按摩店的妓院。
- 泰國青少女桑拉微、宋可琳、蒲朗三人分別得到馬來西亞侍應生、酒保、服飾店員的工作，結果落入拐騙她們到馬來西亞柔佛州妓院的圈套。
- 菲律賓的馬莉亞需要錢支付母親的醫藥費，她得到去馬來西亞當駐唱的工作，結果卻被監禁在形同妓院的酒吧。
- 娜比拉和其他幾個從奈及利亞來的青少女，原本以為要去象牙海岸當打字員，之後還能到歐洲，卻發現被迫在象牙海岸最大城阿必尚的性販運營運場所裡一再忍受遭人強暴。

　　窮人特別容易落入騙局，原因是對經濟狀況感到絕望，使他們（及其父母或監護人）更願意壓抑不相信的想法，撇開懷疑，甘冒絕大風險。處於貧窮情境，常代表了教育程度較低、比較天真、較不世故，願意順從高社會階層的人，且較不習於堅持自我主張——因此更易受自信滿滿的騙徒欺壓。假如處於貧窮的女性是孩童的話，上述的弱點全都要擴大加乘，這是非常容易預期的事。

　　出於以上諸多原因，強迫他人賣淫的犯罪者把加害目標放在女人和女童身上，因為她們較容易欺騙。但是我們得在此暫停一下，以免推導出錯誤的結論。欺騙行為在強迫賣淫裡扮演要角，使得許多人忽略掉暴力**一直**占據了**強迫**賣淫的關鍵核心。明白地說：**每一樁**騙人的販運陰謀終將暴露，受害人被推到顧客面前，而這人剛付過錢要跟受害人性交。在那一刻，假如受害人不願意（幾乎每一位都不願意），犯罪者必須使用暴力或威脅使用暴力以強迫受害人順從，這場交易便形成了商業性的強暴——以及嚴

重的暴力犯罪。假如犯罪者無法以暴力迫使受害人服從，欺騙陰謀花的所有功夫就完全白費，因此暴力成為交易的最終與決定性特徵。

這一點清楚導引至犯罪者有意以窮人為目標的第二個原因：一旦欺騙結束、輪到暴力上場，窮人並沒有抵禦能力。

強迫他人賣淫的犯罪者知道，所有的欺騙陰謀最終必定走向強迫受害人的時刻，因此他們尋找**軟弱的目標**下手。他們潛伏伺機，找出遇到暴力時刻可能會做出較少抵抗的人（因為體力較差或心志沒那麼堅定）。然而更重要的是，犯罪者看準了擁有較少資源保護自身的人。說白一點，涉及強迫賣淫的犯罪者是群自私的懦夫，他們沒興趣打勢均力敵的架。最好花的力氣盡可能少、冒的風險盡可能低，所以他們不希望另外有人前來保護受害者。犯罪者想要盡可能聚集打手和共謀者，聲勢愈浩大愈好，然後向──如果可能的話──一個完全孤立的受害人出手。

理論上，普通人擁有四條防線對抗暴力虐待──家庭、社區、私人警衛和政府。假如有個女童受到暴力威脅，她脆弱的程度通常會因家人、鄰居、社區、部落或宗族的警覺目光而減輕。富有的人為了更完善的防護，付錢聘請他人來看守保護，以確保發生威脅時得到額外幫助。最後一條防線是政府，即被授與強制力、保護市民免於暴力威脅的執法權力機關。

對於活在貧窮處境的發展中國家人民而言，來自家庭和社區的保護或許十分強健，然而第三、第四條防線幾乎不存在。發展中國家一般窮人雇用不起私人警衛，無法仿效已開發國家中較富裕的人的做法。而且──如同我們已看見、以及將要更深入去看的──窮人得不到執法的保護。[60]

因此強迫他人賣淫的犯罪者知道，僅僅需要跨越頭兩道防線

（家庭和社區），接下來他就勝券在握。性販運者深知，假如他能將受害人和家庭及社區提供的潛在保護隔離開來，便不會有其他人（沒有私人警衛和政府警員）前來援助受害者，也沒有人會懲罰他的暴行。這麼一來任務明確，就是要把女人或女童跟家庭和社區隔離，而所有的騙術就在此處派上用場。

此言不虛，審視性販運者的所有騙局，幾乎全是試圖將女人或女童從家庭和社區隔絕（在那裡，受害人可能知道可以找誰幫忙、要怎麼尋求幫助）。而說服窮人離鄉背井最具說服力的理由，無非是提供外地某處的經濟機會。除此，要是那份外地的工作有可能惠及家人，分得額外收入（這也是單一家庭成員考慮工作前景的普遍方式），那麼受害者家人實際上等於受到雇用，鼓勵目標受害人離開家庭和社區。

假如來自受害者家庭或社區的保護薄弱，性販運者要完成工作自然輕鬆許多。此處再次證明，販運者看準發展中國家最窮的那些家庭下手，自有好理由。發展中國家窮人面臨的嚴峻處境、絕望和壓迫，使許多人得到自家庭和社區的保護較弱。生活貧窮的人們時常在路程遙遠的地方，從事不穩定或到處遷徙的工作，因此遠離家庭和社區的保護。當一個人的性別、種族、宗教、地位階層或種性位置處於邊緣，社區的保護還可能更加削弱。家庭的保護則會因家人的性暴力或藥物濫用而破裂。

再者，就算女童或女人得到家庭和社區應有的強健保護，但在赤貧社區許多人絕望的探尋，希望拼湊出度日所需的食物、飲水和住處，因此只要給一點錢，便很容易找到人願意（知情或不知情地）參與計謀，隔絕女人或女童於她原有的家庭和社區保護之外。

從這裡可以看出兩種強而有力且危險的意涵。第一，依循暴

力犯罪的殘酷邏輯，窮人對暴力格外脆弱，實際上使他們成為較誘人的暴力目標，吸引更多暴力前來。窮人是群鯊環伺水域裡的血友病患者——每個人都有危險，可是他們受傷時流的血更多，更能引來鯊群攻擊。

第二，不像其他有錢雇用私人警衛或住在執法制度良好社區的人，一旦貧窮女人或女童被隔絕於家庭和社區的保護，當受害人遇上暴力時刻，高聲呼救時便不會有人回應。對發展中國家的窮人來說，哭聲無處可去。

而提到強迫賣淫中「脅迫時刻」的真相，我有幾張具體的影像可以用來幫助他人理解其代表的涵義，就算倖存者並未親自描述她們的遭遇——他們如何被棍棒、電線和金屬竿毆打；如何清理其他被痛毆、虐待、甚至被殺害的女孩的血跡；如何遭人強迫注射鎮靜劑，使她們失去力氣、頻頻嘔吐；被迫看著自己的孩子給菸頭燙傷，直到他們肯順服於強暴。

假如我們有能力承受，他們的故事值得仔細觀看，因為這有助於我們察覺到事態緊急。不然的話，其他數百萬人被悶住的聲音將消逝在暴力的汪洋之中，留在看得見的貧窮表層之下的深處。

舉例來說，當馬雅在販運騙局尾段遇上脅迫時刻時，我們將不會得知她的遭遇。那時馬雅正從印度西孟加拉省鄉下村落的哥哥家，前往父母親位於另一個村莊的家。途中她遇到一對認識的年長夫婦，請她陪他們去不遠處辦點事。馬雅答應了這趟看似短程的暫時繞道。當他們遠行到超乎她預期的範圍時，馬雅不想表現得無禮，她僅僅開口詢問——這兩個人是她的長輩，而且她信任他們。最後，老夫婦給了馬雅食物和茶。她很快便睡著了，隨後在一間旅館醒來，不知道時間已過了多久。

圖2.4:「脅迫時刻」:出自國際正義使命團的一項調查影片,圖中遭到起訴的
皮條客揮舞著拿來打他妓院女孩的棍棒。

　　馬雅的焦慮不安在胃裡上下翻攪,胸口緊繃。她發現自己被
獨自送到一間房間,接著發現門在她身後被人鎖起──從外面上
鎖。她獨自一人坐著,聽見女孩的尖叫聲從下方傳來。終於有個
女人前來,開啟馬雅的房門。馬雅向外走,立刻注意到一排年輕
女孩,衣著非常裸露。「她們為什麼穿成那樣?」馬雅問她的押
送者。

　　「現在的女孩都穿這樣。」那個女人說。

　　「他們帶我去另一個房間,留下我一個人。」馬雅後來憶述
道,「從那時候我開始了解,他們把我賣到那裡,拋下我不管。
我一直在哭。三個女孩帶著食物來我房裡。她們來自跟我同個地

區。我問她們要怎麼求救，而她們說不能幫我，因為如果她們敢試，就會被殺。然後有個幫手進來房裡，放下一瓶威士忌、兩條金屬管和兩根木棒。我看到之後非常害怕。」

馬雅發現自己身處於作為生意的性暴力之中，置身印度加爾各答外圍的一間妓院，由一位名叫奈庫・貝拉的男人經營。

「奈庫來到房裡，喝著酒。」馬雅回憶。四十多歲的奈庫清瘦結實，下巴尖銳，鬍鬚凌亂。「他用的字眼非常難聽，對著朋友說去帶一名叫馬度里的女孩過來。他們帶她來，扯她的頭髮拖她走路。奈庫把整罐酒倒進杯裡，逼她喝完。然後他開始打這個女孩。他剝光她的衣服，用棍子和管子一直一直打她。每當她昏厥過去，他就會潑水弄醒她。我後來知道他做這些事，是因為她試圖逃跑。」馬雅說。

對馬雅而言，第一晚的恐怖才剛開始。被打到不省人事的馬度里躺在地板上流血，奈庫轉向馬雅大步逼近，往她嘴裡強灌酒。他抓住她拖下樓，粗暴地強姦她。「我昏了過去。」馬雅說。醒過來以後她痛苦萬分，無法行走。

十二小時以前，這位只是陪伴她信任的鄰人外出辦點事的年輕女性，就在這個夜晚成為發展中國家強迫賣淫統計數字裡使人無感且微不足道的數據。馬雅被帶到妓院一樓，穿上西式暴露衣著，加入奈庫妓院女孩們的行列，供眾多拿錢來換取性交的男人選擇。

在妓院裡過了近一年，馬雅日日忍受我們統稱為「強迫賣淫」的真實場面。

最終我的同事梅利塔・費南德茲和其他國際正義使命團印度當地職員，與印度當局聯手發起行動，把馬雅和其他女孩從此間地獄救出來。國際正義使命團照顧馬雅的社工和梅利塔，雙雙提

及馬雅下定非凡決心要見到奈庫被起訴究責。她堅持要讓世人了解，像她這樣的女孩在類似場所的遭遇是什麼。馬雅要我們知道，妓院裡一名年紀較大的女孩幫助另一名年幼少女逃跑，被抓到後的下場是什麼。而她向我們解釋的細節歷歷在目，我至今難忘。

「奈庫把妓院裡所有的人帶進同一間房，」馬雅說，「我們都曉得壞事即將發生。他們拿來一堆酒、棍棒和金屬管。我問其他女孩究竟怎麼回事，她們回答：『安靜點。別叫，別哭，別說任何話——看就好。』」

「皮條客把一個女孩拖進房裡，她是幫忙小女生逃跑的那個大女孩。他們逼她喝下許多酒。奈庫對她說：『妳知道我是哪種人：如果我肯原諒一個人，我就放過他；如果我不肯，我就殺了他。』他脫光她，開始痛打她。他毫不停手，連打斷她的手臂之後還不肯停。地上滿滿是血。」

「她被打個半死，求我們好心給她一點水。奈庫說誰都不准動，不然就是下一個。他把她帶回她的房裡，當天晚上她就死了。他們說奈庫把她的屍體裝進麻袋，放到後車廂。」馬雅下了結語：「最後她被扔進河裡。」

梅利塔和國際正義使命團嘗試了七次失敗的營救行動，最後跟可信賴的印度警方小組合作，才救出馬雅。在國際正義使命團協助的搜捕下，奈庫終於被印度當局逮捕。

我描述這段歷程的同時，馬雅已出席印度法庭作證，說出自己和其他女孩在奈庫妓院裡的遭遇。[60] 對年輕女性來說，正面迎向奈庫這般的暴力罪犯是件可怕的任務——更別說這個執法體系鮮少將罪犯繩之以法。可是馬雅看來知道自己在做什麼。

「如果你曾經親眼目睹這麼多次虐待和施暴，難道不會想看

到做出這些事的人被判刑？」馬雅問道，「如果你不挺身反對他做的事，他永遠不會停手。我必須勇敢。如果我想活下去，我就得戰鬥。我用盡心中全部的力量，我會確保他受到懲罰。」

回顧這一切，梅利塔對我說：「把這類犯罪怪到『貧窮』頭上太方便了，如此一來販運似乎成了『我們掌控範圍外』的問題。但是我強烈相信，貧窮只是使人易於遭到販運的其中一個因素──而且販運會持續發生，是因為我的國家並不存在有效的公共司法制度。馬雅的故事，以及我所有客戶的故事一再加深我的信念。」

強迫勞動

頻繁折磨發展中國家窮人的第二種暴力形式是強迫勞動。然而，與性暴力不同，性暴力僅有一部分屬於賺錢生意，強迫勞動則是**完全由金錢驅使**的暴力形式，犯罪者樂意將暴力當成經濟企業的一環。

用暴力竊取他人財物不是新鮮事：這是犯罪最典型的概念之一，也是強者掠奪弱者的原始樣貌。可是窮人沒有太多金錢或財物可偷──因此，把整個人偷走變成最有利可圖的方式。

這是強迫勞動的精髓──用暴力竊取貧民的整個身體，叫他去工作，替犯罪者賺錢③。燒製磚頭、刷地板、耙稻米、捲菸草、鏟煤礦、採石塊、種植農作物、伐木、蓋建物、做火柴、挖溝渠、縫製衣服、編地毯、放牧牲口，業種無窮無盡。犯罪者只

---

③ 這是強迫賣淫的本質。強迫賣淫同時是性暴力和強迫勞動下面的子類別，勞工遭到強迫的方式，預示了逼迫發生性行為的可能。

需要供給那副軀體一點食物和水，一小處休憩地，他就能從那軀體榨取許多個工時，一週七天，月復一月，持續好幾年。而這些工作累積起來可望生產鉅額金錢。即使在發展中國家的低收入經濟環境，排除掉強迫賣淫，每年強迫勞動人力共滾出七十億美元獲利。[62]

　　這有助於解釋為何專家相信，今天世界上實際存在的奴隸人數，比歷史中任何時期還多。跟以往相比，奴隸的**人口比例**確實達到了新低點[63]，奴隸的產值占世界經濟的**比例**也來到史上最低[64]──不過以絕對數字而論，世上從未發生過同時有這麼多人身為奴隸。[65]

　　舉實際數字來說，歷史學家告訴我們，在橫跨大西洋的奴隸交易的**四百年間**，從非洲運出約一千一百萬奴隸[66]，僅僅是**今年一年中**世界上被拘留為奴人數的一半。

圖2.5：數百萬人仍舊被拘為奴：2011年前往印度清奈郊外磚頭工廠的救援行動，目睹超過500個兒童、女人和男人身為奴隸。

在這個全球經濟達到前所未有榮景的時代，流通自由，機會無窮，那麼身陷**奴工**處境的幾百萬人究竟是誰？

答案不出所料，這群奴隸是窮人。從各種角度來衡量，現代奴隸制度的受害者往往是最貧窮的人——而且低收入國往往存在最嚴重的奴役情形。[67] 如同我們看見的，絕望的貧窮使窮人特別容易接受虛構的工作機會，落入販運陰謀，遭隔絕於家庭和社區之外。然而歸根究柢，窮人被拘禁為奴的原因是他們是世界上面對暴力時無從抵禦的那群人。研究現代奴隸制度的重要學者凱文·貝爾斯（Kevin Bales）解釋奴隸制度如何以窮人為目標：

> 政府僅有少數時間與注意力保留給貧窮和被剝奪公民權的人，把他們歸類為次等公民。這個模式在發展中國家一再複製，結果導致無論在里約熱內盧、新德里、馬尼拉或曼谷，這群人總是極端脆弱。警察不保護你，法律不是你的屏障，你買不到解決問題的法子，不論手中擁有怎樣的武器，都無法跟歹徒和警方相比。[68]

如果我們傾聽來自發展中國家的聲音，廣泛存在的現代奴隸制度確實慢慢浮上檯面。兒童權利保護協會（Society for the Protection of the Rights of the Child）的賈瓦德·阿斯拉姆（Jawad Aslam）將會說明，巴基斯坦的地主拘留七百萬名國內最窮的市民，在植栽場和私人宅院強迫勞動，還有其他人監禁於地毯編織、開礦、玻璃和漁業。僅僅巴基斯坦的造磚廠這一種產業，就有一百萬個奴隸。[69] 在茅利塔尼亞共和國（Mauritania），鮑巴卡·梅薩烏德（Boubacar Messaoud）和阿布德爾·納賽爾·奧爾德·奧斯曼（Abdel Nasser Ould Ethmane）——前者為前奴隸，

後者為前奴隸主人——創立名為求救信號（S.O.S.）的機構，援助國內的奴隸。假使當地政府允許求救信號組織公開發言，他們就能說明成千上萬的國人——介於百分之十至二十的總人口——是如何持續過著奴隸的生活。[70] 來自海地當地的童奴自由基金會（Restavek Freedom Foundation）發言人會訴說海地二十五萬至三十萬兒童，如何自小離家成為國內富裕人家的家中童奴（海地語稱為「restaveks」，意思是被留下的人），被迫日日長時間無償工作，往往不准上學，而且時常受到暴力虐待和性侵害。[71] 迦納本地的倡議分子帶我的同事到沃爾特水庫（Lake Volta）湖畔，去見一群被賣掉、淪為強迫勞動力的男孩，在狹小漁船上一天工作十二至十六小時，危險的勞動環境使得每年有許多人溺水死去。專家估計西非和中非有超過二十萬兒童受到拘禁④，從事多種形式的強迫勞動。[72] 來自巴西聖功會牧區土地委員會（Pastoral Land Commission of Episcopal Conference）的札維耶・普拉薩（Xavier Plassat）會說明每年有二萬五千個巴西鄉間的勞工受騙、淪為奴隸[73]，因為中間人或雇主假裝答應提供工作或金錢。這些家無地產、常不識字的貧窮絕望勞工，被帶往遙遠的巴西東北部，被迫從事林業、礦產、放牧、製糖、棉花業和黃豆植栽場的工作。[74]

　　或許現代奴隸制度最令人感到困惑的面向，是債務的概念如何被用以模糊真相。還記得瑪利亞瑪和其他村民是怎麼先收下Ｖ先生給的一小筆預付金，搬到他的工廠後開始受人奴役的生活？一旦深入檢視，勞工跟出資者之間的關係顯然完全和債務無關（事實上，出資者甚至不希望債務被清償）。相反的，那只是種

---

④ 國際勞工組織推估，撒哈拉以南非洲至少有六十六萬強迫勞動受害者。

手段（如同強迫賣淫過程裡提供的假工作），用以拐騙窮人前往出資者能夠以暴力掌控勞工的地方——在那裡出資者成為奴隸主人，而債務人成為奴隸。

此處出於兩個重要理由該暫停一下。第一，「債務奴隸」或「抵債勞動」的關係是兩種規模最大的強迫勞動類別[75]，而今日世界上大多數奴隸的狀態，均使用某種詐騙性質的債務或預付金概念，以遮蓋或掩飾蓄奴。第二，一聽到現代奴隸制度的討論導入「債務」概念，有太多思慮周密的人瞬間鬆了口氣。「噢。好吧。」我們對自己說，「這不算**真的**蓄奴，只是某種不符標準和剝削勞力的情形。或許悲傷、或許不公，但這不是那種全然失去自由、受暴力逼迫替另一個人工作的奴隸制度。」

然而，不幸地正是如此。奴隸制度是對另一個人類的完全強制掌控，而在抵債勞動的狀況下，業主有權毆打他的勞工至死卻無罪，這就是最明顯的掌控。普蘭尼塔・提摩西（Pranitha Timothy）是清奈國際正義使命團的社工，曾協助帶領超過五十次救援行動，拯救數千個奴隸重返自由。普蘭尼塔帶著我看遍她手裡的抵債勞動個案，其中殺戮斑斑，怵目驚心：十二歲男孩馬度淪為莫罕・雷迪造磚廠裡拘留的抵債勞工，馬度說他親眼看著工頭把父親綁在曬磚場中央的柱子上，然後毆打他至死，只因為馬度嘗試逃出工廠。蕾哈里是YBI造磚廠的抵債勞工，被迫眼看她的年少兒子死於重度毆傷，業主下手的理由是兒子因病晚回工廠。另一位母親查娜一家人同為SLN造磚廠的抵債勞工，她同樣救不回少年兒子埃迪特，不幸死於監工的猛烈痛毆。

在上述所有個案裡，受害者都收到一筆到業主工廠工作的預付金，才被騙去廠裡。而後一踏入廠區，他們再也無法離去，受到業主以暴力全權掌控。沒有一樁謀殺得到警方的有效調查，犯

罪者從未接受司法刑罰。

每當政府官員或其他受過教育的人，以輕蔑的口吻談論牽涉到債務的強迫勞動時，我想普蘭尼塔必定得展現強大的自我控制。這讓我想到林肯對他身處時代蓄奴擁護者的輕浮嘴臉有何感觸：「每當我聽到有人替奴隸制度辯護，」林肯說，「我就感到一股強烈衝動，想見到這個人親身體驗試試看。」

我沒再聽說有人幫奴隸制度辯護，但是我確實聽見人們輕蔑地認為涉及債務的強迫勞動情況「不算真的奴隸」。而碰上那些時刻，我同樣感到強烈衝動，想見到他們親身體驗後會否改變觀點。假如那批懷疑論者自己身陷抵債勞動的情境，我百分百確定他們會發現兩件事：(1)假使沒有外力介入，他們絕對無法從奴役處境脫身；(2)他們不會再懷疑抵債勞工是否確實是奴隸。

抵債奴隸的原理實際說來十分簡單。你用一筆預付金誘使他人替你工作，條件如下：(1)清償債務前他們不能離開。(2)對於工作可以獲得多少酬勞，他們沒有發言權。在這種狀況下，抵債勞工**不可能**清償債務，因為出資者絕不會付給他們足以償還預付金的酬勞——而且還不能去別的地方賺錢還債。再者，**假如勞工無法離開**，他們必須向出資者「購買」食物和住處以維繫生命，乖乖按照出資者設定的價格，加進不斷累積債務的一部分。這整個模式還有另一個要素：支配一切的暴力威脅，確保他們不能離開。而這是合法的，因為工人們已經「拿了出資者的錢」，業主只是限制他們，讓他們不能「偷走」。

此種荒謬行徑不會發生在你我身上，原因很簡單——在我們生活的社區，人們不被允許使用暴力討債。然而，在發展中國家億萬窮人居住的社區，私自使用強制力和威脅是實際用來處理債務的普遍手段。[76]於是，沒有外力介入時，抵債奴隸沒辦法靠自

己重獲自由。這就是奴隸制度的本質。

我讀過上千頁強迫勞動的研究報告，出席數百小時關於抵債勞動與人口販運的會議、研討會和講座，然而都比不上普蘭尼塔給我的教育——她引領我進入的世界，盡是活生生的人被迫過著奴隸生活。

戈皮納斯是其中一個真實案例。他是住在坦米爾納德邦的年輕印度男性，從向人借了十美元買食物時開始，淪為奴隸。在抵債勞動的荒謬情境下，這筆借款使戈皮納斯的主人得到一紙證明，准許用暴力把他拘留在採石場達十五年。當我來到國際正義使命團在清奈舉辦的自由訓練工作營⑤，普蘭尼塔介紹戈皮納斯給我認識，那是他重獲自由的第三週。他的皮膚就像黝黑的卷煙紙，薄薄一層地包覆顴骨。他的眼神愉悅，眼角滿是皺紋，十五年來曝露於切割花崗岩和鐵皮所產生的火花、臉上從未戴過防護用具，使他的雙眼充血而朦朧。我們相處的幾個小時內，他細長結實的手臂從未放開疲憊地睡在肩上的小兒子。

十五年前，戈皮納斯餓著肚子。他從事的鑿井工作正逢淡季，於是他接受亞拉美蘆藍色金屬公司（Alamelu Blue Metals）業主給的十美元薪水預付，轉往亞拉美蘆的採石場以錘子和鑿子破石。頂著熾烈的豔陽，戈皮納斯和妻子為了達到規定的每日工作量，每天發狂似地揮舞長鐵錘和曲柄鍬，把大石塊敲成碎石。可是沒多久他們就發現，每日規定的工作量根本不可能達成（裝滿一整個平板卡車）。業主無視先前的承諾，**每三至四週**僅僅付

---

⑤ 譯注：自由訓練工作營（Freedom Training Workshop）是國際正義使命團對抗抵債勞動的一個環節，舉辦數天的工作營供重獲新生的奴工參與，教他們拒絕誘騙的工作提議。

給他們一或二美元，要是表達抗議就施虐。實際上，他們還得把薪水還給雇主以購買食糧。他們痛苦地明白——光是十美元的微薄債務，就永遠不可能償還完。而且假使試著離開，他們會被追捕、痛打。

戈皮納斯夫婦唯一能向業主買到的食物是清淡米粥，經過幾年，米粥的「售價」使十美元的債務膨脹至三百二十五美元。當戈皮納斯提出請求，想要晚上到森林伐木多賺點錢還債，業主這麼嘲笑他：「你可以離開採石場去任何地方——只要你還清跟我拿的錢就可以。」而那一天遙遙無期。

對於像戈皮納斯這樣的窮苦家庭，小孩上學有津貼補助。可是如同其他數百萬身陷抵債奴工的孩童，他們從未被釋放，無法離開採石場去上學。同樣地，附近有間醫院可診治戈皮納斯家因營養不良承受的大小病痛，但是當他們提出想去看病的要求時，只換來巴掌。發展蓬勃的社會公益服務志在打破戈皮納斯家此種貧窮循環，然而強迫勞動的暴力使他們的努力無效。外人看向印度的地景，很容易見到窮人持續在工作，但是人們不會知道，為什麼工作會讓窮人陷入自己愈挖愈深的洞，從不曾推動他們向前。

抵債勞動制度裡的全數暴行當然均屬違法，而且使其存在的唯一原因，是串通了當地權力機關換得默許。普蘭尼塔的同事領導針對抵債勞動廠內的臥底行動時，多次逮到業主誇口，說他們有辦法付錢叫當地警察來毆打工人，假如工人逃跑，警察也會替他們追捕逃脫者。

以下是印度南部一處磚窯業主，指導另一位經驗較淺的製磚廠業主如何處置可能會試圖逃跑的工人：

業主：每個工人都被我狠狠打過。

國際正義使命團（假扮缺少經驗的業主）：全部嗎？

業主：對，全部。

國際正義使命團：你自己打？

業主：對，還有警衛。我只要跟警衛說，他就會好好打他們。事實上我隨後必須阻止他繼續打下去。他就是打得那麼厲害。

你打他們，然後他們就會乖乖的。假如不打，他們就不會工作，而且還會逃走。你把他們抓回來以後，你必須打他們一頓，然後他們就不會再離開你的工廠，因為他們怕不管逃到哪裡你都會把他們抓回來……剛開始我也怕打他們。他們會說要是我打人，他們要去找勞工局投訴。不過後來我膽量變大，我會反問：「勞工局的人有叫你們拿了預付金沒還就逃跑嗎？」

我找警察來打我的工人。

國際正義使命團：這裡的警察是你的朋友，可是我們要怎樣才能辦得到？

業主：什麼意思？你們那裡沒有警察嗎？

國際正義使命團：有，我們有。

業主：那麼只要給一個警察一百盧比，然後叫他來打你的工人，他就會來打他們。

國際正義使命團：警察局在你附近嗎？

業主：對，只要我打一通電話，他們就會馬上來。

有次我問被非法拘留在採石場的一位抵債奴工，為什麼他不去找當地警方尋求協助，他的回答替我釐清了許多事。「我們不

需要去找警察，」他說，「業主付錢叫警察來找我們——來毆打我們。」

這就是至窮之人生活的隱蔽世界，位於我們的視線以外，充滿恐怖和目無法紀的暴行。外界人士眼裡看見的是一間忙碌的造磚廠、可敬的企業家、收入穩定的受雇勞工，附近有學校和診所，以及印度的經濟奇蹟。像這樣的外人對真實現狀毫無頭緒：勞工是奴隸，企業家是暴力罪犯，學校和診所對那些被拘留的奴隸是無法近用的殘酷嘲諷，而活在暴力之下的窮人根本享受不到經濟發展的奇蹟果實。

暴力的土地掠奪

貧窮的恐怖存在於窮人面對暴力時的脆弱。窮人對食物以及要如何餵飽孩子感到焦慮。他們擔心疾病帶來的虛弱及耗損。他們對缺少工作或教育或機會覺得不知所措，意志消沉。但是他們面對暴力時候，會感到**恐懼**——當某個比他們強大的人盛怒地逼近、要傷害他們的時刻。而作為窮人意味著你永遠無法免於恐懼。你在公車站、在市場、去學校的路上、在井邊、在田野、在工廠、在巷弄間都不安全。最可怕的是你在自己家裡不安全，不僅僅由於暴徒可能在你家裡——還因為暴徒隨時可能會來**奪走你的家**，白天或夜晚。

對蘇珊來說，在本該是歡慶喜事的那天，抽象的「霸占財產」現象具體成為了暴力與無家可歸的噩夢現實。那天，蘇珊離開她的村子，步行到數哩之遙處參加親戚的婚禮。當黑夜降臨烏干達鄉間，蘇珊的三個年幼孫兒很快地在祖母的磚造小屋內睡著。房屋穩穩坐落於一小塊紅土上，兩旁是枝葉繁茂的咖啡和木

薯樹。突然間，巨聲碎裂把孩子從睡夢中晃醒。他們爬坐起來，聽見第二聲重擊，整棟房子搖晃起來。他們往上看，感覺到堅硬的灰泥碎屑和塵土如雨落到臉上。僅有單間房的屋子前半部被敲得崩塌裂開，從屋上參差不齊的大洞可見一片黑暗天空。與此同時可怕的鋼鐵邊緣露出閃光，不斷重擊磚泥牆。他們聽見一個暴怒的聲音超越於重擊之上：「讓我殺了這個討厭的女人！」

孩子認得這個聲音，來自使他們家充滿恐懼的盛怒鄰人。他威脅要殺了祖母，因為她拒絕放棄自己的土地和財產。現在他終於來了，用一把十字鎬開路進屋。孩子馬上手腳並用地在塵土地上爬行，從後門出去，逃往附近盲眼的叔叔家，跌跌撞撞地衝進黑夜。

第二天蘇珊收到訊息，得知鄰居的攻擊行為後，她第一個想到的是她的孫兒。聽說他們安然無恙使她鬆了一口氣，但是當她知道房子被毀、小塊土地遭占，她第二個使她感到反胃的念頭是：「現在怎麼辦？」

如今蘇珊無家可歸了。她那塊跟花園差不多大的地，是她唯一用來種植食糧的方法、庇護失去雙親的孫兒、養她的豬、賣青菜籌孫兒的學費。她稱為家的磚造小屋已成了斷垣殘壁（見圖2.6），她的菜園被霸占，她的豬死了，她所有的財物不是被偷就是被毀，而她的暴力鄰人依舊發出威脅，公開宣稱他霸占了蘇珊的土地。對一位年長的女人來說，她已身負重擔，勉力維繫自己和孫兒的生存，現在她該怎麼做？

這是世界上數百萬窮人的可怕問題，他們有過經驗，發現自己被暴力威脅趕出自己的家園和土地。我是從自己遇過最奇特的一位非洲陸軍上校身上，學到何謂「霸占財產」──而且我已經見過不少這種身分的人。在一個世界上多數人將非洲將領與製造

圖2.6：蘇珊的小屋，被比她有權有勢的鄰居摧毀，還竊取了她的土地。

孤兒寡婦連結在一起的年代，這位尚比亞上校卻投入保護孤兒寡婦。某天下午，上校與我分享他自己噩夢般的童年往事，我於是開始理解暴力的土地竊取。當時他守寡的母親和所有手足全被趕出自家房屋，全部財物被洗劫一空，使他們倏地陷入赤貧。

「他們甚至拿走我從主日學校得來的小本聖經。」穆登達上校（Clement Mudenda）憶述。一九六四年父親過世時，克萊門特‧穆登達才九歲。葬禮過後，依照尚比亞南部他居住地區的習俗，父親的親戚前來替「家族」討回所有的財產——把他的母親和手足丟到街上，使他們落入赤貧處境。就像許多無依無靠、沒有土地的家庭，他們設法前往首都路沙卡，穆登達的母親為了她的八個小孩天天陷入生存戰爭。有間天主教學校提供了學費津貼

圖2.7：蘇珊和她的兩個孫子合影。

給穆登達，曾有段時間，他認為自己會成為神父，最終卻接受了從軍的職務。由於分外聰明伶俐、成熟且言談得體，穆登達的軍階迅速晉升，被尚比亞陸軍送去念法律學校，而後代表軍隊參與世界各地許多聯合國部署。

　　「但是當我回家，環顧四周，」穆登達對我說：「我的內心總會為了這些脆弱的母親和她們的孩子燃起某種情緒，因為我看著他們，就看見我自己和我的母親。」穆登達放棄人脈廣闊的職業和置身菁英階級的機會，拒絕成為他國家最受人敬重的優秀律師之一。接下來十年，他替身無分文的孤兒寡母捍衛權利，首先加入尚比亞的國家女性法律援助處（National Legal Aid Clinic for Women），而後擔任國際正義使命團的路沙卡辦公室主任。

　　我們國際正義使命團的大夥都對上校感到敬畏。他當然聰

明，卻同時富有智慧。他極度冷靜且善於言說，對待至貧的年長寡婦是那麼謙和有禮，面對最有勢力的政府官員如此積極熱情。他有著疏淡的鬍渣、低吟歌手的嗓音，網球場上順暢的反手拍，就是比其他所有人還要酷。上校是位非凡的領導者，但悲傷的是，他因腦部感染而突然死去。事實上他的死，或許要歸因於當時尚比亞全國上下沒有一架能用的電腦斷層掃描儀。我們匆忙送他到南非，尋求這片大陸上最好的醫療照顧，可是事後證實已然太遲。

在他的葬禮上，有好幾百個寡婦、孤兒和其他暴力虐待倖存者到來，向為了他們奮戰不休的上校吟唱致哀。

寡婦維納斯・索柯肯定是人群中的一員。幾年前上校曾把我介紹給維納斯認識，地點在路沙卡其中一個貧民窟的露天市場。她有個用灰色煤渣磚搭建的小咖啡攤，送上玉米粉餅「希瑪（n'shima）」給我們吃，款待上校有如親生弟兄。維納斯和丈夫一起經營小攤多年，在市場裡賣吃的好讓家人溫飽，有衣可穿，有屋可住。然而她丈夫因病過世後，貧民窟裡更有威勢的力量注意到有個寡婦失去了護衛者。一個暴徒對她動粗，霸占她的店，竊取她的地產。沒有了市場的小攤，維納斯沒辦法餵飽一家人。

一年後她聽說國際正義使命團和上校，步行一整天來到使命團辦公室，現身時穿著她僅有的衣服——幾個月來她天天穿的一件黑色T恤和奇坦格（Chitenge）布衣。穆登達和國際正義使命團的小組接手她的個案，經過一番努力後，他們把維納斯的地產交回她手上。不過跟她在市場坐下談話那天，她向我解釋失去地產一年的意義是什麼。那代表她必須失去自己的兒子。我聽維納斯說明時感到震驚茫然。她沒了小賣店的收入，只能眼看親兒因為營養不良愈發虛弱，年紀最小的彼得終究悄然而逝。那天下午

稍晚，我在維納斯家裡見到她倖存的兒子。他羞怯地道出他想要起身迎接我，可是缺乏規律進食的那幾年奪走他四肢的力氣，使他永遠如此。經過那天跟維納斯、她的孩子與上校的相處，我發現自己對「霸占財產」有了不同的解讀。

在非洲和發展中國家其他地區，「霸占財產」是相當直接的措詞，用以描述至貧地區的暴力土地掠奪現象。全球的局勢總覽是這樣的：世上最窮的人們大多活在他們可以被輕率扔出家園和土地的環境裡，因為缺乏能夠顯示土地和地產的擁有者的可靠記錄制度——而且即使有，也無甚意願或沒有能力為了窮人而真正執行那些權利。

對已開發國家的人來說，沒有正式書面文件的財產證明是難以理解的，使得來自西方最聰明的人幾乎全忽略掉這個明顯事實。直到祕魯經濟學家賀南多‧迪索托（Hernando De Soto）與其他學者讓全世界知道自己做出驚人的錯誤假設，認為已開發國家的正規地產所有權是常態。我們可以走進當地政府的檔案室，找出記錄誰或哪家公司擁有每平方英吋土地的所有權狀或契約，這樣的必然卻壓根不適用於大部分窮人居住的發展中國家。維納斯無法提供她那片土地的正式所有權狀，她沒有一個鄰居拿得出來。實際上百分之九十的撒哈拉以南非洲鄉間居民（其中三億七千萬人歸類為貧窮），賴以生活和工作的土地都沒有正式或可靠的所有權狀。這個情況對四千萬印尼人、四千萬南美人、四千萬印度人，以及全球約三億五千萬貧窮的當地人民來說也是如此。事實上全球十五億住在非正式聚居地和貧民窟的都市貧民，也對他們的地產沒有任何保障權利。[77]

缺少地產權利的這片混亂，理所當然地成了讓強者來掠奪弱者的邪惡請帖。美國國際開發署（US Agency for International

Development）逐漸意識到此一遍及發展中國家的「貧窮的隱藏面向」，窮人「不受保障的土地使用權，常遭到不分青紅皂白或強制趕出他們的土地」。[78]事實上，每年有數百萬世界上最貧窮的人遭到強制趕出他們的家園和土地，估計有五百萬人受強制驅離所害，另外數百萬人的地產直接被更有勢力的鄰居奪走，把他們踢出家園。[79]擔任聯合國開發計畫署（UNDP）貧窮人口法律賦權計畫負責人的孟加拉經濟學者哈米德·拉席（Hamid Rashid）博士曾明白指出：「土地權有限且不受保障時，貧窮人口若非不可能，也很難戰勝貧窮。」[80]

並且又是發展中國家的女性，最受無保障地產權的目無法紀亂象所摧殘。由於缺少清楚明白的地產合法權書面文件，便有另外兩種社會勢力介入，擅自安排誰能得到什麼：(1)暴力；(2)傳統文化規範。女性面對這兩股勢力時，通常會輸——而且輸得很慘。在發展中國家的多數地方，傳統文化規範時常將女性視為較不重要的附屬品，甚至是財產。舉例來說，撒哈拉以南非洲的婦女贏得財產繼承權，僅僅是過去二十年的事。然而當男性死亡或遺棄家庭時，女性仍然不被視為男子遺留財產的合法擁有者或管理人——而且其他的勢力立刻會介入奪取財產，強制驅逐女性作為屋主的家庭。

這是與繼承相關的財產霸占，對受害人影響重大，甚至有致命的危險性。身邊少了護衛者，寡婦和孤兒唯一的生計遭到剝奪，被扔往街頭。要對抗較為強大的掠奪者，他們的希望不大，倖存機會微薄。

聽來不幸，但是這個問題的規模有多大？

首先，值得留意的是撒哈拉以南非洲百分之八十的食物生產出自女性之手，不過幾乎沒有一塊耕作土地由女性**擁有**。事實上

女性僅僅擁有百分之一的耕地。[81]因此，當主要生產者對土地感到長期的不安全感，就對基本的食物生產造成嚴重後果。

第二，由於愛滋病和其他緣由造成的高死亡率，發展中國家的寡婦人數眾多。近期研究指出，世界上有超過一億一千五百萬名寡婦活在赤貧之中。甚至更引人注目的事實是，有**五億名**兒童依靠這些寡婦的照顧維繫生活。[82]在某些國家，大多數的兒童確實是由寡婦扶養——在盧安達多達百分之七十，莫三比克是百分之六十，柬埔寨是百分之三十五。[83]由此觀之，缺乏強制執行的地產權以保護他們對抗暴力掠奪土地和財產，超過一億寡婦和五億受扶養兒童正受到被趕出居所和土地的威脅。[84]

而援手似乎無處可尋。世界銀行觀察，非洲寡婦的**親人**時常扮演了掠奪者的角色——剝奪寡婦的所有事物，從牛隻到烹飪用具，從銀行存款到耕作工具，從家屋到衣服，讓她和她的孩子赤貧如洗，易遭受剝削、虐待和暴力傷害。[85]環顧世界，缺少強制執行的財產權以擊退暴力，數百萬寡婦發現「『霸占財產』和『驅趕撞走』成為共通經驗的一部分，不管她們屬於泛靈論者、基督徒、印度教徒或穆斯林，無論種族、種性階級或文化。」[86]而所有這些針對最弱勢、最脆弱者的暴力剝奪得以存續，是由於警方的「漠不關心」和法庭的「敵視」，而幾乎也從來沒有人因為犯下暴行遭到逮捕。[87]更糟的是，從自己的房子被趕出來的寡婦，許多人身上同樣患有殺死她們丈夫的愛滋病：在許多國際正義使命團的個案裡，寡婦遭暴力趕出她的地產後，被迫重新棲身在實質上不可能就近取用關鍵醫療照護的地點，以對抗她身上的愛滋病。起初看起來「只是」財產犯罪的行為，很快就惡化成死刑。

除了常見的來自社區和家族的勢力，迫使孤兒寡婦遷出他們的土地，缺少強制執行的財產權也代表當土地需求增加、或是他

們建立家園的土地價值碰巧上漲時，窮人還會遭受濫權企業、不擇手段的開發商和犯罪集團的強制驅離。這些勢力常受到貪腐政府當局的支持，或者可能根本就是政府帶頭施加強制遷徙的行為。在世界各地，於非正式聚居地營生的家庭面臨了住所和事業遭到外力大規模驅離的危險，且通常來自他們當地或國家政府。[88] 強制驅離常常是在違法的情況下，充滿暴力且祕密進行，對最貧窮和最脆弱的人口帶來嚴重後果。[89]

暴力土地掠奪有能力把窮人與其夥伴的掙扎奮鬥毀於一旦。樂施會（Oxfam）揭露發展中國家貧窮人口面臨暴力驅離，在這方面的成果領先全球，一直以來努力提高世人對這項威脅的關注。「空前的土地交易步調以及對土地的狂熱競爭，使世界上許多最貧窮人口處境惡化。」樂施會執行長芭芭拉‧史塔金女爵士（Barbara Stocking）推斷。樂施會發表一項報告，研究貧窮人口的暴力和強制搬遷，起因於印尼、瓜地馬拉、南蘇丹、烏干達、宏都拉斯等國可疑的土地交易。[90]

對全球貧窮人口而言，強制搬遷與霸占土地加入強迫勞動和強迫賣淫的行列，形成另一股由強大經濟誘因驅使的重大暴力類別。面對上述暴力，窮人全無保護自己的力量。使情況甚至更形惡化的是——事實上此因素將窮人逼往懸崖——本應阻止暴行的制度（例如法律執行），竟然成為**加深窮人弱點的掠奪暴力根源**。發展中國家的法律執行非但沒有藉由保護和遏制構成解決暴力的主要力量，反而成為窮人遭受暴力與損失的主要**根源**——而且成為**暴徒的保護傘**。這個怪異且災難般的現實，是我們接下來必須加以掌握、理解的事物。

警方濫權與任意羈押

真相是嚴厲的——而且我們若不面對真相，就換真相來找上我們。接下來是另一個關於全球貧窮人口的殘酷真相，而世人尚未認真對待：發展中國家的法律執行機關，原本應是暴力的主要解決方案，實際上竟與暴力為伍。

這並非雞毛蒜皮的小事。想像一下，世人若是發現發展中國家的醫院使窮人病得**更重**，新鑿的水井實際上**汙染**了水源，學校**懲罰**向學的孩子，抗生素**散播**傳染病。可想見世人的反應會是義憤填膺，以迫切的決心來處理問題。這確實正是窮人試圖向世人訴說法律執行在他們居住地區的情況：它使事態更加惡化。有著里程碑意義的世界銀行研究《窮人心聲》以此作結：

> 或許此研究揭露的其中一個最驚人的內情，是警方和官方司法體系跟富人站在同一邊的程度，迫害窮人，使窮人感到更加不安全、恐懼且愈加貧窮。尤其在都市區域，窮人不認為警方在維護正義、和平和公平，而是不安全的威脅和根源。[91]

走遍世界各地，這個主題在發展中國家一再重演：對全球貧窮人口而言，最普遍的犯罪和掠奪者時常就是他們自己的警察機關。當《窮人心聲》的作者寫到研究結尾時，他們如此論斷：「窮人認為警方是壓迫的因子，而非提供保護。窮人一次又一次表明，司法和警方保護是只有富裕企業、富人和擁有人脈者專屬的。」[92]

國際正義使命團的同事班森介紹我認識來自他肯亞奈洛比家鄉的布魯諾和迦勒時，我對這些現實有了更清晰的理解。布魯諾

年紀近五十，為人夫與人父。他穿戴整齊，襯衫和長褲幾乎垂掛在瘦長的身軀上，刮得一乾二淨的臉龐帶有貧窮的標記——刮痕和傷疤，齒面不平整，眼神疲憊。每天清晨約六點，布魯諾在他位於奈洛比第二大貧民窟的狹窄小屋中醒來。他在城市裡工作生活，每個月寄錢回家給住在奈洛比外圍鄉下地區的妻子和三個小孩。

在一個如常的早晨，布魯諾隨著太陽升起而梳洗，拿起他那些全以真皮打造的手工珠飾皮帶，要去當地市集販賣。他走去上工，急於在市場裡占個好位置時，一輛Land Cruiser⑥在他身旁停下，是警車。布魯諾突然察覺到有人從背後抓住他。布魯諾憶述：「當我問他怎麼了，他只是推我，把我推進車裡。」他的妻兒、母親和手足接下來好幾個星期都不知道他身在何方、遭遇了什麼事。

幾哩之外，在另一個奈洛比擁擠的貧民窟裡，迦勒剛剛下工、正要回家。他的工作是露天市場的夜班巡守員，確保沒人跑來偷番茄。迦勒是個高挑削瘦的男人，三十多歲，有著柔和大眼和一臉大大的咧嘴笑容。他穿著妻子阿德利娜為他清洗熨燙過的藍格呢襯衫，他還喜歡那頂有著企鵝標誌——不太像是真的——的黑色棒球帽。阿德利娜剛離開他們位於貧民窟如火柴盒般大小的家，她的工作是販售鞋子，兼差接裁縫生意，於是迦勒負責幫小兒子蓋瑞打理，準備去幼稚園上課。迦勒和妻子工作賣力，他

---

⑥ 譯注：Land Cruiser是豐田的四輪傳動車款，最早在一九五〇年代是為了戰爭所需開發的吉普車型，同時代類似用途的車款包括英國的Land Rover。由於能適應惡劣路況、平價且耐用，現今常見到非洲警方和武裝分子駕駛Land Cruiser。

們的三個小孩得以接受良好教育。他們年紀最大的女兒剛念完高中，夢想要念大學。他們顯然為她感到十分驕傲。他們兩人都沒機會念完高中，但是他們存了好幾年的錢，好讓大女兒的夢想得以成真，就讀附近的社區大學。

今天迦勒和蓋瑞比平常晚了一點出門上學。正當迦勒享受陪著五歲兒子步行上學的尋常路程，配備步槍的警員突然在街上與迦勒對峙。有個聲音憤憤地對他說：「我們聽說你在製造麻煩。」迦勒不知道他們在說什麼。他沒惹出麻煩，他剛剛在幫兒子準備上學。武裝員警命令迦勒和另外幾個街上的男子坐進警方的休旅車。

警察把迦勒從他的五歲兒子身邊拉走，獨留蓋瑞一人孤零零地在街上。赤裸裸的驚恐和無助籠罩迦勒全身。蓋瑞尖叫著要找爸爸。街上有位當地婦女認出小蓋瑞的學校制服，把他帶去學校。然而要等到數日之後，蓋瑞才會知道父親的遭遇。

警察將車開回迦勒家。他無助地看著警員在他家的微薄財物間翻箱倒櫃，偷走兩架他妻子用來兼差縫製的縫紉機，還有他們存來付女兒大學學費的現金。警員自顧自地將迦勒的財物和畢生積蓄洗劫一空後，把迦勒扔回休旅車，裡頭有其他約七個男人，還有些等著沿路逮捕。

如今迦勒和布魯諾在休旅車後座第一次見面。他們跟其他人共有類似的故事：警方在他們剛要去工作、登上巴士，或者去市場時逮捕他們，給他們上銬後扔進車裡，整個早上不斷有男人進出車裡。僅有給付警察索賄的那些人當天上午獲釋，賄金是二千先令（約二十三美元），迦勒半個月的收入。迦勒和布魯諾沒有足夠的錢，無法付錢換取釋放。

經過幾個小時，迦勒和布魯諾跟另外兩個不知所措的男人仍

舊困於車內。警察把迦勒和布魯諾帶往一間當地警察局，在那裡他們被拳打腳踢，用鐵條無情痛毆。接著警察將迦勒和布魯諾載去奈洛比外圍的某個樹林，在那裡的一小塊空地上有架電視機和幾根金屬棍棒。迦勒和布魯諾嚇壞了。

現在警員對他們大吼，堅稱迦勒和布魯諾共謀從一間旅館偷走了電視，要他們說出其他偷竊物藏在哪裡。在五月的那個午後，空地上的那架電視的確是幾個星期前從旅館被偷走的，於是警察必須找到某個人負責以減輕壓力，任何人都好。員警強壓他們面朝下趴在地上。他們渾身發抖，嘴巴陷入泥地，而暴行持續加重。「到了一個地步，」迦勒回想：「我告訴員警，『如果你想殺我，直接動手，因為我不知道任何搶劫案的事。直接斃了我，不要這樣拷問我。』」他們終於離開樹林，被關進監牢。經過兩個星期的監禁，最終警察把這兩個骨折且疲憊不堪的男人拖上法

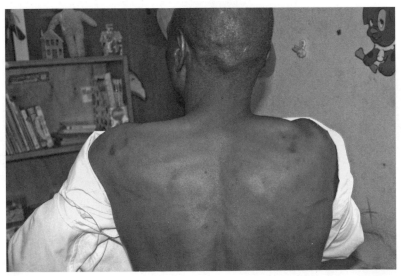

圖2.8：布魯諾展示肯亞警察打他打得多厲害，傷口已成疤痕。

庭，肯定地告訴法官他們以暴力犯下搶劫罪，是死罪。

　　法官並未要求警方提出任何證據，證實他們提起的訴訟案。迦勒和布魯諾沒有律師，因為他們負擔不起一位律師，而且沒有人指派律師給他們。單單靠著員警無憑無據的指控，法官將他們無限期拘禁，等待沒有明確開庭日期的審判。約一年過後，牢裡的布魯諾得知妻子瀕臨崩潰。家裡破產，他又幫不上忙，而且她必須在丈夫缺席的狀況下繼續生活，把孩子帶在身邊。迦勒家依然支持他，但是他們僅能勉力維持生存。他的家人必須從原本的家搬去貧民窟，住進更便宜的房子。更糟的是，他大女兒的夢想煙消雲散，她必須輟學去做低收入的兼職售貨員，幫忙家裡的生計。在這段期間迦勒無限期地困在骯髒的羈押候審中心，一天天衰敗，他深深感到無力幫助自己的家人，只能任他們墜入赤貧的深淵。

圖2.9：迦勒走在他位於奈洛比貧民窟的家外頭。

布魯諾和迦勒只是發展中國家單一城市裡的單一故事,然而從中我們可以清楚地目睹執法暴力的所有元素,正日日威脅我們世界上最貧窮的億萬人口:(1)警察是四處打劫的掠奪者;(2)濫權的羈押候審;(3)刑求。

警察是四處打劫的掠奪者

　　觀察發展中國家許多貧窮人口時,《窮人心聲》的作者做出最有力的總結:「警察就是另一個幫派。」[93]窮人習於在他們鄰里出沒的暴力犯罪幫派,必須小心翼翼應付他們的襲擊、威嚇、搶劫和勒索。對發展中國家的許多尋常窮人而言,警察就是另一群地區武裝掠奪幫派,偷竊、強暴、勒索、襲擊他們。事實上,當地警方向窮人勒索、強搶金錢,甚至比當地其他任何犯罪實體都還頻繁。

　　《窮人心聲》清楚地表明掠奪式警力是支配發展中國家的現實:

- 巴西:「警察上門是要搶我們……羞辱每個人」。[94]
- 孟加拉:警察就是「非法的通行費索取者」。[95]
- 阿根廷:「我們害怕警察更勝於罪犯。」[96]
- 奈及利亞:「對多數警員來說,警察制服是賺取收入的工具。他們藉由勒索守法公民來賺錢。」[97]
- 印度:「窮人嚴厲斥責警察公務是社會中缺乏效率、貪腐和製造混亂的角色……警察慣於從事騷擾和勒索敲詐,而他們的威脅阻止了窮人過安寧的生活。」[98]

　　走遍發展中國家,薪資微薄的警察使用他們的強制力持續向

最弱勢的人勒索金錢。甚至有結構完整的體系，讓低階員警勒索來的錢沿著行政管理系統向上分給高階官員，他們監管整個城市或管轄範圍內的龐大勒索行為。我的同事曾與各個階層的警員有過多次透徹交談，包括柬埔寨、印度、菲律賓、瓜地馬拉、泰國、肯亞、尚比亞、玻利維亞、馬來西亞、宏都拉斯、烏干達和其他許多國家。交談中皆提及，在這些國家，賄絡和勒索體系的報酬沿著行政管理系統向上分配。

發展中國家的警察不僅經由勒索體系持續掠奪窮人，他們還時常是性侵害地區婦女和女童的掠奪勢力。貧窮地區的男性害怕被警察載走、毆打或拘留，作為勒索金錢的方式，針對窮人的調查顯示，婦女和女童則害怕被警察強暴、性侵。[99]

而極其諷刺的是，在發展中國家，似乎面對暴力愈脆弱的人——愈需要警察保護——愈得畏懼警察。在街上流浪的兒童和性工作者規律地受到掠奪員警的攻擊和竊盜所害，當你詢問他們為什麼不向警方報案時，他們會用悲傷且不可置信的眼神看著你。在發展中國家的許多地區，窮人有麻煩時不會**去找**警察，相反的，他們會**遠離**警察以避免麻煩。

濫權羈押

執法暴力摧殘發展中國家窮人的第二個元素是濫權羈押。從布魯諾和迦勒的噩夢就能立刻了解，羈押的權力可以成為達成勒索的可怕武器。確實如此，《窮人心聲》的研究揭露全球發展中國家窮人的最大恐懼，是警察憑著子虛烏有的控訴把你載走、扔進牢裡，作為勒索金錢、性行為、財產與其他物品和服務的方法。

事實上，警察僅僅需要濫權羈押一小部分的市民，散布使人恐懼的威脅，就會立刻促使每一個人掏出員警提出的賄金——如

同那個早晨，和布魯諾及迦勒一起被載走的大多數人做的。因此最慘烈的輸家是那些窮到付不起的人，無論當時困在牢裡的代價有多高。

這一切聽起來又是壞事，不過在一個充滿不幸的世界，發展中國家貧窮人口面對的這個問題的真實規模是多大，牽連又有多深？

如果你前往發展中國家的監牢，時常會發現大多數受到拘留的人，都未曾遭到定罪或甚至起訴。許多人被拘留時不具有任何法律狀態，意即完全沒有檔案說明他們為什麼被羈押，或者他們

圖2.10：候審羈押率

賴比瑞亞	97%
馬利	89%
玻利維亞	84%
貝南	80%
奈及利亞	78%
尼日	76%
剛果共和國	70%
巴基斯坦	70%
菲律賓	66%
委內瑞拉	66%
印度	65%
祕魯	58%
瓜地馬拉	54%
阿根廷	53%

資料來源：國際監獄研究中心（International Centre for Prison Studies）的「全世界候審羈押者／發回重審囚犯人口比率」（"Entire world—Pre-trial / remand prisoners (percentage the prison population)"），最新資料可至以下網址查詢：www.prisonstudies.org/info/worldbrief/wpb_stats.php?area=all&category=wb_pretrial

是被祕密拘留，卻沒有任何原因也不負任何責任。然而，大多數的發展中國家拘留的囚犯並不屬於非法羈押常有的狀態。相對的，他們是在另一種狀態下受到拘留，大多是所謂的「羈押候審」，但情況同樣糟糕。在任何一年，全世界的監牢裡實際上約有一千萬人受到羈押候審拘留。[100] 在許多最貧窮的國家，超過四分之三的囚犯屬於羈押候審。這代表在許多擁有廣大赤貧人口的低收入和中等收入國，監牢裡的**大多數人**未曾被判定任何罪名——早在判定他們有罪或無辜的訴訟之前，他們就被拘留。

人們必定記得，在迦勒和布魯諾的個案裡，發展中國家許多地區的警察完全不需要任何證據就能拘留你，他們被賦予絕大的自由來判定羈押與否。隨之而來的問題是，警察可以羈押你多久，才必須向司法機關提出一些證據？為了延長羈押，他們又需要提出多少證據？假如他們可以羈押你很長一段時間，其間無需提出任何證據；或是假如他們只需提出非常少的證據就能延長對你的羈押，那你可麻煩大了。

在發展中國家，數百萬名羈押候審者的問題就在這裡。第一，如果你住在「已開發」國家並遭到逮捕，警察或羈押當局必須帶你到司法機關面前，展示羈押你的法律依據，期限通常是以**幾個小時**來計算。在許多發展中國家，像迦勒和布魯諾這樣的囚犯，要等上**幾個月或幾年**才能第一次出庭面對法官。[101] 舉例來說，奈及利亞的羈押候審平均時間是三點七年。這代表假如一個無辜的人在奈及利亞被捕且身陷羈押，跟我的小孩第一天上高中在同一天發生，那麼這位無辜的囚犯在牢裡等待獲判無罪的時間，差不多可以讓我的小孩讀完高中。

我在國際正義使命團的同事經手過無數個案，幫助像肯亞的迦勒和布魯諾這樣完全無辜、被安上假罪名的貧窮囚犯，而我們

發現一旦缺少干預，他們通常會被遺忘、留在牢裡受苦，直到大約一年半以後，才有對他們案件證據的嚴肅審視。其他的倡議團體曾遇過肯亞的囚犯在上庭審判前遭羈押達十七年。[102] 在印度，有三千萬個案件延宕在堵塞的法律系統裡，案件的平均等候期是十五年。[103] 在如此的環境下，不難見到無辜窮人被拘留在牢裡等待審判，若是他最後被判有罪，羈押時間也比他需服的刑期還長。

從噩夢中遭釋以後，得知偷走你的人生和幸福安寧的羈押當局完全無需受到懲罰，只不過是朝傷口抹鹽。

而時間被偷走可以是件殘酷的事。最近我在肯亞的國際正義使命團同事，幫助一位被羈押候審超過一年的無辜囚犯獲釋，到那時他才發現妻子已經過世，他沒機會跟她好好告別。開放社會司法倡議組織⑦是最投入研究發展中國家羈押候審囚犯困境的組織，組織裡的律師下了非常簡明的結論：「羈押候審是發生在一個人身上最慘的事之一。」羈押候審權力之所以如此駭人，不僅在於它不受限制、未經由法院有效監督，還包括羈押的**環境條件**。

一旦你親身踏入這些羈押中心的其中一間，讓疾病的惡臭、髒汙、暴力和落魄飄覆全身——那一刻你不再需要長篇大論來讓

---

⑦ 譯注：開放社會司法倡議組織（Open Society Justice Initiative）屬於開放社會基金會旗下組織，由投資起家、後投身慈善世界的索羅斯（George Soros）創辦。開放社會創於一九九三年，關注發展中國家的民主治理、人權、經濟、法律和社會改革，據點遍布六十多國。開放社會亦受到批評，認為其關懷偏向企業而非人民，詳見《黑絲路：從裏海到倫敦的石油溯源之旅》。關於開放社會，可參考兩本索羅斯的著作：《不完美的年代：索羅斯給開放社會的建言》、《開放社會：全球資本主義大革新》。

你理解這件事。但是我們鮮少有人曾經造訪過,因此一些背景介紹變得相形重要。首先,用於羈押候審的設施絕非為了長年同時容納大量人數而設計,於是他們衰敗成最骯髒、生活條件最惡劣的處所。[104]國際正義使命團的同事跟我曾經到過許多羈押候審設施,羈押人數擁擠到沒有空間可躺下,他們必須屈膝靠著另一個人而坐,呈現出「雞蛋盒」裡的樣子;他們還必須輪流睡覺,好讓輪到的人可以躺著睡。在許多這樣的環境裡,你得到的食物和水端視你的家人或朋友能送來多少、你的羈押同伴又容許你保留或分享多少。紅十字國際委員會(International Committee of the Red Cross)告訴我們,事實是發展中國家羈押中心的粗略死亡率(每個月每萬人中的死亡人數),可與紅十字會在戰區和疾病迅速蔓延時面臨的死亡率比擬,或甚至更糟。[105]

那麼誰是發展中國家每年那數百萬僅僅受到指控,就必須承

圖2.11:菲律賓馬尼拉市內一間過於擁擠的牢房。

受羈押中心裡恐怖致命狀況的人？他們絕大多數人是迦勒和布魯諾，也就是說，他們是窮困的平民。關於此議題的一項全球研究直接明瞭地總結：「羈押候審中心拘留的幾乎全是窮人。」[106]開放社會司法倡議組織則發現：「有能力把錢交到對的人手裡，常會造成自由或羈押的差別。」[107]

肯亞的前任監獄署署長表示，他認為全國的羈押中心裡有五分之一的囚犯，只要有請律師就能得到釋放。[108]針對孟加拉羈押候審的一項檢查發現：(1)幾乎所有羈押在牢裡的人都是窮人；(2)其中百分之七十三的人未曾因犯罪受過審判；(5)許多人在牢裡等候審判的時間，已多過他們被控罪名的最大刑期；(4)大多數人從未有過律師；(5)大部分獲得交保釋放資格的羈押人，從來沒有實現過此項權利。[109]

任意監禁、孤立、虐待、長期的不確定、無力感、暴力、遺棄造成的心理衝擊和創傷無可衡量。國際正義使命團的同事和我曾數百次坐在發展中國家擁擠不通風的破舊法庭裡，觀看骯髒邋遢的羈押候審人拖著沉重步伐踏入法庭，準備迎向又一個卡夫卡式的荒誕啞謎。他們坐在那裡，看著他們不了解的無用之事間歇上演，在蹣跚地走回羈押牢房前，不會有具意義或可理解的事發生。他們眼裡的疲憊、麻木、死氣沉沉和貶抑，形塑出如鏡的無底深淵。聽見休庭（法官今天不在）、延期訴訟（檔案給錯了、檢察官從缺）、延後判決（沒給說明）以後，他們癱坐一陣子，然後拖著腳走出去。置身此間地獄，要試著維持或展露人性的困難程度總是令我訝異。

另一方面，我在國際正義使命團的同事幾乎每週便能夠慶賀一次他們的（非付費）客戶從這種環境下得到釋放——如同我們最終為迦勒和布魯諾做到的。但是這些經驗也讓我們經歷羈押候

審的典型**後果**——進入更為深層的痛楚。試想：你病弱地離開監牢（可能罹患愛滋病），而你的家庭負擔不起醫療費用。你失去工作，因為沒來上班已經一年半。（而且誰會雇用一個從那時開始一直待在監獄裡的人？）之前由於你負擔不起送孩子去上學，他們只得輟學，如今眼看學業遠遠落後，你拿得出來的學費甚至更少了。你被驅逐出家屋，因為你付不起貸款或沒能力持有，而房子已經售出，被其他人占據。現在該怎麼辦？

你逃離濫權羈押候審**之後**的殘酷真相列表無窮無盡[110]——而我在此提出這些事實，並非要使我們更加喪氣，而是要確保我們計算窮人、他們的家庭和社群，在面對濫權羈押候審此種惡劣、隱蔽的真實所需付出的代價時，能夠貼近現實。開放社會司法倡議組織的全球專家再度一針見血地指出，每年有一千萬人遭到羈押候審——世上某些最貧窮、最邊緣化的人——「是冰山一角：有億萬的家庭和社群成員受這一千萬件羈押候審所影響。」[111]

刑求

一位尚比亞律師如此陳述：「就算對已證實犯下罪行的人來說，監禁已是夠嚴厲的懲罰。然而，當政府使僅僅有嫌疑的人受此對待，政府本身就成為所有罪犯中最惡劣的一個。」[112]

對某些人來說，這篇聲明聽起來就像是又一個憤怒的人權律師，將執法和政府當局妖魔化成世界上的至惡。「所有罪犯中最惡劣的一個？」真的嗎？這觀點或許聽來過於激烈，直到我們的討論進展至窮人遭受的第三種執法暴力——且與羈押候審緊密相關——那就是刑求。

當我們想到刑求，一般情況下我們會想到殘酷的獨裁者或壓迫政權，利用其維安機關逮捕、刑求異議分子、政治犯和反對黨

領袖，當作維繫政權和控制的方式。身為一位在冷戰時期成長的人權律師，我想到刑求，我立刻想到在種族隔離時期曾受到南非警方特別部門（Special Branch of the South Africa Police）刑求的友人、遭到菲律賓馬可仕軍隊（Marcos military forces）刑求並倖存的朋友、那些沒有活過柬埔寨波布（Pol Pot）政權刑求營地的人的照片，以及消失在軍隊刑求室的拉丁美洲大學生，他們的母親再沒見過孩子一面。懷著巨大的難堪與羞恥，我也想到美國政府對恐怖分子嫌疑犯使用「強化審問技巧」獲取關鍵資訊，跨越過了先前認為可接受的那條界線，而構成刑求。

但是這種政治和國家維安的刑求，在全球每天發生的大量刑求裡，實際上只占了最微小的一部分。今日我們世界上絕大多數的刑求受害人實為發展中國家常見的窮困平民——而大部分的刑求發生在羈押候審期間。[113]「許多人認為刑求主要是政治犯或其他『高階』囚犯的命運，」聯合國刑求特派調查員（UN Special Rapporteur on Torture）曼弗雷德·諾瓦克（Manfred Nowak）審視全世界刑求情況後，得出上述觀察，「實際上大多數任意羈押、刑求、不人道對待的受害人通常是普通人，且屬於社會上最貧窮、最弱勢的階層。」[114]

謹慎的專家們記錄，「在世界上許多國家，刑求仍舊是警察的例行公事，以從拒絕『合作』的嫌疑人身上獲取認罪供述或其他資訊。」[115]發展中國家的警察通常缺乏基本審問技巧的訓練——那些技巧其實才真正能賦予他們破案的能力。當定罪的壓力與警察文化特有的腐敗相結合，便會產生一項普遍認知，即認為透過刑求強迫認罪是最簡單、也或許是唯一的方法來定罪嫌疑人。[116]聯合國刑求特派調查員曼諾瓦克親身調查全球羈押候審刑求的六年期間，他觀察到：「不幸地，在許多國家，受警察拘

留的犯罪嫌疑人所受到的刑求，都以相當廣泛或有系統的方式實行，使得每一個羈押候審中心的『新生』身上都展現了清楚的毆打痕跡，或是其他類似形式的刑求所留下的痕跡。」[117]

環顧全球，在數十億最貧窮人口居住的環境裡，執法體系不僅未能保護他們免於盛行的性暴力、強迫勞動和暴力土地掠奪，甚至斷然蹂躪當地社群，成為窮人遭遇的破壞掠奪暴力的其中一個來源。全球貧窮人口生活中的殘酷暴力事實正逐漸呼之欲出。因此，來到更深入思索的時候了——也就是說，所有這些失控暴力，對或能使窮人脫離貧窮的經濟發展夢想，以及要讓赤貧走進歷史的熱切國際行動所造成的影響是什麼？這是我們接下來要問的急迫關鍵問題。

第三章

蝗蟲效應

　　這將被證明是十九世紀美國中西部鄉下最悲戚的貧窮故事之一。對於在一八七五年生活於密蘇里州聖克萊爾郡的六口之家，下場會是一塊簡單的木製墓碑，上頭寫著：「餓死」。如同眾多無名窮人，那個時代的歷史記載並未指明他們的姓名，僅僅是「由於缺乏使他們繼續活下去的食物，六個人相繼死於六天內。」[1]

　　與他們身處同時代的大多數中西部家庭相仿，那個被遺忘的家庭習於極端的艱困生活。北美大平原上欠缺足夠的樹木建造適宜人居的房屋，因此許多家庭住進地洞，或是以草皮覆蓋的棚屋。他們一開始用手刨土，後來驅馬拉犁整地，種植讓他們和牲畜足以撐過一整個嚴寒冬季、不致挨餓的作物。假如他們有辦法堅持五年，政府會給他們一些土地，而他們就能賭上一切把土地充當擔保品借錢，再去買更多犁田用的馬匹、耕作用的種子和建造房屋的木材。

　　你瞧，憑著不停歇的努力，政府給的一點幫助，一些鄰里合

作以及強烈韌性，到了一八七五年四月，對位於地勢崎嶇的密蘇里農場上的家庭來說，情勢大為改觀。雨量適宜，麥田欣欣向榮，菜園生長茂盛，而牲畜準備好脫離吃冬季配額口糧的日子。若是收成豐碩，一場豪賭終能得到回收，卸下瀕臨崩塌的負債重擔。他們總算或許能給孩子一個脫離貧窮的未來。

然而，希望在幾個小時內一掃而空。一片龐大的黑暗陰影湧進聖克萊爾郡，遮蔽日光，突襲土地，將每一平方英吋的作物和蔬菜摧毀殆盡。農家無助地躲在棚屋裡的同時，人類史上最大的蝗災將他們辛勤費力打造的一切夷為平地。「每一株大麥、燕麥、亞麻和玉米，突出地面的嫩莖全遭啃食。馬鈴薯和所有的蔬菜都遭到相同的待遇。它們所經之處，只留下一片毀壞殘跡與農人對視，而饑餓則前來重重敲擊他們的大門。」2

在一八七五年，數兆隻總重量達二千七百萬噸的蝗蟲群穿過美國中西部幾近二十萬平方哩的土地（區域面積比加州還大），吃掉一切——**每天**消耗與二百五十萬個男人相等的進食量。不出幾個小時，青蔥菜園和廣大豐收的農地淪為貧瘠荒漠。維繫家戶和農場動物生命所需的作物被毀，下一個冬季將無所依靠。蝗蟲吃掉籬笆柱、房屋油漆和牆板。它們吃掉活生生羊隻背上的毛，還有晾在戶外曬衣繩上的衣服。人們急忙拋出毯子覆蓋他們的菜園，蝗蟲竟吞食毯子，接著飽食植栽。3墾民看著他們的牛隻和其他牲畜死去，卻沒有穀物或飼料可供餵食，他們自己被迫僅僅倚靠麵包和清水活下去。當時有份報紙如此報導：「農地主人已投入所有錢財……如今落得沒有東西可吃，他們的家畜飢餓至死，而他們身無分文。」4

蝗蟲到來，摧毀一切。這些貧窮家庭費盡的所有苦工、犧牲和努力都沒用，政府撥出的無償土地也沒用，鄰人和來自國家另

一邊的好心人幫助也沒用。確實，對那些目睹飢渴蝗群猛烈襲擊，使「經年的勞動和關愛照護在十天內毀於一旦」的人來說，談論外人的幫助「看起來不過是嘲諷」。[5]

正視蝗蟲掠奪者

同樣的，在我們的年代，那些激勵經濟發展、使發展中國家的窮人脫離貧窮的努力，卻未能化解摧毀劫奪他們的暴力行徑，也可能「看起來不過是嘲諷」。承諾讓蘿拉和尤莉上學，卻未能化解使步行上學途中和校內過於危險的性暴力，看起來像是嘲諷。給迦勒工作教育訓練，或給布魯諾微型貸款去做他的皮帶生意，卻未能保護他們免於被任意扔進牢裡，從而使迦勒失去工作、布魯諾丟掉生意，這看起來像是嘲諷。給蘇珊工具、種子和訓練，使土地的作物產量倍增，卻未能保護她被暴力趕出那塊土地，看起來像是嘲諷。教給蘿拉和瑪利亞瑪關於愛滋病的知識和選擇安全性行為的訓練，卻未能化解貧民窟和造磚廠中的女性遭遇沒辦法擁有選擇的性暴力，看起來像是嘲諷。在戈皮納斯被拘禁為奴的地區建立鄉間醫療診所，卻未能化解拒絕讓他離開採石場、帶病危孩子前去的暴力，這看起來是嘲諷。

對於一八七〇年代美國中西部鄉間的窮人來說，無論他們為自己做了什麼，或是其他人以土地、種子、犁、訓練、教育、水利灌溉、家畜或資金捐助的形式來幫助他們，都是沒用的。要是蝗蟲蜂湧而至、踐踏一切，那麼大平原上那些貧窮脆弱的農人將不可能茁壯成長──永遠不會。其他所有的投入都很重要，能夠賦予、維繫生命，但是這些努力的效用無法承受飢渴蝗蟲的毀滅衝擊──而且其他種種努力都沒辦法阻止蝗蟲。

同樣地，我們似乎逼近一個歷史關鍵時刻——我們開始一致同意：即假使我們無法果斷地處理成群擁向發展中國家窮困平民的日常暴力，貧窮人口將無法茁壯成長與達成夢想，永遠不會。

　　現任開放社會基金會（Open Society Foundation）主席、哈佛學者克里斯多福‧史東（Christopher Stone）在他給世界銀行的報告中總結：「根據社會和經濟發展的角度，高度的犯罪和暴力將對減少貧窮、改善治理和緩解人類不幸的最佳計畫造成破壞。」[6]

　　對那些關心全球貧窮人口的脫貧和經濟發展的人而言，事實和數據已不允許我們假裝暴力的蝗蟲群並未摧毀我們的努力，還繼續埋頭做下去。深層體驗和驚人數據緩慢而真確地逐漸積累，說明目無法紀的日常暴力正如何摧毀窮人想在發展中國家開拓更好未來的努力。

　　當多數世人仍將注意力放在對抗貧窮的其他事物時，專家聯合證實了「蝗蟲效應」的毀滅真相——暴力磨難對窮人的致命衝擊——以及化解窮人面對的暴力，是達成對發展中國家窮人真正具有意義的經濟發展的「先決條件」。[7]先決條件並非意指其他針對脫貧和發展的努力必須擱置，直到暴力止息。而僅僅是認知到一個簡單事實：即使你再盡力犁田、種植和施肥，假使未能化解暴力的蝗蟲來襲，你依舊置身絕大困境，而且可能會浪費大把氣力。

　　事實上，世界銀行近十年來一再重申其發現，即「近年興起的犯罪和暴力，形成了實現發展目標的重大障礙。」[8]世銀直截了當地陳述：「在許多發展中國家，高度的犯罪和暴力不僅破壞人民的日常安全，也對意欲促進治理和減少貧窮、針對發展的廣泛努力造成破壞。」[9]聯合國毒品和犯罪問題辦公室（United Nations

Office on Drugs and Crime）的多項研究推斷，抑制暴力是脫貧和經濟發展的先決條件，並直言「發展目標得以實現以前，必須先建立基本的秩序。」[10] 英國國際發展署（Department for International Development）的領導群論斷，「貧窮人口想要感到安全無虞，就和他們需要食物可吃、乾淨的水可喝、有工作換取收入的程度相同。缺少安全就不可能有發展。」[11] 談及暴力時，研究者愈來愈憂慮發展專家遺漏了阿馬蒂亞‧森（Armatya Sen）的洞見，即「發展（是）一個擴展人類享有的真正自由的過程，」他們也沒有理解到，「免於犯罪和暴力的自由是發展的關鍵要素。免於恐懼的自由跟免於貧窮的自由同樣重要。缺少其一，就不可能真正享受另外幾項權利。」[12]

窮人為自己發聲時，自然告訴我們同樣的事——他們所有的辛勤工作和充滿希望的進展全被暴力啃蝕殆盡。他們太熟悉蝗蟲效應了。

南印度的希地哭著憶述父親如何努力工作，想給她脫離貧窮的好生活，而當她被誘拐進妓院、染上愛滋病後，這一切都被偷走了。尚蒂對國家在她居住的鄉下建立學校感到驕傲，不過得知這些學校對她的兩個小孩沒有一點用處後，同樣令她傷感，因為他們天天被拘禁在碾米廠裡當奴工。同樣，維納斯自豪於有能力靠市場小攤餵養一家人，直到暴徒偷走她的財產、營養不良開始吞沒她的孩子。

到頭來，外界人士可以想方設法提供發展中國家窮人各種幫助——過去半個世紀共計超過三兆美元——但是，假若未能抑制那些準備偷走弱勢者每一根繁茂枝葉的暴徒，那麼我們援助的成果將蕩然無存（已經從多種管道證明確實如此）。

如同我們將看見的，經濟學者和社會科學家已經開始衡量計

算暴力的成本——它以複雜的方式損害在發展中國家所做的經濟發展和脫貧的努力。其實只要聽聽窮人怎麼說，你就能得到要了解蝗蟲效應所需的大部分資訊。如同在世界銀行的標竿研究《窮人心聲》中，一位非洲村民對訪談者說出的總結：「沒有安全的地方，就沒有生活。」[13]如果我們暫停下來稍加思索，這句話大有道理。假如你身為發展中國家貧窮家戶的一分子，試圖藉由更高的收入、更好的教育和健康服務來提升生活水準，但要是你被迫為奴，遭到監禁、毆打、強暴或搶劫，處境怎麼可能不變得更加艱難？確實，人們很難找到一個可靠的權威機關會認為窮人對脫貧所做的努力並沒有被他們口中的眾多掠奪性暴力給破壞。從阿馬蒂亞·森到威廉·伊斯特利（William Easterly），每位可信的發展經濟學者全然了解，市場驅動的經濟發展得倚賴人們擁有人身和財產保護。[14]在《國家為什麼會失敗》（*Why Nations Fail*）一書中，作者戴倫·艾塞默魯（Daron Acemoglu）和詹姆斯·羅賓森（James Robinson）強調法治機關（和其他政府機關）採「廣納型（inclusive）」而非「榨取型（extractive）」（意指從多數人身上榨取資源，以供給少數人）的重要性，使所有人平等獲得權利和動力，如此國家才能經歷永續的經濟發展。[15]索羅斯（George Soros）和阿貝德①警告，近期的脫貧成效可能「會被打回原形，如果我們未能強化發展中國家的法律秩序的話。」[16]然而我們在接下來的章節將看見，在直覺和經驗上顯而易見之事，並不代表它就能得到廣泛討論或認知。

　　要是暴力的蝗蟲掠奪群毀滅一切，如同它們在一八七五年美

---

① 譯注：阿貝德生是世界知名的孟加拉社會工作領袖。一九七二年創辦孟加拉鄉村進步委員會（BRAC），是全球規模最大的非政府組織。

國中西部做過的那樣，或許會引起世人的注意。不過天天發生的奴役、強暴、勒索和強占啃蝕著億萬貧窮人口，卻是一次攻擊一個人，使蝗蟲效應的累積災禍難以被看清。但是專家們正開始緩慢而確實地估算，而那標價牌上的數字令人震驚。

計算成本

二〇一一年，世界銀行在年度《世界發展報告》（*World Development Report*）中致力檢視暴力對發展的影響。報告主要關注戰爭和衝突暴力的衝擊，但是它無法忽視日常犯罪暴力也正在興起的事實。真相是，非常高比例的日常暴力犯罪，可能對經濟發展造成與內戰、經濟衝擊或最嚴重天然災害同等的毀滅影響。程度非常嚴重的犯罪暴力可減損國家經濟生產力，使國內生產毛額（GDP）降低整整二至三個百分點。《世界發展報告》中指出：「這些是保守的估計：其他研究推估的犯罪成本從國內生產毛額的百分之三點一至七點八不等。」[17]

調查二〇〇五年史坦（Stan）颶風的暴雨和土石流給人民和經濟帶來的損害時，瓜地馬拉副總統用「巨大」來形容災害。[18]而後續的報告發現，瓜地馬拉日常犯罪暴力的成本推估為二十四億美元，占國民生產毛額的百分之七點三，比當年史坦颶風造成的危害還多了**兩倍以上**。[19]但是這上不了頭條新聞，因為暴力的蝗蟲群是拿出他們最惡劣的本領，一點一滴地蠶食。也不會有新聞頭條報導犯罪和暴力降低薩爾瓦多百分之二十五的經濟發展，在哥倫比亞是百分之二十五，巴西是百分之十一。[20]

我們得承認，以國民生產毛額百分比來估算發展中國家犯罪暴力的「整體成本」，這些嘗試手法確實十分粗糙，不過世界銀

行的另一篇研究陳述道：假如其他國家的同一地區能比照哥斯大黎加減緩犯罪暴力的程度，那麼他們就能促進年度經濟發展率，提升國民生產毛額一點七至五點四個百分點——對亟需經濟成長的國家來說，那代表數十億美元。[21] 以全球視野來看，另一項研究估計低收入國家中，犯罪和暴力的加總成本等同於他們國民生產毛額的百分之十四。[22] 經濟學家試圖如此解釋：

> 暴力對經濟產生若干顯著的加乘效果，例如較低的人力資本累積、較低的勞動市場參與率、較低的工作生產力、較高的工作缺席率、較低的收入以及對兒童未來生產力的影響，加上——從宏觀經濟觀點來看——較低的儲蓄和投資率。[23]

說得更具體一些，經濟學家衡量暴力成本的其中一個方式，是計算被暴力導致的傷殘所奪走的生產力壽命的總年分。他們稱這個衡量方法為傷殘調整壽命年（Disability Adjusted Life Years）。現在試著理解以下事實：因為針對女性的強暴和家庭暴力，全世界每年都會損失**九百萬年**的傷殘調整壽命年。[24] 再想想非洲的食物生產和女人幾乎包辦所有工作的事實（百分之八十）。想像一下非洲女性遭受的暴力，使得每年損失數百萬傷殘調整壽命年，這對於貧窮人口的食物生產和脆弱經濟所造成的影響會是什麼。印度的情況類似，一項針對那格蒲爾市（Nagpur）女性的調查發現，百分之十三的女性因為在家中被毆打虐待而錯失有償工作——平均每次事故都會造成錯過一週半的工作。[25] 在尼加拉瓜，研究者發現遭虐的女性賺取的薪資約是其他女性的一半。[26]

透過這些方式，經濟學家開始計算**暴力對人力資本的影**

響——意即一個男人或女人的勞動、技能、知識所體現的生產財富。專家發現暴力「是發展中社會重大的不自由根源，直接抑制個人追求更好自己的努力。」[27]研究者發現，拉丁美洲和加勒比海以十五年為期的「人力資本總積累」，實際上**因為暴力和犯罪而減半**。[28]

非洲的情況類似。研究發現，暴力和犯罪侵蝕人力資本、妨礙就業、遏制資產積累以及妨害企業活動。[29]

經濟學家也發現暴力摧毀貧窮社區的**人力資本發展**——意指人們的技能和知識層級的增長，能夠實際助益他們掙扎脫貧的過程。我遇過成年的奴隸不僅從未得到學習讀寫或算術的允許，而且身處二十一世紀，竟不知道海是什麼，另一個國家和飛機又是什麼，因為他們的心智從不被允許接觸這些概念。同樣地，發展中國家的女童因為性暴力而無法接觸教育所帶來的力量和奇蹟。誠如人權觀察組織的艾瑞卡・喬治（Erica George）所言：「女童學習到性暴力和虐待是每天上學時避免不了的經歷——所以她們不上學。」[30]如世界銀行研究在尚比亞發現的，有時是老師害怕貧窮社區的暴力而不敢去學校。[31]

當你把這些被碾碎的人力資本、在數百萬窮人生活中迴盪的恐懼所造成的成本加總起來，會是如何？人們或能想像那是龐大的社會成本，經濟學家將其稱為**社會資本**的破壞。社會資本指的是使人能共同工作與交流溝通的社會常規和網絡。暴力破壞社區的社會肌理，對社區和家族內部關係具有破壞性的影響；暴力憑藉著失去造成的創傷、限制身體的行動能力、提升緊張局勢來侵蝕社會關係。[32]為什麼布魯諾應該冒險重建他的皮帶生意，假使警察還會回來偷走錢、虐待他？瑪利亞瑪早就放棄讓孩子去上學的念頭，因為無論如何他們就是會被迫抵債勞動。戈皮納斯停止

要求薪水，因為他每次這麼做就會被虐待。

　　探討暴力對非洲和拉丁美洲經濟發展的影響同時，聯合國毒品和犯罪問題辦公室（UNODC）的研究者發現，即便僅是對暴力的**恐懼**，都足以「癱瘓基層的發展。如果發展是建立正常運作社會的過程，」那麼「犯罪就是一種『反發展』行為，破壞社會仰賴的信任關係。」[33]證據顯示活在暴力恐懼中的人，會做出不具生產力的行為，將資源轉向安全措施、給付賄絡和保護費。他們不願承受風險，較欠缺創業精神，傾向做出短線的經濟決策，不易做出積累資產或創業的決定。[34]

　　逐日的扭曲破壞了具生產力的經濟活動，而那些人們所存活的世界中，暴力的蝗蟲群可能在任何一分鐘成群進犯，耗盡他們的辛勞工作和努力。

　　暴力的蝗蟲群對觸及的每個家庭和每個社區都帶來鉅大的影響——同時造成直接的金錢損失，以及人力和社會資本的破壞。想想那些一八七五年住在北美大草原的中西部家庭：他們全部受到蝗蟲群影響，可是並不是所有人的下場都是餓死、遭到草草埋葬。對某些家庭來說，蝗群是暫時的挫折，對於另一些人，蝗蟲群則是終點，他們沒有退路。

　　同樣地，無論暴力襲往何處，都會造成傷害和損失。但是對全球貧窮人口而言，暴力挾帶著獨特的毀滅力量，由兩個部分組成。首先，不像大草原的蝗蟲群是對目標一視同仁的破壞者，發展中國家的暴力蝗蟲群實際上**專門針對窮人**——他們容易掠奪，是暴力和剝削的誘人目標。第二，因為窮人站在生存的危殆邊緣，暴力襲擊他們及其家庭時具有更強大的摧毀效力。

　　我記得曾有一位歷史學教授如何定義貧窮——他說窮人是承擔不起一丁點壞運的人。他們不能受到感染，因為他們無法獲得

任何藥物。他們不能生病、錯過巴士或受傷，因為他們要是沒上工，就會失去卑微的勞力工作。他們不能忘記口袋裡的零錢放在何處，因為那是他們唯一剩下買食物的錢。他們不能讓羊隻染病，因為那是他們唯一擁有的奶品來源。這樣的例子無休無止。而壞消息是每個人都有遭遇壞運的時候。我們大部分人擁有充裕的資源額度，並能獲取使我們挨過暴風雨的支援，因為我們並不需要試圖一天僅靠二美元過活。

　　暴力導致的身體受傷、生病和殘疾對窮人格外具破壞力，他們無從獲得醫療照護，且因營養不良致使免疫系統和復原力降低。[35] 即使暴力偷竊或勒索導致相對小的財產損失，還是可能使窮人家庭元氣大傷——若是失去他們僅有的生產資產，例如工具、車輛或家畜，則更是如此。[36] 他們沒有多餘的了。要是養家餬口的人成為暴力受害者——被監禁、奴役、侵害——而無法工作，其連鎖反應既深且遠。在窮人之中，有更多人傾向仰賴養家餬口的人，因此當他或她受害其所造成的影響更加明顯。失去牲口、土地或健全的勞動能力可能造成極大的破壞，這對那些擁有較多資源額度的人而言難以體會。[37]

創傷潛藏的成本

　　除了暴力直接或間接造成的巨大財務成本，專家也開始計算更嚴重、也更關乎個人的**暴力非金錢成本**——暴力有可能永遠改變個人的生活。暴力顯著提升憂鬱、自殺、恐慌、酒精和藥物濫用與依賴、創傷後壓力症候群的水平[38]——到達窮人承受的心理創傷可與生活在戰區相比擬的程度。[39] 暴力的蝗蟲群並不僅僅是摧毀你的財務前景——它們會摧毀你的人生。

這或許是最重大的災難，因為暴力的狠狠傷害**隱於無形**——遭受破壞的是人的**內心**。對奴役、強迫賣淫、性侵害和其他形式的劇烈暴力壓迫受害人而言，心理創傷的傷口看不見。在貧窮社區這些創傷幾乎得不到治療②，而且根本**不會**「隨著時間痊癒」。

我的同事班森、達爾米和普蘭尼塔，或如無國界醫生等團體派駐當地的醫療團隊，或是其他任何直接跟發展中國家裡遭受長時間、反覆創傷的倖存者相處過的人，都能辨識出這些暴力受害者可能發展出的一種「潛伏且逐漸加劇的創傷後壓力症候群，會侵襲、吞噬患者的人格。」[40]任職於發展中國家的社會工作者和治療師，目睹創傷受害人如何被迫活在拒絕、否認、斷裂的耗弱心理狀態，因為他們壓抑或避免回想受害的經歷。受害人時常持續經歷到「強烈鮮明的過往記憶侵入」，使他們與當下情境疏離，無法採取主動作為。[41]「這些令人震驚的心理耗損，」精神科醫師茱蒂斯·賀曼（Judith Herman）在其具開創地位的《從創傷到復原》（*Trauma and Recovery: The Aftermath of Violence—from Domestic Abuse to Political Terror*）中寫道，「可能導致根深蒂固的憂鬱狀態」，並充滿深厚的憤怒。[42]

再一次提醒，假如我們夢想提供有意義的幫助給世界上最貧窮的億萬人民，在他們的脫貧掙扎之路推上一把，就必須把眼睛睜開，看清世上的數百萬數不清至貧之人，身處如此嚴重的創傷壓力環境中，不斷受苦——也完全無法實際獲得我們認為復原和重返健康、具生產力的生活所不可缺少的心理健康資源。假如他

---

② 應認知貧窮社區的人們擁有他們自己的傳統資源，以支持、安撫並從創傷中復原。然而這些方式不應視為足夠應付創傷造成的嚴重心理傷害——創傷根本未受治療，而且沒有人類對創傷的心理健康影響免疫。

們置身我們的富裕社區，就會被送往醫院治療，或是接受非常鄭重的心理照護，使得他們能重獲一定程度的健康、正常過生活。我們並非為了設下不切實際的預期——以為可以在勉力方能吃飽的社區提供高階心理服務——才去理解這一點。去理解的重要原因，反而是讓我們更能看清：假如未能解決暴力，幫助窮人發展經濟繁榮那些投入的實際效益會是如何。我們可能正設法提供各種對個人和社區的活化計畫，但如果暴力在社區中不受控制，暴力製造的個人創傷深度可能會嚴重破壞社區成員的能力，使他們難以有意義地利用我們提供的協助。

我們所知的已足以鳴響警報

對那些關心對抗全球貧窮的人來說，算總帳的時候已經到來。我們必須願意開誠布公談論蝗蟲效應——目無法紀的暴力如何以獨特方式消耗經濟發展，摧毀賴以提升生活水準的人力和社會資本。舉例來說，能夠將各領域的專家已知的資訊詳細記錄下來，是件令人振奮的事。他們如今確切知道暴力有多種特有形式，將脆弱的人口直接推入貧窮處境，或是逼使窮人無法脫身。

例如，我們如今知道，性暴力和霸占土地把女人和女童從安穩的家與社區趕出來，強扔進都市貧民窟，在那裡她們變得更不安全，甚至更加難以戰勝貧窮。研究顯示，許多搬遷到貧民窟的女性「與其說在尋求某些東西，不如說是在逃離威脅要傷害她們的某些東西。」[43] 我們如今知道，教育對於幫助發展中國家女童和她們的社區脫貧，具有驚人的回報率。但是，我們也知道——卻鮮少討論——施加在發展中國家女童身上的暴力，對她們的上學出席率、教育表現、成就水準、自尊和身心健康具有毀滅性的

影響。[44]我們如今知道性暴力是造成人體免疫缺陷病毒（HIV）／愛滋病盛行的其中一個最有力的成因，而且以驚人的高比例侵害發展中國家的女性和女童（尤其在非洲），以及在貧窮社區造成空前的經濟損害。[45]

藉由在發展中國家所做的深入研究，我們如今得知強迫勞動直接造成貧窮和赤貧——將窮人鎖在「他們無法靠自己脫身的貧窮循環裡。」[46]用經濟學術語來說，專家發現強迫勞動不利於「效率和公平」，其以下列方式破壞經濟發展：低薪或不支薪、扣押薪資、不用現金支薪、不准兒童獲取教育、不准勞工投資自己的生活、人力資本或孩子的未來。[47]

經由具開創性的最新研究，我們知道發展中國家的濫權羈押慣例會對窮人造成可怕的經濟衝擊，包括失去收入（窮人損失了數十億美元）、失去工作、失去教育機會、失去農穫、失去市場攤位；需負擔律師費、賄絡金、探視旅費的驚人成本；增加活在生存邊緣的貧困家庭遭遇破產、竊取財產、家庭失和、落入赤貧的風險。[48]

我們當然知道目無法紀的暴力會破壞經濟發展，並且使窮人更加難以透過增加收入、醫療服務和教育來改善生活水準。但是經濟成長和發展的演算法則過於複雜，如果我們試圖分別衡量法外暴力對經濟成長率、收入賺取和脫貧的精確影響，或許會被證實終究難以實現。所以，即使我們正鳴響對於蝗蟲效應的警報，我們也無需假裝已然無所不知。

首先，取得高度正確的暴力犯罪事件、發生率和嚴重程度的資料非常困難，原因是，暴力犯罪皆刻意保持隱蔽。研究者被迫使用官方統計的報案犯罪數、受害人調查或替代的估算方法（例如普遍以兇殺替代暴力），以及其他出了名的不可靠與不精準的

資料來源。探討衡量暴力犯罪有多困難（橫跨不同國家和地區時尤為如此）的學術論文有能耐、也確實塞滿浩瀚的社會科學藏書庫。

就算你能夠取得暴力事件的大量資料，要排除一地或一國其他所有影響經濟成長或貧窮的因子，將那特定暴力事件的因果關係獨立出來是極具挑戰的事。此外，暴力與貧窮間有些極其特定的因果關連，看似合乎情理、顯而易見，卻在密集的實證研究中得不到證實。舉例來說，對貧窮女性犯下的家庭暴力，削減她們在外獲得有生產力工作的機會，此一概念尚未獲得檢驗此命題的研究所證實。[49] 於是有時暴力和貧窮的因果關連合情合理且顯而易見，僅僅尚未獲得證實，或者是過於複雜，使專家難以清楚地將其獨立出來。

最後，關於目無法紀的暴力對特定的發展中國家脫貧計畫造成的影響，我們也沒有堪稱足夠的資料。如同我們所見，我們擁有許多實證資料，例如發展中國家貧窮女童上學途中遭遇的性暴力，會破壞教育和健康計畫。然而霸占土地對於增加非洲女性食物生產的計畫有何確切影響？抵債勞動對於南亞貧窮人口的鄉間健康計畫有什麼影響？性別暴力對於取用乾淨新水源有什麼影響？兒童性暴力對兒童助養計畫有什麼影響？警察勒索貧窮社區家庭對於微型貸款計畫有什麼影響？

實地運作多項計畫的實踐者會明確地告訴我們，目無法紀的暴力對他們的工作，以及他們工作的貧窮社區具有令人苦惱的影響。不過，這些暴力不在受到高度矚目的戰爭和內戰脈絡內，他們鮮少看到系統性的相關研究，去計算暴力破壞為脫貧所做的努力而產生的真正成本，而這些都發生在相對穩定的環境，也是**世界上大多數窮人**居住的環境。由於沒有多少個傳統的發展中國家

脫貧計畫聲稱自己包含一種要素——能夠合理減少窮人面對暴力時的弱點——有些計畫實踐者表示，去研究、討論會破壞他們計畫效益的現象並不具誘因，不過他們也無法對這個現象做出有效的回應。

　　但是，為了對抗全球貧窮這更大的戰爭，否認絕非答案。難以取得數據資料和實證上的錯綜複雜，也不能成為讓我們靜靜轉身、不顧我們確實知道些什麼的理由——也就是目無法紀、施加暴力的蝗蟲群，在發展中國家受到容許，持續成群掠奪，而且正在耗盡窮人的希望。數據和知識之間的落差，是我們要優先處理並資助研究的原因，藉以盡可能嚴謹地了解真相；然而這落差並不是對鳴響警報感到遲疑的理由。巨大複雜的數據資料，也存在於下列議題：全球暖化、愛滋病流行、非持續性的資格權益方案③、肥胖，和其他公共事務危機——但是只有愚笨的否認者和不負責任的反對者，才會容許資料複雜度將這些危機從迫切需要公共論述的議題中除名。

　　比起負責任的行動具有的風險，安逸的西方知識文化環境更重視輕鬆又機巧的複雜事物。這可能會構成相當的危險。事實是，人類和社會的真相如此複雜，而我們的分析工具是如此精巧，以致展現出來的人類事務中其因果關係幾乎不可能達到我們高度專業化的實證真相標準——那些方法對擁有常識的人來說，是挺滑稽的。

　　一則占據頭版的新聞指出，一項嚴謹的研究建立起肥胖和食物分量或久坐生活型態的關係。專家們歡聲慶賀，因為要展現能

---

③ 譯注：資格權益（entitlement）計畫意指透過立法使限定資格的人獲得某些權益，例如社會福利和保險補助方案。

符合現代實證標準的關連性極其艱難。確實如此，要精確衡量體重的增加和你吃了多少、運動多少之間的關係，整個過程充滿了誤解、謊言、謠傳、一時流行的理論和偽相關。一般人可能許久以前就知道這個核心概念。

同樣地，談到目無法紀的暴力及對抗發展中國家最糟的貧窮所做的努力，雖然我們從未停止學習，然而我們知道的已經足夠。哈佛的克里斯多福‧史東被視為今日最嚴謹的學者之一，在檢視這個領域的知識狀態後，他曾說：

> 無論發展援助的目標是國家經濟發展、有效的國家和當地政府機關，或單純是救濟貧窮人口從嚴峻的生活環境中解脫——窮人將此視為他們最關心的事——削減犯罪及暴力都至關重要。[50]

發展中國家數百萬名貧窮的男人、女人和兒童發現自己不能上學，不能去醫療診所，不能保有薪資、保有土地、保有工作或創業，不能走去水井、待在家裡或保持健康，因為他們被奴役、監禁、毆打或搶劫；對這些人來說，的確「暴力很重要」。同樣的道理，蝗蟲的問題對一八七五年在密蘇里草草下葬的六個家庭成員來說一樣「很重要」。

一八七五年，蝗災的勇敢倖存者極其幸運，洛磯山脈蝗蟲不曾再發生過如此具有毀滅性的群聚行為。事實上，牠們到了世紀之交便神祕地絕跡。發展中國家的脆弱窮人極其不幸，掠奪暴力的勢力不會像北美大草原的蝗蟲群那樣消失無蹤。假如暴力的勢力不受限制，反而是窮人的希望會持續消失——而且我們對窮人的食物供應、教育、造屋、雇用和活化計畫將完全無能為力。假

如我們不能戰勝蝗蟲效應，那些好人幫助窮人的全部作為都會無法真正永恆延續。

我們如何終結暴力？

要思考這個問題，我們需要暫且後退一會兒，先問幾個問題：為什麼發展中國家的窮人承受如此巨量且不符比例的嚴重暴力？為什麼如此殘忍的暴力被容許前仆後繼地襲擊全球的窮人，對他們造成永無止盡的殘酷浩劫？這是我們接下來要探尋的問題。

第四章

「幾十年來，沒人開過那輛卡車」

　　假如你不曾親眼目睹，我想你或許會難以相信。而且我認為這占了問題中的絕大部分。眾多知識分子、政策制定者、意見領袖和深思熟慮的人都會說，每個社會必須擁有司法制度來約束暴力，但是鮮少有人親眼見過，這個制度在發展中國家面對窮人時，是如何運作的。我想你必須親眼看看，例如即將發生在丹身上的遭遇。要做到這一點，你必須坐在丹即將現身的肯亞法庭裡。我可以肯定，接下來要發生的事會讓你感到困惑與不可置信，而且會讓任何一位西方法律專業人士對眼前的荒謬目瞪口呆。我同樣肯定，接下來要發生的事對發展中國家的窮人來說，完全是平凡常態。

　　為了對我展示外界難得見過的景象，我在國際正義使命團的同事、也是肯亞當地律師喬瑟夫・奇布古（Joseph Kibugu）提議護送我進入他的世界——奈洛比刑事法庭的世界。喬瑟夫實際上是一位極度熱誠，但外表看起來十分開朗的年輕律師。當年，還

是個男孩的他被不曾有未來出路的貧困鄉下中拯救出來，成為獲得私立教育免費入場券的少數幾位幸運兒。他未曾忘懷自己出身的地方，以及假如沒有他人的寬厚，他將會身處於怎樣的地方。他把全部的法律生涯投入在服務那些負擔不起律師費的國人——約莫等同於所有人。

我總是會在喬瑟夫身上發現非常動人的溫暖和溫柔，像是他會傾身靠近說話聲音微弱的人——年輕的強暴受害人的低語、不知所措的囚犯驚恐的提問；或是寡婦的害羞道謝，她身無一物可以拿來跟喬瑟夫交換他的幫忙。

如今喬瑟夫引領我踏入競技場，在那裡，聲音能否被聽見可是件生死交關的事——在這座競技場，有罪或無辜的人被帶到國家的強制力面前，法官在那裡決定你的生死、決定你是會獲釋重拾自由，還是被關進鋼鐵牢籠。喬瑟夫想要我第一手目睹，在他的國家，「出庭」對窮人意味著什麼。他懷疑，像我這樣的外人心裡想的可能是不同情景。

在寒冷的奈洛比早晨，身穿黑色西裝的喬瑟夫帶我到廣大的基貝拉（Kibera）貧民窟外圍，有一排看起來像小學的低矮磚造建築，外頭卻掛著基貝拉法院的招牌。簡樸的法庭空間與一間小學教室相當，我跟著他擠進第二排長椅，公聽席坐滿大多看來疲憊的普通肯亞人。

我們坐了半個小時以後，喬瑟夫說是丹的男孩終於從側門被帶進法庭，坐上被告席的板凳。丹是個削瘦的十七歲男孩，剃了個光頭，有著哀傷的杏圓眼，以及青少年的粗糙膚質。他看起來病了，疲憊不堪地跌坐到被告席的深色木凳上，目光低垂，注視著前方。他身穿一條泛白的舊牛仔褲，T恤的領口擴張變形，垂在纖細的肩膀上。褪色的上衣看起來像是來自主題樂園紀念品商

店的遺棄物，上面有肯亞地圖和獅子與大象的繪畫，最前面竟然寫著「Hakuna Matata」——斯瓦希里（Swahili）語的「無需煩惱」。事實上全世界沒幾個十七歲男孩比丹的煩惱更多，他被控告犯下死罪。

過去八個月，丹在牢裡日漸衰弱。丹的噩夢從他和另外兩個男孩被指派到一個任務開始——負責看守供應他的貧民窟社區稀少乾淨水源的水管。有位社區外的年長男人出現吸走一些水，爭吵隨之而起。年長男人盛怒之下，叫來一位警察友人，以「暴力搶劫」的罪名逮捕男孩們。

在這間粉刷成灰白色的狹小法庭內，要了解丹身處的險境，有三件事很重要。首先，在丹遭到逮捕的當時，「暴力搶劫」屬於不可保釋的犯行，意思是無論這指控有多荒唐，一旦被補且受到羈押，你就會待在肯亞的牢裡好幾個月或好幾年，直到緩慢至極的法院體系對這起案件做出判決。其次，暴力搶劫屬於死罪，後果是最嚴厲的懲罰。第三，上述兩項事實加起來，使這項犯行成為濫權警方向窮人榨取賄金時最有力的工具。[1]假如負擔得起，家人大多願意付出任何金額，讓他們摯愛的親人逃離卡夫卡式的怪誕噩夢。僅僅因為警察的公然指控，他們就可能落入第三世界中的監禁。而在公眾調查裡，警察一直是整個肯亞社會中被評為最腐敗的部門。

於是丹度過艱難的八個月，等待第一次回應受指控罪名的機會。不過現在受到審判的是他的生命。丹太窮了，負擔不起請律師的費用，所以他得到發展中國家大部分窮人受審的待遇——並非能力不足、精神不濟或第二流的律師，而是**根本沒有**律師。

事實是，丹跟其他任何遭控犯罪的窮人（即使是會被判處死刑的罪名），只得盡其所能地為自身辯護。但是這難度很高，因

為丹在基貝拉法庭（跟當時肯亞的每個法庭一樣）的整個訴訟程序都以英文進行。丹不會說也聽不懂英文，他說斯瓦希里語。於是丹是在沒有律師、聽不懂檢察官和法官說什麼的法律訴訟程序結束後，面臨死刑。

同樣地，丹的情況不會是奈洛比報紙上的異常現象或離奇故事。事實是，丹的故事永遠上不了報紙，因為一點都不有趣。丹的經歷是常態。制度**就是**這樣。

因為喬瑟夫說要去法院，我預期我們將會觀看一場被告擁有律師的訴訟，或至少是訴訟過程使用被告聽得懂的語言。我也假定檢察官具有律師身分，關於這一點我又錯了。肯亞大部分的檢察官實際上是警察，完全沒受過、或僅有淺薄的法律訓練——只要在法庭演練一番，就足夠控告像丹這樣沒有律師為他辯護、而且不懂英文的窮人。不過通常仍不足以控告富有的罪犯，他們可以雇用上過法律學校的律師，懂得主張循環論證，跟警方的檢察官辯論。[2]這有助於解釋，為什麼稽查資料告訴我們重度偷竊和貪腐犯罪者「總是不受懲處而脫身」，而且百分之八十七的兇殺嫌疑犯都被放回街頭。[3]

然而，奈洛比有如此多的暴力犯罪，警方的檢察官受到壓力要拿出定罪成績。於是一位來自貧民窟的十七歲男孩，沒有律師也沒能力聽懂訴訟過程，或許能讓警方檢察官打個勝仗。更有甚者，就算最終發現將丹定罪是荒誕的錯誤，也不會有法庭訴訟記錄構成提起上訴的條件，因為唯一的庭審記錄是地方法官**手寫**的筆記，而法官鮮少對他們容許在庭上發生的明顯失誤和荒謬行為做詳盡筆記。這就是東非最大城市、最富裕國家的刑事司法「制度」運作方式。

那個「制度」的運作，對祕魯的瑪莉亞來說有些許不同。十

四歲的瑪莉亞上個月被鎮上一位計程車司機強暴三次。除非親眼目睹，你不會真正了解制度在她身上如何運作。所以當她終於鼓起勇氣到警察局報案時，我的祕魯律師朋友理查和荷西或許可以讓你跟瑪莉亞一起去。如果你人不在場親自見證，或許無法想像警察使出多少方法來羞辱她。「妳做了什麼來誘惑他？」他們對她吼。「為什麼妳要煩這位男士？」「為什麼妳想讓妳的家人蒙羞？」最後他們根本拒絕調查這起控訴或逮捕強暴者。事實是，瑪莉亞的鎮上沒有一位警察真正受過處理強暴案調查的訓練，或是如何訊問一位性犯罪的受害兒童。他們從來沒聽過「性侵害物證蒐集袋①」。

或者，你可以跟莎須密塔（在班加羅爾對抗奴隸制度的律師，在法庭上為瑪利亞瑪辯護）去當地負責執行一九七六年抵債勞動廢止法案的政府辦公室，聽她呈上關於一件奴役案例令人信服的證據——以錄影畫面呈現。接下來你可以聽聽這位官員**不採取行動**的冗長理由。或許這位治安官不熟悉一九七六年抵債勞動廢止法案（更別提是否讀過）；或者他的行程太滿，他說將會在他們「下星期」再來造訪時回答；或是他認為勞工可能說謊，他需要「更多證據」；或說這是法定假日，適逢選舉期間；或他沒有資金可支付所需的賠償；或他認為奴隸主太有勢力；或者再次重申，「下星期」可能是更適合的時間。

你也可以問問我的律師朋友，刑事司法「制度」在他位於東南亞的國家是如何運作的——為了保護他，我不把地點說破。他

---

① 譯注：性侵害物證蒐集袋（rape kit）通常包括預先準備好的小盒子、顯微鏡載玻片、塑膠袋，用以蒐集保存從性侵受害人身上採集的衣服纖維、毛髮、血跡、精液、體液等生物跡證。

會大方地帶著你一起造訪地方警察局，手裡備有詳細描述三位少女困境的報告——她們遭販運至兼做妓院生意的酒吧，面臨被連續強暴的命運，以清償「債務」。前往警局的路上，你細細閱覽報告的主要內容，包括女孩在酒吧裡的照片、酒吧經營者、酒吧地址，以及拘禁女孩的房間位置圖。下車踏進警局前，律師問道：「假如你向家鄉的警察提供這些資訊，訴說在你鄰里中發生了此等罪行，你想他們會怎麼做？」

你思索：為了金錢而遭到連續強暴的孩子的照片和監禁地圖？你可以想見，你家鄉的警方立刻就會整裝待發，開始幹活。

相反地，你看著這位東南亞地方律師在警察局被拖延好幾個小時。最後他成功說服警方讓他們跟他一起試著拯救這些女孩出來，但是他們只答應**幾天內**會行動——當然囉，這代表有很多時間可以通風報信。事實的確如此，本地律師和警察到達妓院採取行動時，妓院已經關閉大門，人去樓空。到處都沒有女孩的蹤影。隨後我的朋友會向你證實，這妓院僅僅是同一個男人擁有的五間妓院之一。每個月他向樓管拿五百美元付給警察，尋求保護和通報消息。

為了具體描繪公共司法制度在發展中國家針對億萬名世界上最貧窮的人口「運作」的方式，我腦海裡浮現小時候在祖父覆盆子園後方角落，有輛又破又舊的卡車總是停在雜草叢裡，日漸鏽蝕爛去。如果你問祖父他有沒有卡車，他會回答：「當然有。」他可以指出卡車上稱為「引擎」、「輪胎」和「方向盤」那些配備。不過如果你問他卡車能不能開，他會對這荒謬的問題微笑以對，回答：「噢，不能。幾十年來沒人開過了。沒載過覆盆子，沒換過零件。老實說最好離它遠一點。」他建議：「現在那裡只是蛇和蜘蛛的藏身處。」

對發展中國家的廣大貧窮人口來說也是一樣，如果向他們問起公共司法制度，他們或許可以指出國家裡稱作「警察」、「法院」、「法律」或「律師」的人事物，但是對他們有何用處，就如同祖父的「卡車」一樣──完全沒有用處。就像在我家裡，沒人有開著祖父卡車載貨的經驗；在發展中國家窮人的生命經驗裡，司法制度對他們從來不是有用的正義根源。事實是，警察、法庭、法律和律師就如同那輛草叢裡的生鏽卡車，在最好的狀況下僅是顯得神祕，最糟的時候則構成危險，是他們最好遠離的事物。

這些發展中國家的公共司法「制度」的粗略圖像，幫助我們開始揭露一個直接了當得驚人的答案，用以回應尤莉、瑪利亞瑪、蘿拉呈現在我們面前的迫切問題：**為什麼**發展中國家的窮人會承受如此毀滅性且比例失衡的嚴重暴力，而且這樣的暴力持續不斷偷走他們追求更好生活的機會？**為什麼**蝗蟲效應循著如此殘忍的例行常軌，摧毀他們的希望和未來？

最明顯而且最被忽略的答案是：窮人得不到最基本的執法保障──為我們其他人所仰賴，而且不自覺地假定執法體系時時刻刻存在。發展中國家執法制度的基本機能如此破敗，如同聯合國全球調查的結論：大多數窮人活在法律的保護以外。刑事司法制度的運作管道受到嚴重破壞、滲漏、堵塞且腐爛，使法律教科書承諾的美好保護並未真正傳遞給窮人。後果是，他們真確地活在實際的無法治狀態。

世人能否明確了解此種極為特定的根源造成窮人面對暴力的弱點，實為關鍵，否則就是甘冒風險，將暴力問題捲進我們泛稱為貧窮的不可解問題之中，使不明確的雪球愈滾愈巨大。

以此類推，人們觀察世界上的瘧疾時可能犯下類似錯誤。瘧

疾一年奪走約一百萬條人命，大多是年齡低於五歲的孩童。[4]全球瘧疾死亡案例中，約百分之九十發生在極度貧窮的人身上，所以或許有人會認為由於貧窮才造成因瘧疾而死亡。但是當然了，貧窮不會導致瘧疾，蚊子和瘧原蟲才會。差別在於窮人得不到世界上其他人擁有的：消除蚊子和預防瘧原蟲的藥物。結果造成窮人因瘧疾死亡，而非窮人則不會。同樣地，貧窮不會招致針對窮人的暴力，施暴的人才會。但假若你是窮人且住在發展中國家，你就得不到世上其他每一個人擁有的──也就是基本的執法體系，好保護你遠離暴徒。

無法分辨窮人面對的個別問題，可能致使我們錯失機會。舉例來說，原來世人不需要等到消滅貧窮，就可以大量減少（甚至根除）窮人的瘧疾死亡數。世人只需要提供浸泡過殺蟲液的蚊帳、室內殺蟲劑和藥物治療，保護最窮的孩子遠離蚊子和瘧原蟲。[5]當然，在試著提供窮人上述保護的過程中，人們會發現，與貧窮相關聯的問題使狀況變得複雜，甚至使交遞保護的步驟更加困難。但是這些挑戰不代表我們要停止保護貧窮兒童遠離蚊子和瘧原蟲，它們僅僅暗示我們需要更聰明、更創新的做法。

我們同樣不需要等到消滅貧窮，才能有效減少不必要的恐怖暴力──目前世界上最貧窮的億萬人口被迫身受其害。相反地，我們必須伸出援手，提供將犯罪者繩之以法的基本執法制度，保護窮人免於暴徒侵擾，終止施暴者不受懲罰的文化，遏制施加在窮人身上的暴力行為。過程中，我們必定會發現貧窮的種種議題使遞交執法保護變得更困難。但是，這同樣不會成為放棄給予窮人執法制度的理由，而是要在這場戰鬥中變得更聰明、更創新、投入更深的理由。

我的菲律賓同事十分戲劇性地體現了此一論點。透過當地的

司法制度，他們讓世人知道社區不需要等到根除貧窮，就能有效保護窮人免於暴力。二○○七年，比爾與美琳達‧蓋茲基金會（Bill & Melinda Gates Foundation）資助一項計畫，以對應盛行於菲律賓第二大城宿霧市（Cebu）弱勢族群間的暴力商業性性剝削。該計畫後來被稱為提燈計畫②，動員一整隊菲律賓藉律師、犯罪調查員、社會工作者和社運人士，引領城內力量聯手合作，給予當地警察、檢察官、法庭和社會服務教育訓練，充實裝備和支援，為了落實執行制裁強迫兒童賣淫的現存法律，投入四年的努力後救出數百名兒童，逮捕並起訴約一百名性販運者。這使外部稽查得以大書特書，宿霧遭到商業性性販運女童的受害人數寫下了減少百分之七十九的紀錄──同期間城市中的**貧窮指標並未顯著減輕**。

透過執法，兒童變得更安全。不只是對於駭人聽聞的凶殘暴力更安全，還使貧窮女童遠離將深深禁錮她們於虐待、疾病、創傷、無知、輕蔑、藥物濫用和骯髒汙穢循環的暴力。

窮人真的需要法律執行嗎？

發現如宿霧這般戲劇性轉變的故事，讓人振奮許多。仍有其他新近嘗試立意在發展中國家建立執法能力，保護窮人免於暴力，我們稍後會討論。我們現在必須面對的嚴肅事實是：在發展中國家建立有效公共司法制度，是既昂貴、困難、危險且不易辦到的事。我們後續將會看見，過去五十年來，少數不幸的（還有更多設想不周、敷衍了事、執行不力的）投入，已使許多希望破

---

② 譯注：提燈計畫（Project Lantern）的執行細節請見本書第十一章。

滅。而在習於貪腐和濫權的發展中國家環境裡，健全執法能力（擁有國家強制力的機構）的想法足以使任何一個從全球窮人身上謀利益的老手全身發顫。所以，我們必須確信這些努力和風險是值得的，才能對這些投入立下必需的承諾。也就是說，我們必須相信基本、有效的執法能力對於阻擋暴力是**不可或缺**的。其次，我們需要了解，對發展中國家的大多數窮人來說，這樣的制**度並不真正存在**。

法律執行對阻擋暴力來說不可或缺，你要不是覺得這個概念理所當然、平常不會多花心思想這件事；要不就是抱持著極度懷疑的態度——端看你是什麼背景出身。

對大多數人而言，窮人需要基本執法制度的想法看似顯而易見，無需爭論。當荷西和理查在祕魯、莎須密塔在印度、喬瑟夫在肯亞向我們說明，在他們國家對抗施加於窮人的暴力，最急需的是有效運作的刑事司法制度——一般居住於世界上較富裕社會的人會欣然接受這個需求。當自己的社區一下出現大量的劫車、搶劫、強暴案，使人們感到身受威脅時，他們的想法和言談會立刻轉向警方——並且他們會要求答覆。最後他們可能也會去找社區的領袖，談論青年失業、婦女自我防衛課程或更好的街道照明，但是在缺乏警察巡邏街道、調查犯罪、捕捉罪犯、確保暴力罪犯伏法的狀況下，他們絕不會以為上述措施能夠發揮成效。到了該投票選出公職時，他們了解法律和秩序提供了其他一切事物仰賴的基礎，因此在鄰里中免於遭受掠奪暴力的危害成為優先事項。因此，當他們逐漸明白發展中國家的窮人必須在缺乏基本法律執行的環境，設法小心翼翼地活下去，這樣的情況對他們來說是難以忍受的。

然而在其他人眼裡，執法制度通常是看不見的，也不會放在

心上。因此窮人對執法的迫切需求，對他們來說欠缺切身感受。暴力偶然現身夜間新聞或報紙的社會版面，而這些事件大多僅是負責單位會處理的異常、不愉快事件，不必投注太多關心。暴力尚未侵門踏戶，猛烈地重整他們個人對真實的觀感。在他們居住的街道上溜狗、看著孩子玩耍，人類有能力做出的掠奪暴力既不是眼前威脅，也不是他們亟於設法解決的問題。於是真正處理掠奪暴力問題的人與機構（例如執法領域、警務、刑事法庭、監禁設施等），將會看似居住在遙遠星球，僅偶爾在電視劇或有線電視新聞頻道的古怪紀錄片裡現身。以此觀之，當瓜地馬拉的達爾米或印度的普蘭尼塔對我們說明，全球窮人亟需有效運作的法律執行，乍聽之下這想法聽來合理，但是不像全球貧窮裡其他更為人熟知的議題那麼能勾勒想像和直覺——例如飢餓、疾病、流離失所、不識字和失業。

最後有第三群人，對於肯亞的喬瑟夫、祕魯的理查的主張——面對他們國家的窮人所受的暴力，執法是最急切、最優先的解決方案——他們會是最難相信的人。持懷疑論的第三群人已然痛苦地熟知，發展中國家的執法體系是造成窮人受到劇烈暴力的根源。造成目前問題的原因可能就是主要的解決方案——這項提議聽來未免牽強。這些社區的人從來沒見過刑事司法制度真正為窮人的利益服務，況且，提供訓練、資源，和賦權給發展中國家執法體系的想法，在最好的狀況下聽來是空想，最糟則是令人覺得危險。另外他們往往認為法律執行支持者是手拿榔頭的狂熱分子，把所有問題看成鐵釘。在懷疑論者眼中，對法律和秩序的熱衷忽略了暴力的「深層根源」，可見於文化態度、經濟絕境、遷徙流離、社群衝突、性別歧視、忽視傳統的爭端化解制度、瓦解本地文化、政治邊緣化等。

還有其他懷疑論者存在。許多西方政策專家在具有充足資源且高度發展的執法能力的制度裡工作，他們一直以來都在對抗於選舉年提出的過於簡化的政策——企圖達成預防犯罪的下一個臨界點，要求甚至更多的警察、更嚴厲的懲罰、更侵入性的安全措施、把更多人關進牢裡更久——全是對付造成暴力犯罪的嚴重社會問題而付出的代價。當這批專家把注意力轉向發展中國家的暴力，此種懷疑更多「法律與秩序」是否更有效力的態度可能就會相伴而來。尤其，有些美國刑事司法專家極度恐懼強化發展中國家的執法制度，會導致從美國盲目移植刑事司法慣例。他們批評正是這些做法使美國產生大量且適得其反的監禁率。

同樣有其他專家深知，要證實（以現代量化方法）任何執法干預與減少特定暴力犯罪量之間的因果關係異常複雜，他們懷疑，若是針對加強法律執行而撒下可觀投資，產生的重大結果反而使任何尋求改善窮人生活的昂貴計畫都獲得支持。在已開發國家，對於法律執行能否有效減少暴力一事，有眾多且複雜的社會科學爭論——從打破傳統、直接主張「警察不能預防犯罪」的專家大衛‧貝利（David H. Bayley），到社會學者卡爾‧克拉克（Carl B. Klockers），以同等自信論斷警察成功預防犯罪的能力「實質上無可爭議」。[6] 當富有經驗的專家無法對執法有效性達成共識，許多人傾向避免談論在發展中國家建立刑事司法制度的那些風險、複雜度與成本

認清遏制力的基本原則

於是，為了進一步尋求透過有效執法以保護窮人免於暴力，我們必須確信法律執行是針對窮人遭受暴力的解決方案裡，**不可或缺**的一部分——在此，這件事看起來比一開始還要更容易達成

了。甚至，連專家都不曾真正否認這基本的現實。雖然總是會讓專家遇到一些可以來點聰明逆向操作的時刻，讓他們想去戳破犯罪學或發展經濟的傳統智慧泡泡。但實際上，並沒有可靠的社會科學證據支持，社會中的暴力可以在缺乏國家透過執法體系強制執行權力的狀況下，獲得有效解決。如同有位學者的觀察：

> 此處真正的議題不是警察能否預防犯罪，而是他們能做到的程度。關於這一點，犯罪學者少有人不同意。即使貝利也同意這個主張，否則他不會寫一本書，裡頭滿是警察實際上能夠預防犯罪的建議，且塞滿他們可以如何去做的政策主張。[7]

針對人類歷史上暴力的最新量化研究，確實顯示國家以武裝的第三方仲裁之姿興起，管制社會上的暴力使用——霍布斯筆下的「利維坦」③實現了使用強制力政權的專制——減少百分之八十建國前部落社會的死亡，隨後藉著現代國家鞏固的法律執行，甚至使兒殺率再下降至百分之九十六點七。[8]

現代社會科學研究（以及常識）的分量，深深仰賴著理性選擇的理論家和遵照例行公事的犯罪學家的發現，他們展示法律執行能力逐步提升罪犯的成本和認知風險，遂降低其犯下暴力行為的意願。[9]如同史蒂芬・平克（Stephen Pinker）在他全面性的暴力研究《我們天性的良善一面》（*The Better Angels of Our Nature*）裡斷言：

---

③ 譯注：霍布斯（Thomas Hobbes, 1588-1679）是英國哲學家，在著作《利維坦》（*Leviathan*）中以唯物論觀點陳述對於個人、政府、法律和宗教的看法。

列維特（Levitt）和其他犯罪統計學家的分析指出遏制力是有效的。偏好真實世界試驗勝過精密統計的那些人，可能會格外留意蒙特婁警察於一九六九年的罷工。在警員離開崗位的數小時內，那座著名的安全城市遭六起銀行搶劫、十二起縱火、一百起搶劫、二起兇殺案襲擊，直到加拿大騎警被召來重整秩序。[10]

刑事司法制度的遏制力對減少暴力不僅僅有效，而且沒有其他事物能夠有此成效，這是使它不可或缺的原因。無可否認，它也是一種危險力量。這解釋了為什麼人們急於找到別的方式來減少發展中國家窮人身受的暴力。但是一廂情願的想法不應該讓我們假裝能夠用其他事物來替代國家權力，以具體限制且懲罰非法暴力行為。

直截了當地說，單靠對暴力的執法回應絕不足夠；法律執行是必要的，可是不足以適當地對付暴力。**但它是必要的**。法律執行必須跟其他干預手段接連執行，同時處理暴力行為的複雜社會成因——文化規範、性別歧視、經濟絕境和不平等、缺乏教育、弱勢族群邊緣化等。不過要是欠缺有效運行的公共司法制度去限制、逮捕、遏制暴力掠奪者，這些干預手段將不可能成功。如同世界銀行的研究者所做的結論：

到底要對犯罪暴力採用預防反應或控制反應是常見的爭論，然而兩種干預手段實為互補。更專業有效的刑事司法制度——尤其是警力——對達到較低程度的免責來說，至關緊要。[11]

如同我們前面的討論，有許多使飢餓惡化的因素，但是它有一個主要且不可或缺的解答：食物。人們必須對付痢疾和食物分配的問題，以及餵食男童勝於女童的文化偏好。不過到頭來，你必須要先擁有食物。暴力的情況類似，人們必須對付會增加暴力和窮人弱點的社會因素，但是到頭來，你需要適當運行的國家強制力來具體限制暴力，對準備使用暴力擴展利益的那些人使用可靠的遏制力。

　　必須處理給予暴力合理地位的文化規範和態度是毫無疑問的事——告訴你可以打老婆的見解、認為強暴甥姪女是「家庭事務」的想法、相信達利特人（Dalits，不可接觸的賤民）只應做更高種姓階級的家僕的信念，或女人是可繼承財產的觀點。只要社群裡普遍持有這些觀念，執法體系將得打一場艱辛的仗，僅能單靠懲罰性的執法遏制力來改變行為。

　　另一方面，人們不用等到社群的文化規範全然改變，就能以法律來實踐文化的追求。在美利堅合眾國，美國人不需要等南方對種族隔離的文化態度（普遍的種族主義分子的文化規範）隨著逐漸啟蒙而改變，聯邦當局就可以對憲法保障的權利要求對應的法律保護，藉此開始實踐文化追求。如同小馬丁‧路德‧金恩（Martin Luther King Jr.）曾以特有的簡潔明確表示：

　　　或許法律不能真的改變人心，但是法律可以約束殘忍無情。
　　　或許法律不能使一個人愛我，但是法律可以防止他對我施加
　　　私刑，而我認為那很重要。[12]

　　法律執行事實上能夠有效加速文化態度的轉變，因其帶有公眾約束力——如同美國人在種族隔離、家庭暴力、酒醉駕駛和抽

菸等議題所見識過的。關於執法與有害的文化規範之間相互作用的關係，世界銀行在《世界公平與發展報告》（*World Development Report on Equity and Development*）中記載其觀察時提及：「法律也能加速規範的轉變，而且藉由挑戰不公平的習俗，司法制度可以成為在社會領域促成改變的推動力。」[13]

絕對不可或缺

有專家提出，以國家為基礎的正式刑事司法制度較不重要，因為當地社群擁有他們自己慣用的法庭和程序，依循規範和習俗來解決爭端與控制行為。根據實際觀察，發展中國家的窮人鮮少將他們的爭端或甚至暴力事件向警方報案（通常在發生當下的報案比例低於百分之十[14]），鄉下地區尤為如此。而且國家刑法中的正式法條時常與當地的普遍規範不一致：關於如何分辨對與錯、哪一方對行為負有責任及應該如何解決。舉例來說，由居住在乾燥北肯亞的畜牧部落人民組成的當地「和平委員會」，被指為解決爭端、管理偷竊牲口、不使用警力和法庭而能畫分放牧地權限的創新機制。警方和法庭距離遙遠且昂貴，加上有時實行法律規範會與當地的習俗規範發生衝突。[15]

非國家的本地機制和非正式的當地程序，的確能極有效確實地執行功能，而正式公共司法制度或許會在其他環境下達成這樣的功能。但是在對付窮人和弱者身受的暴力時，若低估專業執法的必要性，可能會十分危險，因其具有以強制力面對現實的功能，確保地方的文化態度和權力不均不致戕害女人、女童、弱勢族群，和其他可能在本地文化中邊緣化者的權利。

舉例而言，位於肯亞北部的當地「和平委員會」自己做出決

定，本地男性兇殺案不以刑事懲罰來處置，改成付給受害者家人一百隻牛，殺害女性則判定罰金為五十隻牛。然而此種常見於傳統社會以金錢賠償暴力的協議，在全世界的已開發社會早已因為眾多因素而遭到捨棄——最主要的是，他們使窮人居於劣勢，藉著允許擁有較多財富資源的人，在財力負擔範圍內盡其所能使用暴力，並且傾向於加重地區某些成員遭到貶低的狀況（像是以牛貨幣來計算的話，女人的生命只值男人的一半）。後來，在北肯亞「和平委員會」的案例裡，最終明確決定兇殺犯必須改為提交給警方和刑事司法制度。[16]

到頭來，窮人遭受暴力時，還是需要使用刑事司法制度特有的公共服務，**執行**法律來禁止掠奪暴力行為。法律執行是不可或缺的——就算具有再大的成本和風險，擅自以為發展中國家的窮人可以想辦法不依賴執法而過活，終究是不切實際且危險的。

了解發展中國家建立執法制度的複雜不確定性和風險的專家證實：「對於提供個人一個穩定有秩序的生活環境，保護他們免於暴力和剝削來說，運作良好的執法機關是必需的。」[17]確實如此，有效且合法的法律執行「使發展和減緩貧窮成為可能」。[18]同樣地，窮人自身對執法的風險和失敗極為熟悉，即使如此，窮人仍然表示，希望警察和權力機關站在他們這一邊，保護他們免於暴力。《窮人心聲》的作者群在研究中斷言：「窮人需要、也想要警察，不過是好的警察。」[19]

如同我們即將看到的，就算窮人想要好的法律執行，不代表他們真能得到。

第五章

國王沒穿衣服──全身光溜溜

　　而對窮人來說，不受法律制約實際上究竟代表了什麼？

　　舉玻利維亞的窮人為例，那代表兒童性侵害並未真正受到法律禁止。不完全是那麼回事。在一個擁有一千萬人口的國家，每年發生數萬件兒童性侵害[1]，自二〇〇〇至二〇〇七年，玻利維亞刑事司法制度每年定罪的兒童性侵害犯，均少於三件。假如你在玻利維亞性侵一個孩童，那麼你在淋浴或泡澡時滑倒而死，比你因罪入獄的可能性還大。

　　同樣地，對印度的窮人來說，即使法律條文明訂強迫勞動的刑責，那些法條仍無法真正阻止蓄奴，因為法律未受到執行。印度有數百萬窮人遭拘於非法的強迫勞動，過去十五年裡，我們僅能指出少於**五位**加害者曾因此罪名而長時間服刑。如果你挑對人（貧窮的低種姓階層）、選對方式進行（以造假的債務來掩飾奴役），你可以強迫人們替你無償工作。你將會觸犯印度法律裡一連串嚴重罪名，但是跟因罪入獄比起來，你被閃電擊中的可能性

還比較大。

走遍發展中國家，你看得出窮人已然知曉他們欠缺有效的刑事司法制度——因為他們根本不去嘗試利用它。聯合國毒品和犯罪問題辦公室的研究發現，非洲僅有極小部分的犯罪曾提報警方。[2]在拉丁美洲，僅有極小部分的性侵害案件曾向警方報案，因為「預期法律執行不會有用」。[3]如果觀察這些國家罪犯的實際行為，你會發現他們也知道執法體系不具威脅，許多人甚至連草草掩蓋罪行都不會嘗試去做。

發展中國家的窮人和虐待他們的人對同一件事心知肚明：提到他們國家的司法制度，國王的「新」衣不只是二手店的舊衣服——丟臉的事實是國王根本一絲不掛！

進入管線

當我走進廚房，扭開水龍頭倒一杯乾淨的水時，我對廣大的地下系統根本連最模糊的概念都沒有；包括地下蓄水層、抽水站、濾水系統、供水管線、蓄水池，和帶來我手裡這杯水的數千哩長水管。而正因為它的運作如此良好，**我從不曾**想到它。

與之相仿，有另一種我們看不見所以不會想起的系統，具體保護我們跟我們的財產免於暴力——實現法律承諾之保護的系統。

就像供水系統一樣，刑事司法制度的運作有如一系列相互聯通的「水管」。假如你是暴力犯罪的受害人，這管線通常從警察開始。首先由他們站在你這邊干預介入、具體拯救你免於暴力、逮捕加害人、進行調查，並將案件的實證提交檢察官；接下來檢察官結合實質證據及事發經過，探究法律的允許與禁止範圍，在

法庭上提出論證、主張被告違反法律；然後是法院的責任去決定有罪或無罪，並判下相應的懲處，再由監獄系統接手執行。

在發展中國家的脈絡裡，調查、起訴和判決的過程常需時經年，成本昂貴（例如涉及差旅和文件費用、無法工作的天數等），使人勞神且心生膽怯。因此，有另一個不可或缺的參與者必須加進系統——援助受害者通過管線多個區段、直到正義獲得伸張的社會服務。若是缺少社會工作者和社會服務來確保受害人（活在生存邊緣的人們）仍然存活、仍然找得到人、狀況穩定且願意繼續追究案件，起訴就會失敗。

這就是刑事司法「管線」。①要使這個制度得以運作是件極其困難的事，因為只要任何區段有一處堵塞、滲漏或阻礙，就會使整個管線失效。此外，每個區段均為自主，有它自身的獨立責任結構。舉例來說，這通常導致柬埔寨的法庭，無權懲處未能逮捕妓院經營者的警察；菲律賓的警察不能懲處未出席審訊的法官；祕魯的法官不能懲處檢察官未能適當蒐證而把案子搞砸。他們**能**做的，只有把管線的所有失敗怪到對方頭上，藉此避免艱難的改變或革新。

但是這些使人惱怒的動態作用——既自主又互依——幾乎可以適用於世界上任何一個公共司法制度。退一步觀察，公共司法制度能夠運作，就稱得上是奇蹟。然而在富裕社會，此一制度的確運作良好，通常還會愈變愈好，使國民更加安全。⁴不過發展中國家的公共司法制度**並非如此**。或許沒有一種差異比富人和窮

---

① 當然，這是公共司法制度的簡化版，完整的可能也會含括許多額外的行政或管制機關，在執行法條和處理爭端上各有位置。還包括許多在應對暴力時發揮作用的措施，如習俗傳承的機構、委員會、傳統規範和懲處準則。

人面對的司法制度更加斷裂（而且導致的後果更複雜嚴重）。

發展中國家充滿陷入困境的制度——食物體系、醫療體系、教育制度、衛生系統、水系統等——但是公平地說，最基本且**徹底故障**的制度是公共司法制度。它最基本，因為它提供其他所有制度仰賴的安全且穩定的平台。悲傷的是，發展中國家的公共司法制度不僅未能保護窮人免於暴力，實際上甚至動用暴力保護加害者，使窮人更不安全。在發展中國家，其他制度或許陷入困境，可是教育制度通常不致使人比沒受教育者更無知，交通系統不致使人的行動力降低，帶他們離市場更遠，水系統不致使水變得比原先更髒、更難以取得。

這聽起來可能過於模糊，無法幫助他人理解。為了使描述更具體，我們需要潛入發展中國家刑事司法制度的暗黑世界——每次只談論黑暗管線的一個區段。

第一區段：警方

公共司法制度「管線」第一個且最重要的區段是警察。之所以最重要的原因有兩個：他們通常是第一個區段，**沒人**能夠不經過他們就進入管線。其次，他們是**唯一**有力量（暴力強制力）的區段，可以用來阻止暴力，或是在濫用之下傷害人民。

不幸的是，最重要制度中的首要區段，也易於成為功能最失調的環節。如同發展中國家窮人的經驗所及，警察幾乎未受過專門的打擊犯罪訓練，而且傷害人民比幫助人民讓他們賺得更多。警察通常缺乏最基本的配備，而且他們一年年在社區的現身使窮人**更不安全**。

這當然不是對於發展中國家**所有警力**和**所有警察人員**的準確

描述，但這是對於發展中國家**窮人**通常得到的警力和警察人員品質的準確描述。發展中國家當然也有訓練精良、配備完好、態度積極、具高度智慧且能力一流的個別警員和警隊。不過他們的存在並非為了保護窮困平民免於犯罪暴力。相反地，這些稀少的菁英部隊幾乎專為三種功能而用：(1)國家安全；(2)保護上層階級的經濟和商業資產；(3)參與執行**國際間**的執法計畫，對抗恐怖主義、毒品走私、軍火走私等。

這三種都是發展中國家警力的重大、正當功能，可視為或許能向下惠及住在這些國家的數十億窮人。但是問題在於，剩下來保護窮困平民免於日常掠奪暴力——對他們來說是至關緊要的威脅——的是何種警力？答案是：絕非幫得上忙，而且還是十分危險的那種。

無知且無能

或許你我對警察的預期，跟發展中國家窮人置身的現實之間最醒目的差距是**知識**。約束暴力罪犯及蒐集足夠證據來證明其罪行是非常困難的事，這就是為什麼，我們會預期警方擁有一些專業知識或訓練，尤其是關於如何進行犯罪調查。世界上富裕社會的現代專業警力著迷於訓練，而你鎮上的警員可以輕易向你說明他或她在警察學校受到的繁複訓練、一連串的在職訓練、技能培育課程以及他們獲得的證書。與之相比，發展中國家的大部分警員可能對犯罪調查所知不會多過你，因為他們幾乎沒有受過學科的專業訓練。事實是，假如你看過電視上的警察節目，或許你會比發展中國家的一般警員更知道如何執行犯罪調查。直截了當地說，發展中國家或城市裡可能有群專門的警察受過有效的調查訓練，但是部署於村落、貧民窟、說西班牙文居民的貧民區、大城

市裡世界最貧窮的數十億人口居住的擁擠街道上的一般員警，他們受過的調查訓練幾近於零。

舉例來說，印度有一百多萬名警員照料超過十億人民，但是這些警員裡百分之八十五實際上沒受過犯罪調查訓練。[5]他們的職前訓練是幾個月的殖民時代半軍事訓練，僅僅包含最簡短、入門的法律和警察規約課堂講習。[6]甚至更高階的督察和副督察接受的是少量調查訓練，通常不熟悉刑法的基本法律架構。[7]大多數警員實際上將不會得到額外的可靠調查訓練。在印度的矽谷城市班加羅爾，一位警方督察說：「我們必須適應現代化社會，但是我們沒被教會新技能。」[8]事實上，印度專家表示事態越趨嚴重。自脫離大英帝國獨立後不久，專家描繪印度警力的嚴峻狀態：「（自獨立以來）調查方法或應用科學於工作上未見進展。沒有任何地方警察局擁有科學調查的設備，甚至大多數城市警察局也沒有。」那是一九五三年。六十年過去了，驚人的是，受敬重的評論家普拉文·斯瓦米（Praveen Swami）發現「警方調查犯罪的能力**逐漸減弱。**」[9]

十年前，我在柬埔寨的同事首度開始與警方合作，基礎招募人員得到的是一套制服和在職訓練，對於基本的治安維護或犯罪調查實際上並未接受正式訓練。警察被期望要逮捕性販運嫌疑犯，對於蒐集情資、經營線民、執行監視、策畫並實行突襲搜查卻沒受過多少訓練；祕魯的警察被期望要蒐集兒童強暴案件的證據，卻對該如何調查強暴案或訊問目擊兒童未曾受過一天的專門訓練；烏干達的警察應該要阻止土地竊取的犯罪者，可是他們實際上沒受過逮捕壓制嫌犯的安全技巧訓練。

那麼，發展中國家的警察**確切**得到了哪種訓練？

答案是他們接受了功能失調的訓練。缺少有用、專業、現代

的維護治安方法，訓練形同虛設，滿是從凌虐殖民政權的過時老舊半軍事模式、活躍的自衛本能和無端胡言流傳下來的一組態度、價值、方法、標準操作程序與實踐。這一「真實世界訓練」顯然占有優勢，勝過他們所受的最低限度正式訓練。一位印度員警如此評論：「當我受完訓練，加入我的第一個警察局，我的每位長官大笑起來，告訴我現在我必須忘掉所有（他們）教我的事。」[10]

對他們自身的能力感到不安、所有事情都被怪罪在他們頭上、不受大眾尊敬並且受到暴力犯罪組織的威脅，於是警察掩飾他們的缺乏訓練和知識，用恐嚇、粗魯、嚴重的不透明來與外人保持距離。欠缺警察的專門知識和訓練，使他們過於軟弱不安，不敢讓人知道實情。

欠缺專門知識和訓練的明顯後果是完全可以預料、卻難免令人震驚的無能程度。強加的期待與蒙昧無知的結合極其致命。

假如找不到嫌犯，他們可能會直接逮捕附近的一群人，刑求他們直到有人認罪。或是關押嫌犯的家人來取代本人（甚至當他們確實找到通緝犯後，仍然把嫌犯的家人扔進牢裡）。象牙海岸的警察把一個十六歲剛成婚的孩子關進牢裡，因為她的**丈夫**被控告殺人。有人們注意到這件事之前，她困在牢裡日漸衰敗超過一年——身上沒有背負任何罪名指控。

假如驚懼羞怯的性侵受害人難以訊問，警察便賞他們巴掌、對他們大吼，彷彿在審訊犯罪嫌疑人。國際正義使命團在東南亞的工作人員必須介入，阻止警方掌摑或威脅要掌摑兒童性販運的受害人，以及拒絕給予食物或准許上廁所，好讓他們「說實話」。在東非，當警員在面對兒童性侵受害人父母的困難審訊中愈發挫折、做出施虐行為時，我們必須介入。警察失去耐心，把

脾氣發在那些父母親身上，接著父母就會威脅孩子，要是他們不「說出事發經過」就打人。

若是警方採行打擊人口販運或奴隸制度的搜查，他們僅僅是馬虎地現身於犯罪現場，沒盡半點努力。我們目睹多次南亞和東南亞地區打擊人口販運的突襲搜捕現場，當地警方等在大門口，而嫌犯帶著受害人從後門逃跑。（這不是因為他們被買通了，就是他們不知道怎麼做。）當採石場、磚窯和製磚廠的業主派出暴徒干擾打擊奴隸行動，警方竟然一哄而散，留奴工在那兒任暴力歹徒擺布。假如他們確實設法逮捕了嫌犯，發展中國家的警察慣例是把受害人和犯罪者一起留置在警察局同個房間，可能幾個小時，可能幾天，使犯罪者得以恐嚇、威脅、勸阻受害人配合調查。

警方屢屢仰賴受害者家人或受害者自己，去尋找並逮捕被控暴力虐待和侵害的惡棍。我們見過警察對孩子受到性侵害的父母與親人、家屋被奪走的年長虛弱寡婦說，他們必須自己把犯罪者帶來警察局接受審訊。《窮人心聲》報告裡有位非洲國民這麼解釋：「正常狀況下，他們會叫我們回去抓殺人犯和盜賊，把兇嫌帶去警察局。」[11]

缺乏訓練會導致一連串可預測的恐怖和荒謬行為——遺失檔案和證據、危險嫌犯逃脫拘留牢房、誤用基本法律、未能在犯罪現場蒐集關鍵證據、以偽造報告掩蓋錯誤、武力的危險和過度使用。每個警員對於完全無法具備工作能力的經歷實為悲慘不公，而這份痛苦和不公義在平民身上只會加乘一千倍，他們受虐、無助，面對暴力時全然不受保護。班加羅爾貧民窟居民以此總結警察的表現：「警察總是抓無辜的人，而不是有罪的人。」[12]

貪汙且恣意妄為

　　當外界人士輕描淡寫地宣稱發展中國家的警察「完全貪汙」，他們往往是誇大貪汙的普遍狀態，同時未能充分理解執法腐敗的真正影響。一方面，發展中國家並非每一個警員都貪汙。我遇過不計其數的發展中國家員警，擁有絕大勇氣且正直，日日承受巨大風險以保護脆弱的公民，並對抗盛行的貪汙濫權文化。另一方面，貪汙濫權**確實是**發展中國家警察的盛行文化，其引發的後果比人們的理解糟得多。

　　貪汙是一種罪，它是偷竊。貪汙屬於偷竊有二種原因：(1) 勒索（「給我錢，否則我會傷害你、拘留你、罰你錢或找你麻煩。」）；(2) 不實行一個人領薪水該做的事、以及公眾應得的事，以此兜售服務、換取金錢。當貪汙在警力間變成盛行，它就成為一種犯罪力量。它的運作會**抵制法律執行**。

　　這麼想好了：「醫生」不再是醫生，他們開始藉由使人生病賺錢。「老師」不再是老師，假如他們收受第三方付款並阻撓孩子接受教育。「水利工程師」變成完全不同的人，他們開始收錢去汙染水源。同樣地，當貪汙在地區警察間變得盛行，窮人在他們的社區裡就沒有「法律執行」。

　　受推崇的貧窮專家查爾斯・肯尼（Charles Kenny）寫道，在發展中國家，勒索和賄絡是跟警方打交道時「可預期的通則」。[13]

　　試想：勒索和賄絡是打交道時的預期通則。假如這在發展中國家的警察間為真──而我認為確是如此──那麼窮人就真的沒有法律執行。他們缺少你我每天仰賴對抗暴力的基本保護。而且他們置身於極大麻煩之中。

　　發展中國家警力的貪汙，代表對窮人而言，對抗暴力的保護

是有價目表的，而這個保護卻是其他一切事物仰賴的基礎。正是這無法言喻的痛苦領會，把眼淚逼回那些和我談過話的祕魯母親的滄桑眼底，她們了解警察不會做任何事去幫助她們遭人強暴的女兒，因為她們沒有錢支付賄金。印度的研究者同樣發現，窮人負擔不起警方單單為了填寫犯罪申訴表或調查成本而索求的賄金。[14]

貪汙使窮人置身對抗犯罪者的競價戰爭，犯罪者與受害人對立出價，要求警方**不執行法律**。奈洛比貧民窟性侵害倖存者對國際特赦組織研究者解釋：他們不向警方報案雇主的反覆性侵害（致使其中一人懷孕且測出愛滋病毒陽性反應），「因為我們的雇主會對他們行賄。」[15]以實際造成的結果而論，貪汙允許暴力加害者向權力機關購買打獵執照，獵捕窮人。

這是一場完美風暴：源自於缺乏訓練和知識的無知與無能，與貪汙結合（發現可以藉著**不做你的工作**來賺錢），產生悖於常理的行為和結果的一團致命亂象。

抱著執法體系只是為有付錢的客人服務的預期，執行法律的動機便蕩然無存：我的同事一再驚愕地目睹發展中國家警察拒絕追捕逃脫的嫌犯，拒絕替來到警局的受害人填寫犯罪申訴表，拒絕造訪犯罪現場，拒絕訊問希望作證的目擊者，拒絕在收到作證命令時現身法庭，或是拒絕離開警局前往逮捕嫌犯。

此外，假如你身受「減少犯罪」的壓力，但是你想要盡可能少從事打擊罪犯的實際行動，你可以靠勸阻地區的報案、登記和調查犯罪，使情況看似好轉。[16]悖於常理地，警察把掩蓋犯罪活動當成**表面上減少犯罪**的方式，而非揭露犯罪。一旦貪汙在警力間變得盛行，整個「執法」的概念反轉為替賺錢的企業服務。條條法律規約不再是約束社會傷害行為的權限，反而成為從公眾榨

取錢財的機會。警察甚至使用「執法」的外衣去建立並營運自己的犯罪企業，諸如性販運、毒品走私、非法開礦或伐木公司。警察替犯罪企業提供武力和恐嚇力量，並且幫歹徒蒐集情報。他們的行為像是打手，暗殺、威脅他們負責保護的那些人。

在發展中國家的貧窮地區，「執法」因為貪汙和失能而與法律斷裂，警力運作不再是為了保護脆弱者、提升其地位而服務。相反地，執法功用是強化地區弱者的附屬地位，對他們大行虐待剝削。

非但沒有受到英勇保護弱者的情操驅動，警察反而被有力人士拉攏，用於壓迫威逼最弱勢的人。這一點或許在女性通常如何被發展中國家警察對待上最明顯。研究者記錄了驚人而令人痛心的規律現象，顯示執法不僅未能適當處理，反過來還主動允許對女性施加的暴力。[17]

由於警察是公共司法管線的第一區段，導致他們成為守門人，決定誰有機會獲得正義，而誰機會渺茫。[18]一位印度警方的副督察拒絕登記一件女性聲稱遭虐的申訴後說明：「在這一帶，女性成天前來做出各種指控。我們聽她們說，然後叫她們回家。我們有經驗，我們知道怎麼看出區別。」

在奈洛比貧民窟，研究者發現「大多數接受訪問的婦女，不相信女性暴力受害人能夠（從警察那裡）得到絲毫正義。」[19]在坦尚尼亞，提及女性從她們的土地上被趕出來且被剝奪財產，研究者同樣發現「女性的案件遭到低劣處理，警察常自行評判案件，並且決定不採取行動。」[20]印尼的強暴受害人辯護律師描述，要是向警方報案遭性侵，年少受害人必須忍受警方典型的惱人與批判貶損式提問：「他們會問她是否享受強暴過程，她當時的穿著打扮如何，她在晚上那個時間出門在外幹嘛。」[21]此種對

於受害人的嚴重麻木不仁，使遭到殘忍侵害的倖存者在惡意下受到二度創傷，並成為給未來受害人的有力警告：她們不應該費心嘗試在公共司法管線尋求絲毫的正義或寬慰。

多年來，無數來自拉丁美洲和非洲貧窮地區身心受創的女人和女童，帶著淚眼來到國際正義使命團同事的辦公室門口。在那之前，她們承受巨大風險向警方報案遭到性侵，卻被員警狠狠拒絕，說那只是「家務事」而不是犯罪。在印度，非政府組織和警察本身均指出，警方時常告訴女性受害人，要對涉案的家人或親屬做出「讓步」——即使有理由相信受害人身受一次又一次的嚴重凌虐。22

警方操控暴力案件遠離公共司法管線的另一種方法，是藉由不正當的施壓（有時會苛求），使性侵受害者家人接受犯罪者家人的和解金，取代提出犯罪申訴。這允許了較富有的人購買對窮人的強暴和侵害免責權，傳達給受害人的訊息是他們的自尊和身體自由可以用金錢交換。這種和解方式的貽害尤深，因為警方常常安排自己拿取和解金的一部分，強迫受害者家人收錢而非追求正義。發展中國家的受害者辯護律師眼見強暴受害者的父母，因拒絕收取和解金而被警方不當逮捕、監禁、毆打——警方打定主意要達成和解，好賺取一大筆錢。

稀少且匱乏

這麼說，公共司法管線的入口危險且具有毒性。但是在許多情況下，管線也過於狹小堵塞，導致一開始就沒有事物能進入。也就是說，執法不僅因為無能、故障、貪汙，而**在質量上**對世上最貧窮的人等於不存在，**從數量來看**也等於不存在。

法律執行是昂貴的，使其成為稀有資源。我居住的城市華盛

頓特區，每年每人花費八百五十美元在警力上，也就是一天約二點三三美元。相對地，在孟加拉，政府每年每人花費少於一點五美元來執法。那甚至不到一天半美分，導致每一千八百位國民配置到一位員警，且在某些地區，每八千位國民才配置一名員警。[23]菲律賓國家警察總長透露，每一千四百個菲律賓人只配備一名員警，且承認這對於「完成警察的職責來說遠遠太少」。[24]印度每人每天花費少於十三美分在國民的警力上。[25]換算成大約每一千零三十七位印度人配置到一位員警（且百分之八十五的員警不具備有效的犯罪調查訓練或打擊犯罪技能）。

然而，有國家甚至比印度的每一個國民配置到更少員警，例如肯亞。整體來說，非洲的警察與人民比例顯著低於世界上其他所有區域。使數據更加惡化的事實是，犯行程度嚴重的暴力實際上需要更多警力工時來調查犯罪。於是，即使每件兇殺案全球平均需要一百八十八位員警，非洲國家的中間值是每件登記有案的兇殺案僅配置二十二位員警。[26]我們知道需要有最低限度的警察存在，以免「刑事司法制度無法有效阻止將來的罪犯」，而現在明顯「許多非洲國家的處境低於那道門檻」。[27]拉丁美洲國家顯示了較佳的警察人民比，但是專家發現許多國家的員警、配備與基礎架構不夠充足，不足以讓警察對付身處國家的暴力嚴重程度。[28]

此外，在發展中國家**內部**，政府傾向將稀少的執法資源部署來保護他們最看重的事物——通常**不是**一般窮人。例如在印尼，旅遊勝地峇里島約每三百人就有一名員警（跟美國同樣的比例），但是在加里曼丹（擁有眾多貧窮人口），每二千五百人民僅有一位員警。[29]肯亞奈洛比的基貝拉貧民窟情況類似，那裡的一百萬居民實際上沒有常設的派出所或警察局，不過與基貝拉相

鄰、收入較高的區域，僅有基貝拉十分之一的人口，卻至少設置三處派出所或警局。[30]

當然，員警的數量只是發展中國家警力匱乏問題的最開端。缺乏手術刀的外科醫生，或是少了藥物的藥劑師，一樣起不了什麼作用。假如員警欠缺工作的基本配備，同樣不會有多大用處。

開展中國家典型的警察局，手裡有一百美元支應一整年薪水以外的開銷，等於美國一位優良顧客每個月在星巴克花的錢。[31]這代表發展中國家部署來保護窮人的警察沒有基本的工具用以完成任務，包括交通工具用來前往被扔出自己土地的寡婦居住的村落、前往奴隸被拘禁的偏遠採石場、運送突襲妓院行動救出的女童、造訪目擊強暴案的證人，以及前往法院作證。他們缺乏辦公室的基本設備和科技產品，例如填寫犯罪申訴的表單、影印證據文件的紙張、存檔的資料夾；幾部電話以執行訊問、聯絡政府辦公室、聯絡受害人或證人；幾部電腦以做記錄、追蹤數據資料、謄寫報告。如果連影印紙張都難以取得，知道他們也沒有基本蒐證配備就不會太訝異。例如強暴案件證物蒐集盒、取得法醫證據、DNA測試、臥底錄影、臥底錄音或基本的數位拍照設備。

除卻員警和設備的不充足，匱乏的致命一擊是無法給付發展中國家警察足以度日的薪水，以超越細碎的貪汙線。大部分警察的月薪，遠低於星巴克優良顧客每個月購買拿鐵的錢。《窮人心聲》研究中一再提及，窮人描述了我們先前討論的所有無能和貪汙情況，但是他們也常表示，他們不會真的把所有的錯怪在員警頭上，因為他們薪水太少了。[32]

在發展中國家的許多地區，警察的功能確實與他們理應服務社區居民的責任全然斷裂，不僅僅是半世紀不停歇的日常犯罪暴力，使數十億世界上最貧窮人民活在法外的貧窮之中，而且不像

發展中國家窮人身處的許多狀況已改觀，提到基本法律執行，事態只有更加惡化。核心的體系失能到甚至連最低限度的正當警察功能都未能供給發展中國家的窮人，導致一種雙重免責的狀態。暴力犯罪者免責，而且該替未能提供窮人最基本保護負責的政府領袖也免責。赤裸裸的現實是：窮人沒能擁有警察的保護。一位來自巴西貧窮社區的女人說：「我們的公共安全屬於我們自己。我們工作，然後躲回屋子裡。」

故障司法管線的第二區段：檢察官

「在刑事司法制度裡，人們由兩種各自獨立卻同等重要的團體代表。警察調查犯罪，檢察官起訴罪犯。這是他們的故事。」

這是《法網遊龍》（Law & Order）——長壽的美國電視影集，在英國、南非、俄國、法國和其他地方改編播出——對刑事司法管線，以及從警方交棒至檢察官接力使暴力罪犯伏法的解釋。超過二十年來，在代表性的「鏘鏘」音效聲之後，接著出現「他們的故事」。影集將檢查官塑造為英雄，因為他們的行動——和不行動——至關緊要。

在發展中國家，檢察官的行動與否同樣要緊。舉個例子，假如《法網遊龍》的編劇以《紐約時報》麥可・萬斯（Michael Wines）揭露的拉克森・西卡葉內拉（Lackson Sikayenera）和伊斯梅爾・瓦地（Ismael Wadi）的故事試圖吸引我們目光，對他會是個有趣的挑戰。故事主角是活在同一個悲劇裡的二位馬拉威人，彼此過去從未見過，未來大概也永遠不會碰面。[33]

要讓拉克森的故事情節看起來有趣是件有難度的事，因為過去六年他一天有十四小時待在水泥地板上動彈不得。他塞在跟另

外一百六十個人共用的牢房裡，因為過分擁擠，除非所有人一起動，否則他沒辦法動。拉克森每天維持這個姿勢十四小時，如此過了六年。每天供餐一次，內容是一碗粥和少許髒兮兮的水。過去六年他看著一百八十個牢友離開監獄——死著出去的——但是獄方持續替補新囚犯填滿死者原來的位置。在這段期間，拉克森二千一百天沒見過家人。他是家裡唯一的生計維持者，且收到口信，得知妻子不得不為了繼續過日子而另尋丈夫。

如同馬拉威其他一萬名囚犯，拉克森尚未被判定任何罪名。他等這六年只為了等出庭。不過拉克森等到那一天的希望渺茫，且永遠如此。事實是，馬拉威的司法制度根本不曉得拉克森的存在。監獄警衛六年前被告知，把拉克森關起來直到檢察官傳喚他出庭。在那之後一段時間，司法「制度」搞丟他的檔案。到這裡我們的《法網遊龍馬拉威篇》遇到了小瓶頸。檢察官不能傳喚拉克森出庭，因為他不曉得這個人的存在。而拉克森就像幾乎每一個馬拉威人，太窮所以請不起辯護律師來理清這團混亂，也沒有律師指派給他。於是整整一個小時的一整集裡，我們看著一個人在惡臭的牢房裡消耗生命，因為他的檔案遺失了。

或許我們直接轉向伊斯梅爾·瓦地——我們另一個主角，這個人最終要為丟失拉克森的檔案負責。身為馬拉威檢察總長，伊斯梅爾的辦公室會在拉克森受到警方拘留後收到他們轉交的檔案。但是就像發展中國家大多數檢察官的辦公室，伊斯梅爾的辦公室完全被淹沒了，他的辦公室要負責**全國所有的刑事起訴**。《法網遊龍》裡刻畫的紐約州檢察官辦公室在現實生活中擁有五百位法律人，與之相比，伊斯梅爾負責七倍於紐約州的區域、二倍於紐約州的人口，僅配置十位檢察官。職位空缺需要目前三倍多的檢察官，可是薪水太低，伊斯梅爾找不到律師願意來做檢察

官，而全國僅有三百位律師。[34] 這十位檢察官尚積壓一千五百件重案未處理，包括九百件謀殺案。每年持續新增約達六百件的謀殺案。

「犯罪若是發生，他們就把檔案送來辦公室。」伊斯梅爾告訴記者。「檔案一直送來，數量持續增加。那你能怎麼辦？你把檔案疊好，把它們好好放在架子上。」

至少其中一份檔案保管得不太好，就是有拉克森名字在上頭的那一份。在馬拉威每一百五十萬人配置一位檢察官，假定有其他一些檔案也沒被保管好是合理的。如同馬拉威的惡劣候審瓶頸狀況，非洲其他地方不是同樣糟就是更壞。烏干達的一萬八千名犯人裡，有三分之二尚未受審。在莫三比克有四分之三、喀麥隆有五分之四的拘留者狀況類似，尚未定罪卻被迫忍受苛刻的關押條件。[35]

悲劇的下半場

發展中國家起訴系統的故障，不僅使不幸遭到錯誤罪名控訴的無辜人民在牢裡凋零，也允許對窮人濫用暴力者免責逃脫。如同丹在肯亞的例子，馬拉威多數檢察官實際上由缺乏法律訓練的警察擔任，最危險狡猾的罪犯得以自由脫身，不受制止。馬拉威最高法院的首席法官承認，重罪案件「對沒受過充足訓練的人來說，是極度複雜的案件。我們讓不應定罪者入罪，宣告不應無罪者無罪。」[36]

在發展中國家的許多地方，任憑司法管線的起訴區段逐漸崩壞成幾乎穿不透的屏障，擋住有意義的法律執行。[37] 貧窮國家檢察官短少的問題，因不成比例的大量犯罪暴力（使每位檢察官需處理更多案件）、巨大的現存積壓案件而加重。結果是龐大而痛

苦的荒誕劇。[38]

　　數據資料開始說出一些故事。例如在美國和加拿大，每十萬人有約十點二個檢察官。在美國，這代表二萬七千個檢察官為三億一千二百萬人服務，或是每一萬二千個國民有一位檢察官。相較之下，發展中國家的比例看起來是這樣：[39]

圖表5.1：多個發展中國家的檢察官與人民比

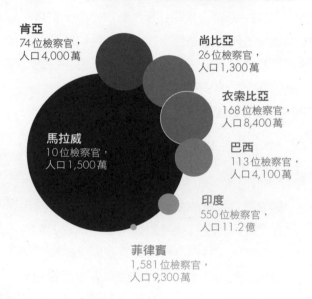

肯亞
74位檢察官，
人口4,000萬

尚比亞
26位檢察官，
人口1,300萬

衣索比亞
168位檢察官，
人口8,400萬

馬拉威
10位檢察官，
人口1,500萬

巴西
113位檢察官，
人口4,100萬

印度
550位檢察官，
人口11.2億

菲律賓
1,581位檢察官，
人口9,300萬

　　因為稱作「擁塞崩潰（congestive collapse）」的一種複合動態而引起的災難，這些數字僅僅呈現出一部分。最適合用來理解此種狀態的，或許是回憶一九五〇年代熱門電視影集《我愛露西》（I Love Lucy）的經典場景，露西・里卡多跟她的朋友愛瑟兒被派去包裝從工廠輸送帶傳過來的糖果。巧克力糖從輸送帶傳過來時，露西和愛瑟兒應該要把糖迅速包在紙裡，再放回輸送帶

傳往下個階段包裝。她們兩人一開始還能應付傳過來的糖果數量，不過接下來輸送帶速度加快，喜劇中的荒唐由此開始。她們嘗試用各種可能的方法處理（並藏起）她們無法跟上的糖果數量，可是一旦處於落後，她們只會有愈來愈多處理不完的糖果。她們發現自己憤怒地把糖果塞進嘴裡、上衣裡、帽子裡，扔到地板上跟任何可以丟的地方。最後露西脫口而出：「愛瑟兒！我想我們打的是一場準輸的仗！」觀眾喧嘩狂笑的錄音響起，嘲笑她們試圖跟上的荒謬場景。這是不可能的，而且情況只會愈來愈糟。

刑事司法制度是一條永不休止的輸送帶，上面滿載地區的犯罪案件。案件就是持續不斷地來。假如你沒有足夠的檢察官以處理案件量，你現有檢察官的處理進度會愈來愈落後，而且他們將**愈來愈無法**給予單一案件原來應得的注意力。

以上面列出的數據為例，菲律賓或許看似情況尚可，每六萬個國民有一位檢察官——尤其在跟許多非洲國家的比例相較之下。然而菲律賓的人員配置僅是美國的五分之一，加上相等或更高的犯罪率，使得朝菲律賓檢察官迎面而來的案件不僅是二倍快，而是五倍快。這導致每年以複合的基準愈來愈糟。專家論斷，當檢察官的案件量超載，這些檢察官「變成糾正（凌虐的）主要障礙，而非助力。」[40] 研究確實顯示，菲律賓的一般犯罪案件進行到審判程序需時五至六年，且有許多案件需時長達十年。[41]

我們可以從數字裡看見，菲律賓的檢察服務狀態比大多發展中國家良好。即使如此，菲律賓人還是普遍曉得系統嚴重超載，犯罪受害人要使他或她的案子得到恰當起訴，唯一的管道是雇用私人檢察官，替官方檢察官做所有的調查工作、行政跑腿活、法律分析和論證。不過要是你太窮，雇不起你專屬的私人檢察官——

肯定含括近二千五百萬名一天靠約一美元度日的菲律賓人[42]——你根本不會得到檢察服務。

聯合國毒品和犯罪問題辦公室的專家曾觀察肯亞的檢察服務——少量檢察官面對巨量的待處理犯罪案件——他們得出結論：一位肯亞檢察官能為恰當起訴案件做好準備的機會根本「不大可能」。[43]印度最高法院法官哀歎「檢察官的嚴重短缺」[44]，並譴責有些邦的狀況，像馬哈拉施特拉邦（境內有大城市孟買）的檢察官未能使他們起訴的百分之九十一的犯罪嫌疑人定罪。[45]四十年來印度的起訴定罪率確實不斷下降，印度菁英犯罪調查局（elite Criminal Bureau of Investigation）局長清楚表明他將這稱之為「公共司法制度的無效率」。[46]在拉丁美洲，瓜地馬拉的刑事司法制度未能將進入制度流程的百分之九十四的犯罪嫌疑人定罪，大多數案件甚至在一審前就被放棄。[47]而在玻利維亞，現今檢察官未能定罪率在百分之八十六至八十八之間。[48]至於巴西，美國國務院僅僅說「刑事犯罪的定罪很罕見」。[49]

然而不用說，基本檢察服務的廣泛失靈幾乎未受關注。此狀況與發展中國家刑事司法制度的其他冗長管線仍舊一同埋藏於視線之外。但是對數百萬窮困平民百姓來說，結果是恐怖的：一個完全顛倒的世界，遭錯誤控罪的貧民在牢裡凋零，因為他們的案子沒辦法進入訴訟程序；暴力犯罪者免責逃脫，繼續殘忍虐待窮人，因為他們的案子沒被起訴。

管線最末段：法院

可靠的法院制度必須迅速確實，亦即必須以相當的可信度明辨一個遭控訴的人有罪或無辜，並且在合理的時間內做到這件

事。不過當然了，查出有罪或無辜是極度困難的任務，數千年來社會試圖使此機制改善精良。正因為如此艱難，審判的**品質**必須相當高，否則法院**會**把事情搞砸。一旦搞砸任何接近規律性的事，法院的存在就會弊大於利。其次，法院必須以合理的速度完成這件困難任務，因為直到案件終結之前，國家強制力都將把他人的性命置於地獄邊緣；因為刑事制裁的威嚇價值與其頻率和必然性成正比；因為案件就是會持續到來。

對發展中國家的貧民形同悲劇的是，刑事法庭幾近失能停擺、做出錯誤判決，並且對待人民的態度惡劣。對我們的目的而言，法院偶爾能好好為拿得出錢的人民運作，是無關緊要的——有意義的**公共**司法制度必須替拿不出錢的人運轉。為了瞭解法院如何為**窮人**運轉，你必須和**窮人**一同緩慢爬行於法院制度的管線，才能親眼目睹他們遭遇什麼事，又是如何被對待。

旁觀世上發展中國家的審判時，我常感到有點像路易斯‧卡洛爾（Lewis Carroll）筆下《愛麗絲夢遊仙境》裡的愛麗絲，觀看紅心騎士因為偷果醬餡餅而受審。愛麗絲在書裡讀過關於法庭的描述，她「十分高興地發現自己幾乎曉得那裡每樣事物的名稱。『那是法官。』她對自己說：『因為他的高聳假髮。』」她正確辨認出「陪審席」和「陪審員」，最終感到「相當自傲：由於她心想——也的確沒想錯——極少有跟她同樣年紀的小女孩曉得這全部事物的意義。」跟愛麗絲的際遇相似，我跟著同事踏進這些法庭，心想：「我讀過這些，而且我是律師。我能夠了解這裡發生的事。」

接下來審判開始，就像愛麗絲一樣，我發現自己完全迷失在困惑、無根據的論證、功能失序的漩渦裡。在路易斯‧卡洛爾的故事中，愛麗絲看著女王和紅心騎士主導一場令人暈頭轉向的亂

象，庭上飆出此起彼落的荒謬交易、激昂胡扯、喧鬧可笑的詞彙誤用。最後愛麗絲出庭作證，女王威脅她再堅持邏輯就要砍她的頭，然後愛麗絲就醒來了。讀來彷彿卡洛爾先生在放煙霧彈，或是他曾經歷過世界上貧窮至極的人必須在生死交關的事上被迫仰賴的法庭「邏輯」。發展中國家天天上演的每一寸景致，就如同愛麗絲置身的處境一般超現實。在印度，奴役拘禁眾多孩童、女人、男人多年而遭定罪的人，法官判處羈押罪犯「直到休庭」——也就是說，直到法官宣告因為任何理由短暫休庭，包括上廁所。在烏干達，身無分文的寡婦為了從暴力竊匪手上把她的土地討回來，必須耗費大把精力和費用前往法院出席庭審，而檢察官無故缺席庭審**九次**。在玻利維亞，一位教師強暴學生的案件審訊改期**八十次**，由於辯護律師未出席、被告裝病、被告躲在牢裡，以及**無窮**無盡令人費解的理由。在加爾各答的法庭裡，容許一群辯護律師攻擊、毆打性販運受害人的代表律師——使嚇壞的倖存者陷入亂局。菲律賓一間法院在審訊結束後，在原因不明的狀況下超過三年才對性販運案件做出判決——無罪。在待處理案件數量使人麻木的非洲法院，法庭訴訟只能以……法官……親自……手寫……的速度聽取作證和辯論，因為……沒有……法庭速記員。

　　老實說世界上任何地方的法院制度——即使在最富裕的國家——都可能產生一連串司法嚴重失能和誤判的離譜軼事。然而在這些故事發生的發展中國家，沒有一樁奇聞會登上新聞頭條或引來任何人的注意，因為窮人看過太多，他們可以預期會受到有權勢的人如何對待。

　　從更為系統性的基礎來看，發展中國家的司法專家和研究上述機構的眾多國際研究者，不難指出使法院訴訟緩慢、窮人得到

悖於常理結局的結構性症狀。

因破孔產生的不合理結果

　　暫且不論刑事法庭的重大貪汙問題（亦即法官因為拿錢做出錯誤判決的問題），這些不合理結果起因於數個核心區塊的破孔。刑事審訊所需的高度複雜且細微的流程，得利用受過訓練的專業知識技巧。在公眾領域各方面固然存在過度專業化的危險，也會遇到一些司法難題過於艱難危險，萬萬不能缺少專業知識的時刻。發展中國家窮人的問題是，當他們的利益在刑事司法制度中瀕臨危難時，他們負擔不起，因而得不到此種專業的好處，無論窮人身為犯罪受害人或被控犯罪時都是。

　　因此，刑事法庭的法官進入審訊程序時，僅僅接觸到故事的一面──雇得起律師的那一面──並且將會做出錯誤判決。窮人不僅欠缺雇用律師的錢，而且律師在發展中國家往往屬於專業律師工會的一員，發展中國家的數十億窮人一輩子都不會遇到一個律師。[50]在查德（Chad），少於十位職業律師替六百萬人服務。[51]九個人口相加超過一億一千四百萬人的非洲國家，卻只擁有二千五百五十名律師──跟美國佛蒙特州的職業律師人數相同，而州裡約有六十萬人口。[52]律師對非洲一般國民的實際可得性甚至比這些數據的意涵更糟，因為大部分非洲人依然住在鄉間，而絕大多數律師身在遙遠的城市。事實上，在人口達四千二百萬人的坦尚尼亞，國內占多數的二十一個區沒有**任何**一位律師。在烏干達，僅能在國內五十六個行政區中的九個找到律師。[53]

　　美國人看到這些數字，或許會開玩笑說要搬去非洲鄉下好躲避律師，而且我們都懂笑點在哪裡。但假若你認得拉克森，曉得他在馬拉威監獄裡衰頹六年的感受，只因沒有律師幫他找出檔

案,那麼這個笑話就像肥胖的人打趣地說要去南蘇丹加入饑荒一樣讓人笑不出來。肥胖和飢餓都是真正的健康危機,僅是再次顯現兩種分別叫充足和匱乏的星系,在我們的年代將人類畫分開來。

然而,問題比受害人和被告在法庭上無法獲得律師更為嚴重。發展中國家律師稀少的程度,導致許多**法官**——尤其在非洲——沒上過法律學校,沒接受過正式的法律訓練。的確,不只有律師能在社區裡解決爭端和仲裁爭議,可是對這本書的讀者,沒人會容忍刑事司法制度的強制力由欠缺專業、未受過正式訓練和認證的法官來執行。在發展中國家,當窮人(尤其是女性)出庭,她們不僅常被迫忍受法律專家的缺席,還包括無知、古板、態度怪異法官的無情諧謔。

我們曾目睹發展中國家的窮人出庭,置身於對刑法相關條文一無所知的法官和檢察官面前。他們在席位上聲稱他們「不在乎」法律怎麼說;或說特定的犯罪者勢力太大,執法不能對他們不利;或者解釋說法律賦予的權利寫在書裡,因此不適用於不識字的人;或是一陣懲罰性的反覆無常突然發作,於受害人未出庭時威脅不受理一件孩童強暴案,**因為她身受嚴重創傷正在醫院治療**。在發展中國家提供法律服務的其他人,會有類似的故事可供分享。

在我們工作的一個非洲國家,國際正義使命團當地同事研究全國兒童性侵害案件的檢察服務水準,發現若嫌疑人否認對自身的指控——不顧其他證據的存在——法官有百分之八十九的機率判嫌疑人無罪。更有甚者,假如被告聲稱受害者家人對凌虐行徑說謊,**法官百分之百會判被告無罪**,儘管有其他證據諸如侵入、強暴跡象或目擊證言。

確實世上每種法律制度都可能產生各自的昏庸法官長篇故事，而發展中國家的法院同樣擁有辛勤、有勇氣的優秀法官。然而事實是發展中國家的司法制度缺乏資金，意味著審訊數百萬赤貧民眾的司法人員標準可能糟糕至極。在許多低收入與中等收入國，法官大多是在私領域找不到工作的律師。

然而，即使是好法官，也常欠缺做好工作或做出良好決定所需的基本物資或設施。多位法官告訴當地的國際正義使命團律師同仁，不要援用未能提供影本的案例或法律權威說法，因為他們沒有管道獲取這些資料。許多發展中國家缺乏撰述法律教科書的學術資源，導致一些曾受英國殖民國家的法官信奉談論英國法律的教科書。這事並不罕見，即使他們國家現今法規的實質內容與之大相逕庭。[54]

另外，需要法官們做出判決的法庭，時常欠缺檢視最清晰、有說服力、決定性證據的設備，亦即錄影證據。法官不能或不願考量奴隸主和人口販運者吹噓暴力虐行的影片，原因是法庭沒有設備供影片播放，或不熟悉此類證據，或是無從鑑識真偽。至貧國家的法庭甚至欠缺更基本的設備——例如紙張。在馬拉威，法院往往月中就用完紙張，因而必須中止審理案件直到紙張補貨送抵。[55]受害人需要付錢給法庭人員、出庭作證或收到傳喚的警察，或是自行張羅庭審紀錄，因為法院沒有足夠資金購買紙張和墨水來記錄審訊或判決。

公共司法制度缺乏資源，意味著窮人必須給付各式各樣的費用和成本（超出任何可能發生的索賄金額），被視為法院盡責做事所需要的錢。舉例來說，國際正義使命團的烏干達同事曾記錄，一位貧窮寡婦為對抗暴賊保住她價值五百美元的土地，必須承擔超出二百美元的旅行花費（前往首都多達十六次，且搭乘巴

士四十多趟前往地區法院和辦公室），另外再付一百四十美元的費用和成本（更別提可能向她索取的賄賂金額）。這位寡婦全靠自己應付這團混亂處境，還得希求她和孩子能夠多擁有居所和菜園一天。

法院系統基本資源另種驚人的不足，是無法提供受害人和證人出庭的基本保安——從缺乏基本證人保護制度，到缺乏被告同伴在法庭內交出武器的程序。發展中國家的刑事法庭需要證人保護和法庭治安，在此僅順帶提及；不過在較富裕國家的法庭，人們甚至不認為有效的刑事司法制度，有可能在缺少這些措施時運作。

司法步調緩慢至極

發展中國家法院的窮困狀況及其高度失能製造眾多停滯，累積龐大待審案件，實際已逐漸癱瘓司法系統，使之對數十億窮人中止運轉。有些延誤和積壓案件來自法官的短缺，以及對司法體系數十年的投資不足。在印度，法官職位有三分之一空缺，代表每一百萬國民僅有約十一位法官。美國的法官國民比是十倍之多，歐洲則有十二至二十倍。[56] 這在印度造成超過三千二百萬件待審官司，留給每位法官一大疊二千多起案件待追上進度，同時得處理每天新增的量。根據分析，印度法院得花上三百五十至四百年清空積壓案件。[57]

非洲的數據甚至更加嚴峻。將非洲整體看作一個區域時，比世界上其他任何區域擁有較少法官。② 聯合國毒品和犯罪問題辦

---

② 肯亞的司法人員編制是四千六百八十一人，不過僅有一千四百五十六人在職。至於地方法官的編制是五百五十四人，二百七十七人在職。

公室的分析師在研究中發現，非洲暴力犯罪對發展的影響如下：
「法官少，代表刑事案件處理得慢。這很重要，因為案件審理的
速度與勝訴展望直接相關。隨著時間流逝，受害人不再投入，證
人消失無蹤，尤其在起初就難以找到他們的區域更是如此。」[58]

像菲律賓這個每十萬國民僅有二點五位法官的國家，幾近四
分之一的法官辦公室無人使用，有些省分完全沒有在職法官。全
國累積一百五十萬待審案件，刑事案目前需要六年來做出判決。
[59]巴西一年就使積壓未審案件接近原來的四倍，且調查顯示法院
是人民倒數第二信任的國內政府機構，只排在警察前面。[60]美洲
人權委員會（Inter-American Commission for Human Rights）發
現，玻利維亞法院在二十一個月期間僅能對全國百分之五的案件
做出判決，製造龐大的積壓案件和延誤。

此處是另一個系統失能的驚人小細節。發展中國家以外的人
或許未曾想像過：審判從開始到結束並非在數日內進行，而是一
次進展一點，橫跨月月年年。在菲律賓、印度和其他區域的發展
中國家，法院用一天審理案件其中一部分的證據和論證，然後停
止庭審。下個部分的庭審要等到幾個月以後，然後再次中止，等
上幾個月再進行訴訟的另外一小段。休庭、延期、耽擱屢見不
鮮，每個庭審日之間很容易就相隔六、九或十二個月。因此，一
件需時四天庭審日的案件輕易就會被拉長至十二到二十四個月。
如此缺乏效率的方式令人麻木，因其需要受害人、被告、律師、
證人、法官等所有人從頭重新熟悉所審案件。證人必須隨傳隨到
好幾年，受害人和被告必須處於痛苦的地獄邊緣好幾年，而且檢
察官和法官時常換人，必須從零開始認識案件。

在瑪利亞瑪的蓄奴和輪姦案裡，莎須密塔六年間得幫助七位
不同的檢察官了解判決案件所需的法律和證據，這時案件已由新

法官接手，他沒有親自聽取任何證據就宣判被告無罪。

有天晚上，我跟莎須密塔和一位印度資深檢察官在班加羅爾同桌吃飯，聽到檢察官說起庭審採用這種零碎體制的原因，是案件量「太多」導致無法採用「逐日的」方式。

「可是以零碎的原則來審理案件，如何能應對案件太多的問題？」吃驚的莎須密塔盡可能禮貌地問。

誠實的資深檢察官僅僅看著莎須密塔，皺起眉頭，表情難堪而困惑。

禮貌地重述問題二、三次未獲回應後，莎須密塔改問：「假設我的老師開給我十本書要讀，接著他又給我二十本書。要是我的老師告訴我，可以一次讀一本書的一章，接著必須讀另一本書的一章，這如何能幫助我應付增加的書本數量？」

任職超過三十年、十分資深的檢察官看向身旁一位非律師的友人尋求幫助，但卻得不到任何協助。過了尷尬的幾分鐘，莎須密塔圓滑地改變話題。這個令人心生不快的例子，顯示發展中國家法院制度服從於**完全沒有道理**的嚴重失能——可是卻沒有改變的跡象。

另一方面，假如此種系統性蠢事是在班加羅爾的某間科技公司裡發現的，半小時就會排除一空。

這個問題並非印度獨有。早在一九八〇年代末，菲律賓律師協會（Philippine Bar Association）勸告法院制度放棄通行全國的零碎審理方式，採行連續進行的官司。最高法院甚至在一九九〇年發出命令，要法院比照辦理[61]——但就是沒有實行。我的國際正義使命團同事為這些堵住系統的惰性佐證：在菲律賓十年多來經歷數百起訴訟，他們從未遇過一件採逐日審理。

考量到此種零碎審理方式加深每一個開庭日的重要性，外人

要是知道下列狀況通常會感到訝異：實際上**沒有人真正被規定要現身法院出席庭審**，律師、證人、被告、甚至連法官都不用。要是其中一方未出席，訴訟通常會延期擇日再開，不會受到任何有效的制裁。

對我在玻利維亞的同事來說，百分之八十五的預審開庭會取消，且百分之七十的庭審遭取消，需要重新排期。以國際正義使命團在印度對蓄奴的一次成功起訴，社內律師六年內前往出庭四十五趟，而其中足足一半的庭審在前往法院的四小時車程後遭取消。性犯罪的兒童倖存者和其他受創傷的脆弱受害人，因為庭審改期、換法官、紀錄遺失、換新律師而被迫作證兩次、三次或四次。人們知道東非的醫生拒絕檢驗傷口和性侵害，這麼一來他們就不需要出庭，只是為了被告知另一天再來。非洲和南亞的國際正義使命團同事都遇過刑事訴訟延期，原因是被告有辦法藏在牢裡，或直接拒絕登上監獄的交通車出庭。在玻利維亞，市民陪審員必須與專業法官共同做出刑事案判決（類似美國的陪審團）。但是直屬法院的通知中心不會提醒市民盡責，所以他們從不現身任職——假如有一個市民陪審員**確實**收到通知卻決定不來，法院沒有權力迫使陪審員任職。起訴危險掠奪者和兒童強暴犯的刑事案件未見進展，僅僅因為一位陪審員沒能加入。

外人要是知道了也會訝異：在發展中國家的法庭之上，人們並未真正被要求據實以告——也就是說，制裁做偽證的例子幾乎聞所未聞。這導致法庭曠日廢時，在無止盡的虛假謊言中——因為無需畏懼制裁而被毫無羞恥地端上法庭——努力尋找真相。

舉例來說，在菲律賓國際正義使命團一件典型的兒童強暴案裡，我們的客戶是一位十五歲女孩，她十分勇敢地出庭站上證人席，描述所住貧民窟街坊的一個男人如何在她十三歲時強暴她。

然而被告鄰居對受害人的親口證言提出合理懷疑，申請三位友人出庭，都說他們聽到受害人的阿姨說是受害人的叔叔強暴了她。當然了，那位叔叔住在遙遠的小島省分，通常在航行至世界彼方的貨運船上擔任廚子。經過數個月的努力，國際正義使命團法律團隊取得證據，強暴案發生時遭指控的叔叔確實人在一艘船上，當時位於巴爾的摩。那三個說謊的友人並未受到任何懲處，在一般情況下，他們所說的謊足以使強暴犯無罪脫身。

我們必須了解，埋藏在法院制度管線裡這些冗長機制因為延期，便足夠導致刑事司法制度幾近失能。假如制度未能以合理速度運作，捕捉罪犯並繩之以法，制度的效用就會下降至接近零。原因是施暴者受到制裁的百分比不夠，且懲罰的威脅太過少見而無常，無法構成可靠的威嚇力量。[62]

此外，刑事官司的過程假如太耗費時日，貧困的受害人和證人無法全程持續投入，原因來自他們日常生存的成本和極度脆弱。而少了受害人的參與，制度很難把罪犯繩之以法。

因延期導致失效的制度也無法吸引社群參與呈報犯罪並支持起訴罪犯，使制度失效益發嚴重。

印度最高法院兩位法官直言不諱說：「制度已經病了。一個普通人要怎麼預期可以得到迅速的正義？即使在最高法院，一件特別許可上訴申請案走到最終庭審需時八年……『我們全都會佈道。我們去國家司法學院向司法人員演講，要求他們加快處理案件的速度。但是基礎設施在哪裡？』」

對於這個問題，《印度快報》（*India Express*）的社論主筆如此回應：「簡短的答案是，那並不存在。」

印度人對他們破敗的刑事司法制度的怒火爆發於二〇一二年十二月，由於一名年輕女子在首都新德里搭乘公車遭歹徒姦殺的

可怕新聞。以這案件作為抗議的凝聚點，全印度有數千人走上街頭，譴責對女性犯下的暴力，以及由貪腐政治階級和無能執法機關餵養出的免責文化。[63] 這樁悲劇促使政府成立廣受注目的魏爾瑪委員會（Justice Verma Committee），其論斷恰好能替以上嘗試推展的討論作結：「造成目前不安全環境的明顯根源是良好治理的失敗，啃蝕著法規，而不是缺少需要的法律。」委員會的報告評論，並非印度的專家不知道**如何**修正刑事司法制度，而是因為「所有政治制度的漠不關心」，堆疊的公務改革提議只好「繼續積灰數十年」。結果談到性暴力，「我們清楚知道警察處理強暴案的能力，在基礎上未能勝任。」[64]

從免責到保護

世人從對抗全球貧窮學到的有用知識，幾乎全都來自與實際的個體長期密切相伴。這些人每天醒來就得面對、並盡力克服身為一個窮人的嚴苛事實。此外，如果你待得夠久，而且他們讓你靠得夠近，終究你會瞥見駭人暴力潛藏在貧窮表面下的廣大地底世界。

為了對付這些凶暴勢力，專家開始承認，全球窮人跟他們自己都需要同樣的事物——他們一直相信在自己居住的社區不可或缺的事物：有效運作的執法制度。然而較晚浮上檯面的事實是，對全世界大多數窮人而言，此種有效運作的刑事司法制度**根本不存在**。

得過普立茲獎的新聞記者凱瑟琳・布（Katherine Boo）在一座印度貧民窟跟當地家庭共同生活三年後，最近回到美國。全國公共廣播電台（National Public Radio）請她談談在那裡學到的

事。她所知道的他們那個世界的掙扎、人物和戲劇情節，大多寫在她卓越的著作《美好永遠的背後》（*Behind the Beautiful Forevers*）裡，不過那天在全國公共廣播電台上，布分享了她返家後對自己國家的某件事心生感激：

> 但是，如今我的確比過去讚賞美國的其中一件事，即是相當程度有效運作的刑事司法制度：事實是，在許多低收入國家，連警察局都不算是好的安身之地……在治安差的鄰里，有人成為犯罪受害者時，他們常會打九一一報案專線。而且他們不覺得警察和制度會再次加害他們。
>
> 印度的刑事司法制度是如此失能、如此剝削，對低收入人民如此漠不關心，甚至謀殺案也一樣，而這些窮人是冒著生命危險前來求救。那可是造成極大危害的情況。所以……我現在對我們擁有的某些機構覺得更加感激。65

我不認為布是在說美國的執法完美無暇，或是可作為印度和任何一個國家的確切榜樣；她只是想表達，合理、合宜的執法對她愈趨熟悉的貧困家庭蕩然無存。而這是個迫切的事實——因其不僅讓我們領會到缺少法紀的負面災禍，也包括合宜司法制度的龐大正面效益：替窮人看守脫離貧困的小徑。我們見過違法暴力如何摧毀窮人的經濟機會（見第三章），以及破敗的司法制度如何使問題惡化。不過反過來看，世界銀行企圖心十足卻鮮為人知的大型研究提出有趣論證，主張司法制度本身是國家經濟財富發展的關鍵貢獻者。原來處理故障司法制度的失能，可能成為保障窮人創造財富能力的最有力方法。

在名為《國富何在》（*Where Is the Wealth of Nations*）的研究

裡，世界銀行著手定義不同種類的資本對國家經濟發展有何貢獻。世銀犀利的迴歸分析師從一國資本的常見來源起始：（1）自然資源，例如石油、礦產、森林、耕地等；（2）人造資源，例如機器、設備、基礎建設、都市土地等。然而經濟學家發現，這兩種有形的資本來源僅構成一國財富的百分之二十至四十。原來大多數財富來自於**無形**的制度資本，例如教育、治理、財產權、司法制度等，其使人力、自然和人造資本更具有生產力。[66]

圖表5.2：國家的無形財富

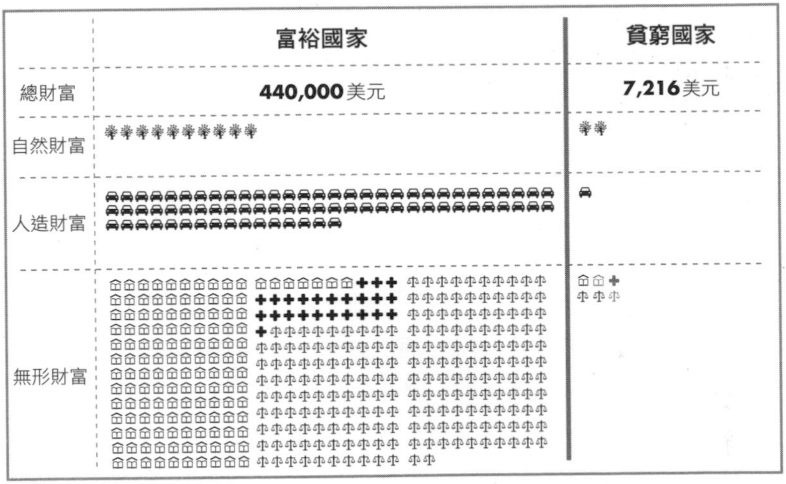

注：一個圖示相等於1000美元

以教育水準而論，此圖直覺上相當合理，不是嗎？擁有豐富自然資源、大量設備和基礎建設的國家，若是人民不識字、缺少工程師和提升科技創新的高等專家，根本無法追上具有生成高教育水準工作力制度國家的繁榮腳步。這解釋了關心經濟發展、脫貧、賦權女童者為何明顯重視教育。教育至關緊要。

沒錯。事實上，教育機構是構成國家無形資本的第二大因子（百分之三十六），而且若是全國教育機構的總值增加百分之一，國家無形資本就會上揚百分之零點五三。這就是教育創造財富和幫助人民脫貧的魔力。

那麼最大的因子是什麼？令人驚訝的是，世界銀行研究得知，創造經濟發展最重要的機構是法治機構（包括刑事犯罪制度），占據百分之五十七國家無形財富的龐大比例！投資使教育機構增加百分之一時，無形資本提升百分之零點五三；而法治機構增加百分之一時，無形資本提升百分之零點八三。[67]這項研究的作者在結論裡指出，政策制定者可以確信投資教育和司法制度「是增加總財富中無形資本組成的最重要方法」。

誠然，這些迴歸分析高度複雜，而法治和經濟成長間的直接因果關係是出了名地難以描述和分析。刑事司法制度僅僅是法治機構的其中一種，且國家總體經濟成長可減緩最棘手貧困的程度不無爭議。

也就是說，將以下累計數據合在一起看，諸如違法暴力損害窮人在經濟方面的提升，保護窮人的司法制度失能崩壞，以及司法制度公認在任一複雜社會扮演的基礎角色——這些近期關於重建基礎司法制度對提升經濟發展有何價值的實證發現，有助於構成定論。是時候承認並優先處理以司法制度保護窮人免於暴力的艱難搏鬥，至少該讓司法制度名副其實。

如同《紐約時報》大衛·布魯克斯（David Brooks）以獨特見解發表看法：

　　你可以把所有你想要的非政府組織塞進一個國家，但是假使沒有法治，假使統治階層掠奪成性，那麼你將無法獲致多少

成就……簡而言之,除非願意正面對抗貪汙、腐敗和失序,你能做到的良善就這麼多。[68]

擔任國際社會駐波士尼亞赫塞哥維納高級代表(High Representative for Bosnia and Herzegovina)的國際危機組織(International Crisis Group)董事會成員派迪‧艾希鄧(Paddy Ashdown)爵士③主張:「我們應該把建立法治列為第一順位,因為其他所有事物植基於其上:運作良好的經濟、自由公平的政治制度、公民社會的發展、公眾對政治和法院的信心。」[69]

然而正如我們先前認知的,即使我們同意在發展中國家建立有效且運作良好的刑事司法制度,實為不可或缺的優先事項,此一行動卻是極端困難、危險,且實現的可能渺茫。因此,為了決心面對這些挑戰,我們需要目睹發展中國家建立此種制度的失敗,如何損害不僅是終結赤貧的夢想,更及於二十一世紀人類興盛的第二個基本夢想。現在我們要轉向第二個被摧毀的夢想。

---

③ 譯注:艾希鄧爵士目前已非國際危機組織董事會成員。

第六章

被摧毀的夢想

　　未能提供世上最貧窮數十億人基本的執法制度，使他們免於違法暴力的恐懼，此一龐大失敗對終結赤貧具有毀滅性影響。

　　與另一個誕生於上個世紀的偉大夢想情況類似，在過去五十年寫下驚人的歷史進展，但對世上最貧窮的人依然構成苦澀的失望——亦即維護所有人最基本人權的當代搏鬥。二十世紀的人權革命是過去千年人類歷史意義最深遠的變革，但是就像前一世紀前所未見的經濟進展，革命也將最貧窮的數十億人拋在腦後，由於未能確保司法制度保護他們免於日常暴力紛擾。

　　在美國民權運動的脈絡裡，小馬丁・路德・金恩闡明人權運動可以做出怎樣的遠大進步，在某些領域為某些人帶來自由，卻把其他人遺留跟他們身上的鎖鏈共處。在代表性的「我有一個夢想」演講中，金恩提到美國夢在許多人身上實現了，卻非所有人：

創建我們共和國的人寫下憲法和獨立宣言的偉大字句時，他們等同於簽署了一張每一個美國人都得以繼承的支票。這張支票允諾所有人具有「生存、自由以及追求幸福的不可剝奪權利」。是的，所有人指的是白人，還有黑人。如今就她的有色公民而論，美國顯然並未履行這張支票。非但沒有榮耀這神聖義務，美國反倒付給黑人一張空頭支票，一張註記「存款不足」的退票。[1]

金恩站在林肯紀念堂的臺階上，慶賀《解放奴隸宣言》（*Emancipation Proclamation*）贏來的歷史勝利——那項「重大法令」，頒給數百萬美國黑人「一張應允給我們寶貴自由和正義保障的支票」。然而金恩演說中揭露的醜事，是美國未對其黑人公民履行承諾的真相。儘管憲法頒布洋洋灑灑的權利宣言，美國未能使這夢想對黑人具有實際意義，因為執行這些權利並提供「法律上平等保護」的實際任務宣告失敗。主張權利、立法制定權利**卻未能實行**時，金恩說，就像一張你不能兌現的支票一樣，對原先設想的受益人全無用處。

時至今日，假如有機會，世上的眾多尤莉、瑪利亞瑪和蘿拉或許會發表他們自己的「我有一個夢想」演說。他們手中的許諾支票不是美國憲法和《獨立宣言》，而是《世界人權宣言》（*Universal Declaration of Human Rights*）。對手握這張支票的人而言，「正義的銀行」即為公共司法制度，而這間銀行已經破產許久了。他們演說中的關鍵醜事會是發展中國家未能建立有效的公共司法制度，致使他們持有空頭支票。當代人權運動的偉大勝利，在面對他們日常生活中最迫切的人權難題時，變得無關緊要——免於橫行犯罪暴力的自由。

事實上，當代人權革命的創建者了解，實現他們的夢想需要經歷三個階段：從清楚表述權利的**概念**，到**立法**規範權利，再到透過執法**實行**權利。

表現非凡的當代人權運動排除萬難，在前兩階段贏得巨大勝利——然而不幸地，第三階段的完成極度不足。對世上眾多的尤莉、瑪利亞瑪和蘿拉而言，已是時候將資源和精力引導至抗爭的最後不可或缺階段：建立運作良好的公共司法制度，實行如今寫在國家法律裡的基本人權。

二十世紀，不可思議之事變成主流

第二次世界大戰後不久，當代人權運動的先行者創下驚人且難以置信的勝利——通過《世界人權宣言》。為了理解這件事為什麼連在幾年前都顯得不可思議，我們必須回到一九四〇年代中期。在那個時代，主權國家對待國人的方式竟然得向更高的權威負責，這是難以想像的事。身在二十一世紀的讀者難以體會那時的情況：人權概念在當時一位觀察家口中代表著「徹底背離傳統思考與作為」。[2]甚至最理想主義的人權推動者也了解，要各國承認普遍人權的主張，需要對好幾個世紀以來的地緣政治慣性做出意外反轉：「事實上，我們正要求各國將他們與國民的關係——這在傳統上被視為國家主權的絕對特權——提交國際監督。」[3]

納粹犯下的滔天暴行——許多罪行符合國內法律——見光後，主權原則的基石開始碎裂。的確，在主權原則之下，同盟國勢力有什麼權力譴責他們？

為了讓向更高的法律負責成為可能，同盟國起草國際刑法的紐倫堡原則（Nuremberg principles），作為審判德日戰犯的準

則。紐倫堡原則對主權原則吹響第一聲號角，確立有些權利是沒有國家能違反的，即使在他們自己的國界內，對他們自己的人民，並且符合他們自己的法律。

在紐倫堡大審時，納粹駭人聽聞的罪行被描述為違反人類成員的「不可剝奪權利」。[4]「最終解決方案」①的照片展示成堆人骨、眼鏡和補牙嵌金，以及堅硬混凝土上的溝痕，是那些被拖去毒氣室的人用手指抓出來的。[5]令人震驚的紀錄片呈現推土機將男人、女人、孩童的塌軟裸屍堆粗暴地鏟進亂葬崗。[6]

被告提出抗議，說他們不能為這些暴行負責。希特勒的副手與蓋世太保頭子赫爾曼‧戈林（Hermann Goering）語帶憤怒說道，是納粹被告的權利受到了違背。有一度戈林不為起訴納粹暴行提出的龐大證據爭辯，反倒捍衛暴行本身：「但那是我們的權利！我們是一個主權國家，那完全是我們的事。」[7]

戈林的回應可能在道德上聽來刺耳，不過他陳述的是當時國際律師的普遍觀點──國家主權是絕對的。但是對其餘世人而言，紐倫堡揭開的恐怖對主權原則吹響道德號角，這力量使其造成無可挽回的裂縫。紐倫堡雖未觸及和平時期違反人類尊嚴的議題[8]，它仍鋪好了道路，為了對主權原則畫下更深長的裂縫。

世界人權宣言

當代人權運動演變到這個階段，要角陣容大多由外交官組成，他們對於在此議題中保持非主流的嚴肅哲學論述感到心滿意

---

① 譯注：最終解決方案（Final Solution）的全名為「猶太人問題的最終解決方案」，是希特勒意圖消滅猶太人的計畫。

足。他們不曾被要求嚴謹且精確地定義個人的「人權」和「基本自由」，未盡力克服全球尺度的道德分歧，也未深思熟慮而將權利和自由的意涵視為全世界共通。⁹直到聯合國指派人權委員會（Commission on Human Rights）起草能夠保障普世採納的國際人權公約（International Bill of Human Rights），情勢便轉變了，因這威嚇力十足的委任，顯然便無可避免成了持續浮上檯面的成群道德和政治哲學難題。

各國政府做出回應，他們沒再指派慣用的外交陣營喉舌，而是夢幻的知識分子團隊——囊括具有特出學識和政治頭腦的非凡組合，政府相信他們具有智性上識別和表達的能力，足以小心繞過迎面而來艱難的政治和哲學議題。¹⁰預期到情勢無比緊張的道德和哲學議題將產生一番激烈爭辯，委員會在一九四七年一月首次會議的訪客席次擠滿觀察家，前來見證他們心知深具歷史意義的動人交鋒。¹¹

但是對全世界的暴力受害人而言，委員會的任務並非一場智性娛樂。早在第一次正式會議前，人權遭凌虐受害者主動寄出的請願書大量湧進委員會，許多是親手撰寫而成。¹²一點都不誇張，全球數千位受害者送出迫切請求，描述他們政府拒絕處理的虐行，或者在有些案例裡，政府成員自己就是犯罪者。¹³請願書生動地表達了全球暴力受害人的痛苦和絕望，而且是個讓人清醒的警鐘，提醒委員會，懷抱渴切期盼的人們正在監看這項任務。人們似乎相信，他們的生命和自由端看此舉能否成功。

然而勝利得來不易。代表著殘酷現實的國家政權立刻威脅要埋沒弱者的哭聲，在計畫雛形生成前加以摧毀。委員會成員明白，如果寫在人權宣言裡的權利要對全世界受欺壓的受害者有效，它們就必須被實行。但是對於人權該屬於具有法律約束力的

規約，或是僅限於原則宣言、明白畫下人權標準而不創建新的法律義務，成員間意見分歧。

此分歧起因於較強大的政權反對正式法律義務，對上勢力較小、擁護建立法律義務的國家。例如蘇聯代表提出警告，創建具有法律約束力的規約會開啟「一場旅程，領航的方向可能會跨越畫分國際社會、由國內法形成的國界——畫分政府間的相互關係，而在界內的地域之上，國家主權必定佔上風。」[14]印度代表予以尖銳反駁。他省去華麗詞藻，直言：「除非對聯合國成員具有約束力，否則不會有意義。」[15]最終強國獲勝，堅持人權採取不具約束力的宣言形式。

然而委員會並未放棄信念，亦即假如他們宣告的權利要能在全球人權受害者的生活中做到實際改變，權利就必須被實現。但是具有政治經驗的委員會老資格成員了解，具有法律約束力的國際權利法案在當時根本不可行。委員會並未採取強硬路線，堅守終將失敗的位置、落入無足輕重角色；他們明白當代人權運動得分階段進行。懷著對政治情勢演進的先見之明，委員會在一九四七年底的第二次會期決議，創建國際人權公約的計畫依序分為三部分：一個清楚的權利宣言，一個具有法律約束力的國際公約，最後是實現的具體方法。[16]這個三階段的進程成為當代人權運動的非正式藍圖，近六十五年過去了，依然構成理解運動過去、現在、未來的有用架構。

對暴力受害人來說，《世界人權宣言》允諾了新的一天曙光將起。至少有個聲音站出來，替被國家主權王牌壓制、噤聲的人們說話，替世上數十億個尤莉和瑪利亞瑪說話。人權宣言向全球當權者申明，即使是那些壓迫者不屑一顧的「無名小卒」，仍擁有生活和個人安全的權利。對與傑拉多跟荷西有相同遭遇的人而

言──被警方關押刑求，直到他們「自白」犯下尤莉一案中屬於別人的罪行──宣言申明了沒有人應該受到刑求或任意逮捕，而且遭控訴犯罪的每個人都有權被假定為無辜，直到在公正法庭舉行的公平審判中證實有罪。替像瑪利亞瑪這樣的奴隸向前邁一大步，宣言主張「沒有人應該被奴役或做苦力」，並且每一個人都擁有自由活動和自主選擇雇主的權利。在身後支持像蘇珊這樣的人──年長的烏干達祖母，當她的土地被暴力鄰人霸占，突然變得無家可歸──宣言進一步申明女性有擁有土地的權利，而且沒人有權任意從她們手中將土地奪走。藉由承認這些權利是每一個人類成員與生俱來的權利，世人申明沒有暴徒──無論是國家、私人集團或一個人──能夠將之剝奪。

世界人權宣言在一九四八年的歷史性通過後，影響持續延伸。哈佛大學法律系教授瑪麗・安・葛藍登（Mary Ann Glendon）觀察到，宣言啟發並影響了往後數十年的政治運動，促使殖民帝國垮台，且強化在世界舞台上長久以來沉默的聲音；宣言依然是「今日世界上大多數權利法規的靈感起源」。17

藉著《世界人權宣言》，世人眾口一心向全球窮人和弱者保證，人類大家庭中的每個成員都有權利免於掠奪暴力。

搏鬥的第二階段

世界人權宣言在沒有一票反對的情勢下通過，人權倡議者間興起歡快熱潮，掩蓋了強烈的阻力暗流。舉例來說，強國願意接受不具約束力的原則宣言，畫下界線，拒絕將那些原則轉變成具有法律約束力的義務，因其可能會揭露他們自身的不足，破壞他們的國際主權。此外，《世界人權宣言》的通過恰好位於二次世

界大戰終止至冷戰開始期間的一扇政治可行的窄窗。在那不久，窗口猛然關閉，聯合國和人權用語受到徵召，服務東西方之間更大的宣傳鬥爭。

結果是接下來幾乎花了二十年，《世界人權宣言》裡的權利才排除萬難，寫進具法律約束力的文書中。

受到新近獨立國家和數量不斷增長的非政府人權組織支持，聯合國大會通過歷史性的《公民權利和政治權利國際公約》（*International Covenant on Civil and Political Rights*），以及《經濟、社會及文化權利國際公約》（*International Covenant on Economic, Social and Cultural Rights*），於一九六六年公開簽署。這兩項公約連同《世界人權宣言》，總算完成了國際人權公約。

人權宣言裡的權利不再是抽象概念，只讓國家可以機械式地申明，而不需背負真正的法律責任。對長期自覺不安全的廣大窮人而言，《公民權利和政治權利國際公約》要求政黨實行立法，確立人身自由的權利，包括生命的權利，以及免於受虐、奴役的自由；個人安全的權利，以及免於任意羈押的自由；擁有公平公正審判的權利。國家政黨不僅需要實行立法以維護這些權利，也要求他們在這些權利受到違反時，提供有效的法律補救措施。

《公民權利和政治權利國際公約》和《經濟、社會及文化權利國際公約》為第二階段的運動注入新能量。緊跟著這兩項公約，新的人權協定洪流產生了。關注的主題範圍從戰爭罪、種族隔離、歧視女性、刑求、保護移民工作者到兒童權益和其他事務。歷史上從未在這麼短的時間內產生如此多項人權協定。然而如同一位代表指出的，挑戰在於認可這些成就，同時避免「浮誇的聲明」和「誘人的承諾」，需要確實地「每一處都完全遵守這些新公約」。[18]

那代表最起碼要確保這些權利貫徹至當地法律。一項協定唯有在決定性數量的國家同意承擔其義務後，才具有法律約束力。[19]國際人權公約到位後，人權運動的焦點開始從聯合國廊道轉移至發展中國家的立法機關，替形塑運動未來的一系列新主角鋪路。

草根行動，將人權標準納入當地法律

當代人權運動發展至今，要角大多是政府菁英，依附在聯合國的羽翼下行動。不過一旦國際人權公約到位，一個個草根運動便在發展中國家冒出頭來；一系列新的主角躍上舞台中央，施壓要求立法機關使當地法律符合國際人權標準。

雖然許多發展中國家從殖民母國繼承法律，制定了違反某些基本人權所需負的刑事責任，不過，始自一九六〇年代延續至今，發展中國家——許多剛從殖民統治下新生——發起了激進的政治運動，推動法律改革將傳統或殖民標準替換為新國際標準的法規，包括政治權利、公民權利、法定訴訟程序、勞工權利、婦女權利、兒童權利等等。由於投入大多屬於國家層級的各國政治運動，全球人權運動在使國家法符合國際標準一役大獲全勝。[20]

例如，為了遵循國際常規，南亞國家通過法律禁止抵債奴役。[21]非洲國家擺脫傳承數世紀的文化慣例，給予婦女擁有並繼承土地的權利，且享有免於割禮儀式的自由。[22]東南亞國家提高婦女和女童的地位，創建新法律保護她們免於性剝削和人口販運。[23]拉丁美洲國家換掉獨裁政權，採用國際標準的逮捕和羈押程序[24]，並將土地改革權編進法規。[25]情況類似的還有新的法律和憲法，包括哥斯大黎加、薩爾瓦多、海地、印尼及約旦均吸納

世界人權宣言的特有語言或原則，寫入他們的法律文本。[26]

面對政治搏鬥時，西方人權運動者、律師、學者和政治家在本地領袖身後扮演支持者的角色，並且在本地運動者成功將國際人權標準納入國內法時，與他們一同慶賀。[27]結果是最為脆弱遭虐的億萬人民，得以在本地法律之下享有國際的正義公平標準。

執行：纜線的最後一碼

痛苦的事實是，有些工作僅有在完工後才有用。例如像是有線電視公司已在全國鋪設一百萬碼的纜線，使神奇的光纖來到我家前院，卻未能供應最後一碼的纜線，接上我的電視或電腦。同樣的，要是不能注入血管，製作救命抗生素的所有天才和努力對垂死之人一點用處也沒有。

在運動的前兩個階段，人權鬥士贏來的驚人革命性勝利當然值得慶祝，但是人權運動的早期創建者了解，除非這些人權標準得以實行，否則對虐行受害人將不具實際意義。因此他們在歡欣之餘會大感驚訝，在當今現存的堅實國際人權體系下，目標是確保這些標準受到全球各地遵行。國際非政府組織與國際團體依循人權標準予以監督並提出報告。戴著藍色頭盔的聯合國部隊在全球執行維安行動，有計畫地制止大規模暴行。

國際法庭因國家高層在滔天人權罪行中扮演的角色而審判他們，如種族滅絕或戰爭罪。截至二〇一五年底，國際社群投資在國際法庭的金額估計將會到達六十三億美元。[28]對於一心一意繼承推動這些工作的人，我們虧欠他們深深的感謝。工作成效無疑將持續進步，建立國際人權體系的計畫正大步開展。

人權標準的驚人激增，以及為了創建全球人權體系的國際投

資如此可觀，致使這些成就可能掩蓋住眾多人權受害者面對的廣大執行面缺口。人權革命的承諾，對數十億人來說依然是不能兌現的支票。

在保護發展中國家受害於日常犯罪暴力的大量窮人方面，國際體系的作為有限。事實是，他們從來就沒有被預期、或意圖去做這件事。因此，當代人權運動奮鬥的下一個重大行動必須聚焦在群集眾人力量，使發展中國家建立有效的公共司法制度，讓人權對承受持續日常暴力的窮困平民變得有意義。

廣泛的人權社群更傾向將焦點放在國際執行機制，多過一地的公共司法制度，此做法出於幾項可理解的原因。當今有些居於領導地位的人權組織誕生於冷戰的高峰期，當時高壓的左翼和右翼政權以壓制異議人士來扼殺反對勢力。這導致人權組織自然開始著眼於意圖鎮壓政治權利的人權妨害，包括非法羈押、刑求、「失蹤」與法外處決。

這些團體認為他們的任務是查核專制政府的權力，自然他們就會關注由國家角色做出的人權危害。由於當時冷戰的宣傳戰即是對外關係的限縮，超級強權和他們的附庸國亟欲使用人權修辭，作為對抗另一陣營的武器，並且輕描淡寫或粉飾在盟國發生的人權妨害。此動態關係加重了對客觀、全面舉證與報導人權妨害的需求，「監看與報告」的策略應運而生，成為領導性人權組織的鮮明手法。迅速萌生的人權組織以國家無法置之不理的方式，謹慎記錄妨害人權實證，得以反駁其輕率的否認，並破解玩起對事實各據一詞的遊戲，揭穿無可化解僵局的假象。目標是對濫權者「點名使其蒙羞」，企圖施加公眾壓力使他們改變做法。人權社群逐漸將這項技巧，應用於發生在武裝衝突期間的人權妨害。

早期對於國家政治暴力和武裝衝突期間人權妨害的關注，有助於我們了解改善發展中國家當地的公共司法制度，何以在當時並非主要的重點。以上述妨害人權的項目來說，改善當地公共司法制度不大可能是最有希望的藥方。制止武裝衝突期間的暴行通常需要其他國家或廣泛國際社群的介入。同樣地，當地公共司法制度通常無法有效糾正國家政治暴力，因為施行暴行者常是國家機構，為了國家的利益遂行其命令。試圖要對這些暴力究責，常得透過國際法庭或真相和解程序，而非當地公共司法制度。

冷戰終結後，人權社群開始關注非國家角色的人權妨害。[29] 隨著一九九〇年代逐漸著重婦女權利亦為人權的主張，人權領袖將監看與報告的手法運用在更可能影響尤莉和瑪利亞瑪的議題上。但是當代人權運動在保護窮人免於日常犯罪暴力上，成效仍不突出。這項任務主要委任給當地國家權力機關（而非藍盔維安部隊或國際法庭），甚至連最完備的常規和國家法律，都不能保證一國將會有效地實行它。人權常規的全面性部署及堅實國際人權體系的建立，為全世界人權受害人做到極其重要的事；但在保護尤莉對抗阿亞拉一家，或保護瑪利亞瑪對抗她的雇主上成效有限。

忽略司法執行制度，釀成災禍

對全世界日常犯罪暴力受害人而言，悲慘的問題在於，以國家法律保護他們的權利掌握在失能的國家法律執行機構手裡。也就是說，基本人權的實現掌握在根本不執行法律的當地警方、檢察官、地方法官、社會福利行政人員、議會和法院手中。因此，對於活在法治保護之外、世上最貧困的億萬人來說，他們承受虐

行的主因並非欠缺好的法律，而是欠缺有效運作的公共司法制度來執行法律。[30]

國際投入持續對政府施壓，要求修改法律，但是往往忽略了執行這些法律必需的公共司法制度。因此六十年過去了，發展中國家許多犯罪暴力受害人仍未享有前兩階段人權運動掙來的權益。欠缺可靠的威嚇力量，億萬窮人持續不斷遭受侵害、強暴、監禁、勒索、奴役、偷竊、剝奪和強制搬遷。

世界人權宣言起草人在普世權益中，納入「對於違反憲法給予其基本權利的行為，由稱職國家法庭提供有效糾正的權利」，為藍圖的第二和第三階段留下伏筆。[31]

出於有意或無意，這句話預測了兩代以來的全球人權工作建立於此假設之上：有效運作的發展中國家公共司法制度。假如不能確實做到，這些為了日常犯罪暴力受害人而做的努力將會被從內部掏空。欠缺有效的執行機制，前兩代當代人權運動創下的偉大功業，傳到世上最窮困公民手上時，僅餘寫在羊皮紙上的空洞承諾。

追求當代人權時代寫下的不朽成就，使世界在許多方面重整秩序，這是一世紀前的人們難以想像的。自由和人類尊嚴的進展跨出偉大步伐，必然要尊崇且慶賀。然而，就算坦承此奮鬥有一項核心要件尚未完成，也絕不會減損這些成就。舉例來說，假定兩代的科學家狂熱投入疫苗開發，成果裝滿許多倉庫，可是發展中國家亟需疫苗的億萬病人卻得不到。缺少運送系統不會奪走分毫科學家達成的醫療進步，不過這提示了國際公共健康社群一項新的當務之急。同樣地，發展中國家公共司法制度的故障，導致了人權運動的承諾大多未落實於全球日常犯罪暴力受害人身上，這樣的陳述也絕不會剝奪半分當代人權運動的歷史意義，反而是

提醒二十一世紀的人權工作急需徹底扭轉議題。開發改進注入受害人血液的疫苗——卻鮮少真正注射到他們體內——超過六十五年後，現在我們必須集中資源，遞送疫苗給垂死等待解藥的人。

令人驚奇的《世界人權宣言公告》超過半世紀後，世界上最窮困的數十億人依然置身於實際上法紀無存的狀態。對世界上眾多的尤莉、瑪利亞瑪和蘿拉而言，發展中國家未能建立有效的公共司法制度，意味著沒有制度能夠真正提供人權運動承諾要給所有人的保護；這些保護目前僅限少數人享有。在國家法律中嵌入基本人權表述的激烈戰役已英勇拼搏過，然而對所有未能享有本地司法制度的那些人而言，真正能提供保護的制度仍然不存在，使他們失去代價如此高昂的成就。

在我自己國家的歷史上，最令人振奮的時刻來自國家肯認清真相，面對未竟之業，並且致力延展其對自由、尊嚴，以及即使處於最邊緣弱勢的公民也應享有機會的承諾。在歷史上最關鍵的時刻，金恩迫使國家面對它的失敗，因其未能真正實行美國憲法和人權公約的承諾，拒絕讓黑人享有美國獨立戰爭以及「寶貴自由和正義保障」等與生俱來的權利。同樣地，在這個時代，我們必須具備同等勇氣來面對失敗，沒能提供基本法律執行給窮人，不僅破壞他們脫貧的努力，更使人權革命最基本的承諾壯志未償。

可是要面對這個失敗，首先必須探究我們是如何走到今天這一步的。發展中國家的司法制度何以成為如此失能的狀態，且對窮人全然失去效用？有三種令人驚訝的緣由，卻矛盾地顯現出希望——並且揭露出必須破解的棘手難題。

第七章

殖民遺產與合理的失敗

　　失能制度之所以失敗，往往跟有效運作的制度何以成功同樣合理。這正是為何管理專家時常這麼描述某些組織困境：「你的制度設計，恰好會產生你目前得到的結果。」失能很少出於偶然，而是受到假設、動機、可能性和計算的驅使，對於在制度內部工作的人來說，十分明確合理。矛盾的是，失能制度愈是荒謬失敗至極，愈有希望找出驅動此制度中強力清晰的內在邏輯與因果關係。

　　我的同事和我自從開始耗時多年去理解發展中國家刑事司法制度的徹底失敗，及看似瘋狂的行為時，我的直覺是：

- 為什麼警察未受到調查犯罪的訓練？
- 為什麼法律體系使用外語？
- 為什麼公共檢察官人數低到如此荒謬？
- 為什麼警方對捕捉罪犯沒有興趣？

- 為什麼法庭訴訟沒有文本紀錄？
- 為什麼警方對他們理應服務的公眾只有粗魯、虐待、不給予幫助？
- 為什麼警方得不到基本配備或足供生活的薪資？

　　我想必定存在某些原因，致使原應保護人民的制度，實際上正在傷害他們。但是身為外界人士，我就是看不出真正驅使它失能的緣由。然而，隨著時間過去，從發展中國家意外的內部來源所提供的訊息中，浮現出幾項撥雲見日的洞見，而如今這團荒唐景況大多得到了合理的解釋。

輸出失能

　　首先，最基本的洞見來自印度中部一位溫文儒雅的學者，是他和妻子在博帕爾（Bhopal）市郊的溫馨家屋後院優雅喝茶時所提出的。面對任何失能的制度，必得回溯找出源頭的故事；面對發展中國家的司法制度時，這位學者正是能幫助我的人。

　　基爾帕・迪隆（Kirpal Dhillon）是年屆八十的歷史學者與社會科學家，親身經歷過他所訴說的故事。他的生命所經歷的時間跨度，使現代世界相形稚嫩。一九三〇年代迪隆生於旁遮普邦（Punjab），他和他的印度國人隸屬於大英帝國。在印度以外，鮮少人聽說過一位名不見經傳的印度律師莫罕達斯・甘地（Mohandas Gandhi）。而巴基斯坦、印度和孟加拉全都屬於廣大的英屬印度統治地。印度終於在一九四七年發生翻天覆地的分割，在穆斯林、印度教、錫克教徒之間爆發大規模群眾暴力，遭殘殺的平民人數與盧安達種族屠殺相當。一千萬人被迫倉促逃離

家園，分別躲避至由倫敦律師所繪、分隔穆斯林巴基斯坦和印度教印度的那條想像的線界之後。

在一九四七年，迪隆和他妻子詩內是來自不同世界、剛成年的年輕人，兩人都發現自己因著不同緣由，置身於那條該死的分割線錯誤的一邊。詩內的父親同時身為著名律師、國民大會黨（Congress Party）領袖與對抗大英帝國的自由鬥士。一九四七年有天他早晨醒來，發現他居住的阿伯塔巴德市（Abbottabad）如今位於一個叫巴基斯坦的新國家境內，在那裡他和他的非穆斯林鄰居都不受歡迎。城裡的殘殺紊亂事態漸趨嚴重，十一歲的詩內被迫跟哥哥和五個姊姊逃往越過國界的難民營。在那裡，詩內的數千名鄰居絕望地蜂擁擠上火車，企圖逃到德里。然而並非每一列火車均開往安全地。

如今是一位七十多歲舉止優雅的祖母，詩內在日照撒落的花園門廊上，用跟她身上藍白相間紗麗配色的瓷器茶組侍茶，一邊憶述那場久遠的惡夢：「有整列火車的人遭到屠殺。比我們早駛離的那列車被屠殺，比我們晚駛離那列車被屠殺。我們那列車是唯一逃出來的。界線兩邊都有許多這種例子。」

相反地，一九四七年時，迪隆是位於分隔線安全地帶的高中畢業生，然而他想就讀的醫學院如今位於錯誤那一邊的拉合爾市（Lahore）──旁遮普邦的文化教育中心，如今屬於巴基斯坦。「當時完全沒有可能去拉合爾。」迪隆回憶：「一九四七年有許多殺戮發生，所以我去念了旁遮普的政府學院（government college）。」

學業成績耀眼，迪隆受測獲選進入全印文官（All India Service，包括印度行政官員和印度警察）工作，那是英國殖民當局採行的中央官僚體系[1]，挑選公僕駐地治理橫跨廣大印度次大

陸的帝國統治領地。印度獨立後，新的中央政府保留了此機制，而迪隆在一九五二年入選當年全印度的三十七人名單中，受訓加入印度警察——部署於全印度各邦的警察部門菁英部隊。

幸運的是這個浩大的分割斷裂，最終在迪隆和詩內的愛情故事中畫下句點，六十年後他們依然在花園庭院內品茶。跟著一小群印度政治新菁英一起受雇，詩內的父親取代了竄逃出國的眾多英國殖民官員的其中一個位置，而且占據了前帝國長官在博帕爾市宮殿般的居處。身居如此高位，他有資格獲得一位守衛，而定期巡察此一守衛崗位的，就是該區年輕的新警司迪隆的職責——也許還可以順道拜訪詩內。這位惹人喜愛的年輕女士剛從安拉阿巴德大學（University of Allhabad）拿到英文碩士學位，回到父親家。

「我是個條件非常合適的單身漢。」個子瘦高的迪隆說道。

「他是這麼想的。」詩內回應。「現在他變得話好多。」她假裝詫異地補上一記。「他演講和寫書。以前他很安靜的。」她取笑迪隆。

「我還是很安靜。」迪隆低聲反駁。

他所言屬實。過去半個世紀迪隆低調地擔當印度警察最高階的領導職位，包括中央調查局聯合主任、旁遮普邦以及他的家鄉中央邦（Madhya Pradesh）的警察處長、博帕爾大學的副校長。身為印度警察中世界一流的歷史學家，迪隆最終寫就分為兩冊的專文鉅著，探索從中世紀至今的印度警察機關。對我而言，正是從這兩本大部頭著作開始，使那些荒謬顯得合理許多。

回應「為什麼發展中國家的刑事司法制度，在保護窮人免於暴力上慘遭失敗？」的問題，迪隆的答案直接坦率。**那些制度從未企圖保護平民免於暴力——那是設計來保護殖民統治者，免受**

平民侵擾。此外，今日的我們不應對制度未保護一般公民免於暴力感到訝異，因為制度未曾經過重新規畫以達成這個目標。換句話說，發展中國家刑事司法制度的設計，剛好會導致目前得到的結果：亦即對菁英善加保護，而無法有效地保護窮人。原因是制度從未經過重新規畫，做到有別於殖民時期的事。

迪隆與其他幾位學者帶著我們縱觀歷史，迷人的故事顯現了法律執行的兩種平行模式，均誕生自十九世紀且至今仍在世界許多區域居主導地位——卻產生截然不同的結果。

一方面，現代民警的存在出乎意料地屬於非常近期的革新，由英國在一八〇〇年代中期創建，以回應當時的社會挑戰：包括工業時代的都市化，以及在日漸民主化的英國社會，社區的公共安全需求得獲得更大關注。一八二九年，綽號巴比（Bobby）的英國內政大臣羅柏特・皮爾（Robert Peel）引進一種警察模式來取代傳統士兵和私人夜間警衛，採用非武裝、專業、身穿制服的市民（暱稱Bobbies），他們「維護治安」並且主動打擊犯罪。[2] 英國公眾起初對制服警察抱持疑慮和敵意，害怕他們會是壓迫的潛在來源，對自由構成威脅。在接下來的數十年，英國警察必須贏得逐漸獲取賦權市民的信任，他們可不會容忍濫權、榨取或一無是處的警力太久。

正當英國和其他西方強國的警察和刑事司法制度演進，以回應國內公民權利漸增的公眾時，這些西方國家之中，有些已準備向世界輸出新型態的警察到統治力日漸薄弱的廣大帝國殖民地中。此種殖民警察模式的目的和優先次序，自然並非意圖保護平民免於暴力犯罪，而是保護殖民國及其狹隘的利益**不受平民侵擾**。

一八五七年，印度動亂的血腥鎮壓延續了一段時日，英國政

府尋求對印度更穩固的掌控，於是解散東印度公司，直接由大英帝國接管殖民統治當局。兩股競爭勢力興起：新近的一八二九年倫敦模式專業民警，日漸贏得當地社群的信任；同樣是新勢力、也獲得絕大成效的皇家愛爾蘭警隊（Royal Irish Constabulary），是由中央控制的準軍事部隊，為了強力鎮壓愛爾蘭叛亂分子和反對英國統治的菁英人士所組成。

考量到一八五七年的事件餘波未平，英屬印度不意外地決定採用皇家愛爾蘭警隊模式，移植到印度，同時複製到英國的全世界非白種人殖民地。迪隆觀察，移植至印度和遍及帝國的愛爾蘭殖民警察模式，跟倫敦民警模式相較，具有全然不同的目的：

> 此種懷有明顯好戰性格且常由軍人領導的（愛爾蘭殖民）警察，不具強烈動機去照顧本地社群的利益，或設法了解他們的擔憂，但那是在母國被視為至關緊要的義務……「由於處於時常紛擾不安、充斥暴力的鄉間，對殖民勢力和統治菁英的多種服務，也由於其作為控制平民的有效武裝勢力，以及中央集權的結構，使得愛爾蘭警隊的模式與倫敦民警相比，更加適合印度的殖民需求。」[3]

結果，他們並未複製英國領袖意圖使家園減少犯罪的警察模式，反倒頒布一八六一年的印度警察法案，在印度建立愛爾蘭殖民模式的警隊。[4] 迪隆直言不諱，一八六一年法案未將印度警察體系視為「保護平民免於不安全、犯罪和失序的機構」，而是「保護捍衛統治者，抵抗對他們勢力和權威的所有威脅」。[5]

實際上這項法案小心翼翼地避免涉及人民，除了他們有責任

接受警方訊問，或者有嫌疑時應受警方拘留。事實是，新的警察即是穩固奴隸約束的堅定盟友與可靠工具。[6]

迪隆指出，一八六一年法案在歷史上影響深遠，因為「印度警察的改組，隨後在十九世紀成為亞洲、非洲和加勒比海其他許多殖民政權的典範和先例。」[7]身為印度警力的前高階官員，迪隆苦笑地補充：「我們是同類中最出類拔萃的，你可以這麼說！」

截至目前為止，這個歷史故事少有使人驚奇之處。殖民主義高壓、居心不良，且傾向採行同樣壓制平民的政策形式，全然不顧百姓福祉。我們可以設想：用艾塞莫魯與羅賓森①的話來說，殖民勢力建立的司法制度顯然屬於「榨取型」而非「廣納型」。

這個故事**真正令人吃驚**的部分——並且充分解釋印度及今日許多發展中國家刑事司法制度何以失能——在於：殖民勢力打包回家後，警察和執法殖民體系**不曾轉變去服務新的目的**。憲法改頭換面，數十年過去，許多法律也變了，可是實際**執行法律**的機制卻從未得到新使命，在國家獨立後轉而服務（絕大多數貧困的）平民大眾。

獨裁政權和政治菁英在後殖民時代的發展中國家手握大權，似乎跟帝國勢力一樣，發現殖民執法制度正好能為他們自身的欲望服務。

如同迪隆向我清楚表示的，印度是發展中國家在殖民統治結束超過半世紀後，仍未做出改變的明證：

---

① 譯注：艾塞莫魯與羅賓森是《國家為什麼會失敗》一書作者，在本書第三章曾提及。

仍是同一個警察法案——如今一百四十歲了——管理著印度警察的組織、結構、哲學和功能模式，距離英國人離開已屆五十五年，更別說一個半世紀以來，社會、政治、科技、經濟和文化領域的深遠改變。主要的刑法、證據法則和整個司法制度全部凍結在時間裡，完全不吻合當代的犯罪控制、秩序管理及正義分配理論……整個南亞的警察制度植基於原有的一八六一年法案，全然不注重社區援助或在地責任。[8]

仔細想想，自一八六一年法案建立印度警察的維多利亞女皇政權初期以來（還沒有汽車、電話和鉛筆的大量製造，美國尚未終止奴隸制度，俄國農奴制仍未廢除），一路走來，世界歷經多少改變，真叫人感到驚奇。那麼再想想：從那時代以來，超過一百五十年未變的基本政府制度。另一位研究印度警察的學者這麼觀察：「國家獨立為政府的政治結構帶來革命性改變，卻沒有對警察機關的結構造成影響……特別驚人的是，當代警察結構的持久性——組織的基本原則超過一世紀維持不變。」[9]

突然間，定義南亞警力的長串失能變得合理了。絕大多數警員**當然**從未受訓，以調查發生在大眾身上的日常犯罪。這不是殖民警察的工作。他們壓制動亂和暴徒。他們看守價值不菲的人員和設施。他們還摧毀挑戰政權的破壞力量。警察**當然**對試圖捕捉罪犯不感興趣。殖民警力的設立不是為了做那件事，他們不曾受訓做那件事，也不會因為做那件事得到獎賞——假若被拘捕的罪犯交遊廣闊，他們還可能會被上級找麻煩。警察**當然**會對他們理應服務的公眾無端粗魯、虐待、不予幫助。殖民警察並非理應要服務公眾：「（殖民警力）從未提供志願的社區支援，反而常常看見警察採用強迫、冷酷、專橫、不講理的方式，對不情願且常

懷抱敵意的公眾蒐集證據，確保他們合作。」[10] 一般警員**當然**不具備專業犯罪調查的基本配備，或甚至給付足供生活的薪資：「這並不意外，考量到延續自殖民時期，較低（警察）階層的心智與道德特性。超過百分之九十的警員屬於低階警力，對大眾來說，他們是第一線，通常也是唯一接觸得到的執法機構……這個依循法案建立的組織，主要特性是與社會疏離、準軍事的組織，幾乎完全由半文盲、粗野、貪汙、薪資條件差、名聲不好、高壓專橫的部隊組成。」[11]

同樣地，在南亞法庭上演的鬧劇變得完全合理。法律體系**當然**用外語進行，那是殖民強權（以及當今政治和經濟菁英）的語言。公共檢察官人數**當然**少得荒謬，一個殖民刑事司法制度沒有誘因去配置昂貴資源，提供一般大眾良好的刑事司法服務。法庭訴訟**當然**沒有文本紀錄，一個殖民行政機關不會想要讓公眾監督地方法官，以維護殖民利益，或是因為向大眾公開而壓縮了他們的國家治理權力自由。

實際上有一小群學者和研究者開始探尋，發展中國家未能轉變自殖民時期繼承至今的專制刑事司法制度，究竟有著怎樣令人震驚的意涵。人權觀察組織的研究者在他們對印度警察的透徹研究中發現：「這是一種危險的不合時宜：警察大多未能從身為英國殖民統治者規畫支持統治者的鎮壓勢力角色再行進化。當六十年後，印度許多地方歷經迅速的現代化，警察還是繼續沿用他們的老方法。」[12]

相同的帽子，不同的臉

在許多發展中國家，執法工具未能進化，源自於發展中國家

掌權的專制政權和政治菁英，發現殖民形式的政策非常適合服務他們的利益。政治經濟菁英發現當代執法模式（著重對於社區和一般大眾的責任）會對他們構成威脅。

　　當然，殖民強權迅速撤離發展中國家而導致的缺乏準備，也加重了重組司法行政機關的困難。試想：在一九四七年，詩內的父親原是逃離分裂後暴行的律師和自由鬥士，隔天他跑去占據逃離印度原治理者英國官員宮殿般的居所。同樣地，我記得在肯亞警察處長辦公室外，樓梯轉角牆上掛著滿是塵埃的歷任警察處長肖像。從最早的殖民時代開始，一個個都是白人面孔，在指揮官帽子下方，每張臉看起來都嚴肅而堅定。然後突然間，在同一頂指揮官帽下、流露同樣嚴肅表情的成了黑人面孔。就在一瞬間，還是同樣的帽子，換成不同的臉。事實上官網載明的肯亞警方「歷史」，十分準確地描述了這場轉變的本質：

> 一九六三年十二月十二日，肯亞從英國獨立後，警方行政組織亟需徹底改變，使得非洲人取代了逐出國外的高階官員位置。[13]

　　敘述完結。就這樣，所謂的徹底改變就是「非洲人取代了逐出國外的高階官員位置」。這改變確實劇烈，但是警方未曾從服務中央權力菁英的殖民體系，轉變成服務（並且對其負責）平民百姓的後殖民體系。隨後證明了替換高階官員，對於保護肯亞平民免於暴力犯罪起不了什麼作用。

　　在印度，迪隆形容當權力自英國轉換到印度菁英手上時，印度政治階級僅僅「穿進英國前任統治者的鞋子」，實際的法律機關「仍然凍結在十九世紀中的法規、條例和規則」。[14]

這位身為受勳警界人士且愛國的印度學者認為，此一影響在今日的印度和其他後殖民發展中國家顯而易見：

> 那麼，不令人意外地，印度警察未能進化成對市民友善的警力。印度警察或許是印度最受到憎惡的政府機關，一般印度人認為殘忍和貪汙是警察最耳熟能詳的特點。殖民印象裡粗魯、濫權、時常違法草率行動、要求免費吃喝、高壓威權下的殘暴機關，仍然依附在印度警員身上，儘管自獨立以來政治和憲法已發生本質上的改變。[15]

　　類似的歷史敘述遍布發展中國家，這是去理解系統性失能和野蠻荒謬行徑的有力觀點，否則在外人看來或許會顯得過於費解。一小部分的歷史學家明確區隔出了殖民強權留給發展中國家警察和刑事司法制度的核心目的，與之不同的是，殖民強權國家進化後的執法制度，已日漸著重對社區服務與對大眾負責。

　　舉例而言，法國和大英帝國在非洲殖民地裡「警察」的實際功能，均為保護「財產、人員和歐洲人的未來前景，以及仰仗他們來獲取權力和生計的本地團體」，「執行不受歡迎的規則，例如收取人頭稅」，「壓制國家主義的興起」，以及「對付政治異議者」。[16]

　　相應而來的，正如一位學者溫和敘述：「從殖民統治獨立後的那段期間，據說非洲許多國家的警察不一定會扮演完全中立的角色。」事實是，獨立之後，他們本質上「不可或缺」的行動包括：維持執政黨（以及富有地主和工業團體）的權力，羈押有可能得勝的對手，威脅對立者退出選舉，並且使他們難以取得遊行或演說許可，操弄選舉結果，並在群眾抗議社會不公時以武力回

應。[17]

特別針對發展中國家殖民經驗的專門研究強調，經過一個世紀後，「警察機關」在西方母國發展出的樣貌，不同於西方國家曾武力統治殖民國的警察機關樣貌。

例如在奈及利亞，殖民警察被引入以保護殖民利益，而不是非洲平民。但是「構成英國警察制度基石的禮儀、效率、服從法治等傳統」[18]，不在輸出的範圍內。相反地，警方著重於國家安全和壓制草根——兩種活動均對一般市民幾近無益（並造成某些傷害）。[19]接著，在後殖民時代同樣的失能依舊，如今由獨立後掌權的本地人採用，在繼之而來的下一波權力鬥爭中，以相同模式威嚇對手，暴虐市民。[20]

原來發展中國家為什麼如此多名為「警察」、「檢察官」、「法院」的機構，幾乎做不到你我認為這些機構應該做的事、或者以我們期待的方式去做這些事，是有其緣由的。在大部分案例中，發展中國家的這些機構是由殖民或專制政權設立，其目的、任務、結構、程序和文化，完全不同於同一歷史期間這些機構在殖民母國產生的演化。

語言障礙

結果，許多我們在發展中國家刑事司法制度中見到的驚人失能，是根基於這些制度設計創建時遵循的殖民特性，且因未能（在數十年後）拋棄此殖民遺物而加重。

許多來自殖民的失能對於窮人來說格外顯明、可怕，且幾乎完全受到漠視。其中一項特別突出的失能涉及司法程序的基本要素——文字。法律是用文字寫成的，證據是用文字採集和呈現，

論證以文字構成，邏輯推理以文字交換，事實是以文字描述，而判決是用文字發布。但是在許多發展中國家，幾乎所有法律程序是用外國語言進行，窮人大多不會說，也不了解。

舉例來說，透過一九○二年法案，菲律賓的美國殖民統治者採納英語為法律體系和法庭的語言。今日大部分最窮困的菲律賓人不會說英文，甚至連菲律賓最高法院也得承認，窮人透過制度尋求正義所面對的語言障礙：

> 特別是邊緣族群認為法院難以近用⋯⋯另一個溝通的限制是語言問題。平民不完全了解法律和法庭程序，因為後者是用英文寫就，且訴訟是用同樣的語言進行。大部分庭訊以訴訟當事人不熟悉的語言進行，因此問與答必須翻譯。當事人別無他法，只能信任他們律師在庭上所言，即使後者無法確切解釋正在發生的事。[21]

在二○○三年，菲律賓有群草根組織與社群的地方顧問證實，「在法庭訴訟使用英語而非本地方言，是窮人和邊緣團體近用司法的主要障礙。」[22]

在拉丁美洲，許多國家同樣長期使用西班牙文作為法院和刑事司法制度的語言，即使眾多人口——尤其是本地窮人——時常使用與之不同的本地方言（百分之四十的瓜地馬拉人），而非西班牙帝國統治者留下來的官方語言。審訊、作證和法庭訴訟需要翻譯導致重大延誤，將窮困平民排除在外，使他們無法直接了解訴訟程序、表達意願或陳述關心。迫使窮人完全依賴律師、翻譯員、書記人員和其他陌生人來告訴他們正在發生的事，他們有哪些選擇，以及訴訟每一階段上演的事項的意義。[23]

烏干達跟所有非洲的英國前殖民地一樣，執法和法律制度的語言是英文，但窮困平民用的語言卻不是。一位烏干達法律學者解釋窮人使用司法時碰到的問題：「語言依然是障礙，由於英文是司法制度使用的語言，只有少數烏干達人能說得流利。除了使所有程序肩負翻譯重擔外，還意味著在某些案例中，法官自己的英語嫻熟程度並不足以有效工作。」[24]在國內許多人若非文盲就是勉強識字的巴基斯坦，法律是用高度專門且複雜難懂的英語寫成。[25]

　　在莫三比克，葡萄牙文是法院採用的語言，儘管事實是百分之六十的人口對葡萄牙文不了解——鄉間地區是百分之七十五——而且僅有百分之七的人將葡萄牙文看作母語。南部非洲開放社會倡議組織（Open Society Initiative for Southern Africa）發現：「通常法院會試圖依照請求提供翻譯服務，雖然受雇翻譯員的品質時常低落。尤其在地區層級，翻譯員並非專業人員，通常當天才被當做臨時工作人員叫來。」[26]這情況跟非洲其他地區一樣，臨時雇用的翻譯資源用以協助窮人應付專門的法律訴訟，他們基本的自由、財產、生計和生命在庭上面臨極大風險，而從街上倉促抓來的翻譯員不僅要翻譯字句，還要試著解釋字句代表的意義。他們當然不具有法律訓練，無法適當翻譯法律詞彙，無法給予當事人或法庭幫助。此外，在預審和羈押程序時，通常完全沒有翻譯服務，被告無法知曉警察用葡萄牙文控訴他，或描述過程時在說什麼。[27]

　　在馬拉威，法律制度是用僅僅百分之一人口懂的語言進行：英語。這代表許多法官、檢察官和法庭人員甚至無法完全了解他們使用的語言。南部非洲開放社會倡議組織對這個國家下了註記：「根據二〇〇二年進行的研究，在地方法官庭上使用英語，

妨礙了法官與訴訟當事人間的溝通——翻譯水準低落,尤其在遇到法律專門詞彙時——並且侷限了法官撰寫明確判決書,適切分析證據的能力。」[28]

在所有發展中國家的境況裡,一小部分人口能夠善用法律制度使用的帝國語言,但那是少數經濟、政治和社會菁英階級,以及服務他們的少數昂貴法律專家。從殖民時代便一直存在於本地的菁英階級,因為他們與殖民文化和體制的關係而受拔擢、獲得權力。而在獨立後,隨著殖民司法制度的保持,專屬優勢大多繼續掌握在本地菁英手裡。[29]

對於發展中國家最窮、最脆弱的人而言,在對抗大舉入侵的暴力和凌虐,試圖獲得一些保護力量時,後殖民司法制度使用的外語依舊構成另一個不利點,使人們深受其害。從刑事司法制度舞台奏出第一個音節的那刻開始,窮困平民已被判為失聰且失語。如同麥可‧安德森(Michael Anderson)的精準描述:「法律以外國語言處理,且常是與不公義殖民統治相連的語言,對於無法近用的那些人造成雙重的不友善。」[30]

從未發生的革命

在像是印尼和塞內加爾如此多元的國家,人們會發現失能既苦澀又代價高昂。滾滾流動於司法制度裡、未曾遭拔除的殖民遺跡,以及對於當權者利益的維護,使最窮困的人失去保護。在印尼,自窮困社群出身的倡議者,在對抗土地掠奪時常常無法捍衛自身權益(或者獲得公平的補償),因為政府操弄承襲自殖民政權的土地法,方便國家霸占土地。英國和荷蘭殖民強權制定土地政策,使本地地主的擁有權自動落入國家手裡,接著再出租給私

人企業伐木、採礦、栽植，剝削土地利益。獨立後的數十年間，窮困社群的倡議者發現印尼當局沿用根基於法律、舊殖民時代偏頗的國家土地擁有權，強迫驅離地主而未能窮盡法律補救措施，或者要求他們接受低於市場價格的補償金。[31]

二〇〇七年，塞內加爾一位名叫多明尼克‧路比的二十五歲男子，在警察羈押期間死於柯爾達市（Kolda）的中區警察局。這起惡名昭彰的案件，苦澀地描繪出殖民時代遺留下來的濫權當局無罪免責原則：

> 多明尼克‧路比的家人提出申訴，調查隨之啟動。然而三年後，死者家屬仍然在等待正義實現。二〇一〇年五月，多明尼克‧路比的母親告訴國際特赦組織：「家人提出了申訴，我們一個接著一個向法官說明，可是在那天之後，什麼都沒有發生。每個人都知道我兒子死去的情形，但是沒有人肯提供他失蹤的線索。我們認為他們把問題跟他的屍體一起埋葬了。國家不想要談這件事。」[32]

塞內加爾的人權倡議者描述，前法國行政官員如何建立起刑事司法的雙重制度，使得窮困平民幾乎不可能要殖民當權者（以及本地菁英）為暴力犯行負責。與此同時，制度並強迫窮困平民順從，授與當權者和菁英不受約束的權力。獨立將權力自法國人轉移到塞內加爾菁英手上，並延續法國授與的法律結構，設計來控制而非服務本地貧困民眾。當今的軍法「實際上將否決權授與管理階層，適用於維安部隊任一成員面對的司法訴訟……導致司法制度無用，且剝奪受害者及其家人獲得補償的希望。」[33]

走遍發展中國家，你會發現數不清的案例，在在表明了制度

失能及刑事司法制度的掠奪本質，深植於因為未能拋棄殖民執法制度，並以服務平民的制度設計取而代之的驚人歷史失敗。

殖民主義當然不能解釋所有發展中國家司法制度的失靈。確實有些發展中國家未曾完全受到殖民——例如衣索比亞和泰國——仍然在為了提供窮人有效運作的執法而努力。這並非意指發展中國家的前殖民司法制度就能有效保護窮人和弱者免於暴力（他們通常無法做到）。不過殖民歷史確實幫助我們了解，當下眾多且具體的失能來自何處，應該也會促使國家改革者明瞭，直言批評本國的崩壞司法制度並追求全面徹底革新，完全不算不愛國的行為。

然而實屬悲哀，人們遭遇背負殖民主義詛咒的災難性司法制度時，通常得到沉默死寂的拒絕（或是強力的抵禦），即使較為熟知司法的人下場也一樣。結果發展中國家少數被邊緣化的倡議者，發現自己只能在荒野中悲泣。例如像迪隆這樣一位乾瘦年長學者和愛國人士，他向廣大的南亞次大陸望去，只見「處於崩毀邊緣」的刑事司法制度。[34]而他描繪其意涵時，用詞遣字小心翼翼：

> 我們需要強調，折損印度刑事司法制度的變質腐化過程，將逐漸吞噬治理的各個層面，很快便會否定國家的所有努力，且破壞公民社會的真正根基。[35]

考量到全球窮人面對的大量暴力，加上理應作為解決方案的制度，呈現出完全失靈、失能和野蠻行徑，其意涵確實令人膽寒。

問題是，為什麼事態被允許變得這麼糟，而且為什麼不改

變？假如這屬於殖民司法制度，國家尊嚴和進步的力量為什麼不拋棄掐住奮鬥窮人喉頭的帝國制度？尤其印度和其他新興市場國家是經濟動能、創新和成長的領頭羊，為什麼像公共司法如此基本的制度，會被允許衰退腐化成國家的恥辱，以及壓住窮人脖頸的重擔？

為了尋找答案，接下來我們要探究，為何發展中國家有那麼多發展邁向正軌，卻能允許最基本的社會制度釀下如此重大的過錯。

第八章

私人司法與不存在的公共法紀

　　大約五年前，我第一次以非政府組織領袖的身分，參與在達佛斯（Davos）舉辦的世界經濟論壇（World Economic Forum），當時我對籌辦人保護與會者免於暴力的深刻認知感到詫異。所到之處，武裝警察列隊於街道，設置層層檢查哨，成天都有載滿員警的廂型車在路旁停泊，屋頂有狙擊手駐點監控，外加直升機盤旋空中巡視。我從媒體報導得知，這場年度盛會的**每一位與會者**都被配置了近十位維安人員。到哪裡都不可能錯過警察的存在。

　　考量到某些與會者的不凡價值與公共地位，特別的警察人數比或許算合理。然而不合理的是，一旦與會者開始討論發展中國家窮人面臨的暴力，對於執法基本重要性的明確認知似乎消失無蹤。在少數提及家庭暴力、性暴力、人口販運的議程裡，一大群專家討論教育、人權訓練、改變文化慣例與減緩貧窮，但是**完全沒有**提到窮人需要法律執行——有權有財的人到來時，滲透這個瑞士滑雪小鎮每一平方英吋土地的那種保護服務。

我清楚記得在達佛斯一項特定議程中，我置身於一群企業經理人當中，他們麾下的龐大國際企業在發展中國家投資甚鉅。他們看似全都強烈關心在新興市場擔當負責任的企業公民，並且領會追求經濟永續成長的必要。由於我在這些發展中國家經驗到刑事司法制度的全然失靈與失能，我問他們一個直接且實際的問題：「在發展中國家，你如何保護你的人員和資產免於暴力？」

　　他們異口同聲說出的答案直接且實際。他們看看彼此，幾乎齊聲回答：「我們用買的。」

　　確實如此，他們的答案展現了發展中國家過去三十多年發生的社會轉變，是最為顯著驚人、且幾乎完全不被關注的其中一個層面：對於發展中國家的菁英而言，公共司法制度幾近完全被私人司法制度取代。在安靜且幾乎未受察覺的情況下，發展中國家有權有財的人完全放棄失靈的公共司法制度，轉而建立平行的私人司法制度，改由私人維安部隊和替代的爭議解決方式，取代傳統上公共警察和法院提供的服務——也就是維安與解決爭端。

　　走遍發展中國家，這種屬於菁英的司法服務私有化，解釋了公共司法制度為什麼被允許變得如此無用失能，以及外人為什麼如此難以知曉正在發生的事。畢竟，如果發展中國家的公共司法制度如此嚴重失靈，我們在許多國家——如印度、巴西、甚至是近期的撒哈拉以南非洲各國——目睹的蓬勃經濟發展何以成立？假如這些社會的公共司法制度全然失靈至此，他們的經濟成長率要怎麼超越如此眾多的富裕國家？

　　有些國家的成長率相對較高，是由於其經濟發展的起始基準線低。然而這依然令人困惑，欠缺有效運作的公共司法制度，理應無法見到任何顯著的經濟成長，特別是考量到我們已經知道暴力破壞經濟成長的方式。可是藉著平行的私人司法制度，經濟菁

英得以保護他們的人力和資產免於暴力、解決爭端，從而保障大型經濟企業及其自身發展的必要條件。在此同時，數十億負擔不起自雇保全的底層貧民只得自求多福。

在亞洲、拉丁美洲、撒哈拉以南的非洲某些發展中國家，過去二十年的**總經濟成長**十分可觀[1]，而成長傾向大比例地發生於國內較富裕的群體——那些負擔得起雇用私人警衛的人。[2]事實上，在此同一年代，發展中國家的收入不均更加穩固或加劇，變得跟總經濟成長同樣值得關切。[3]而如今世界上最貧窮的人之中，住在「中等收入」國家的人數比「低收入」國家還多。[4]經濟學家憂心收入不均會成為經濟成長擴展與持續的阻礙[5]，但是最直接的問題是，安全的有錢人和不設防的窮人被畫分開來，置數十億人民於赤貧之中。舉例來說，撒哈拉以南非洲中，安全、富裕階層的成長，仍有不安全的**半數人口**一天靠一點二五美元或更少的錢過活。近年總經濟成長最為迅猛的印度，在同一期間貧窮率卻不減反增，「意指大部分窮人被印度的成長甩在腦後」。[6]當拉丁美洲的貧窮減緩獲致振奮人心的進展，貧窮率緩慢下降，仍有近百分之三十的人口處於貧窮，在二〇一二年與二〇一一年同樣有六千六百萬赤貧人口。[7]放眼世界，在這些國家組構經濟階梯廣大底階，有億萬人遭到置之不理，由於公共司法制度的無用而失去抵禦能力，立即跌落他們一開始置身的相同貧窮絕境。

我們許多人熟悉公共教育制度或大眾運輸系統的發展，社區裡富裕、有影響力的人卻放棄這些制度。當他們停止使用公共制度、停止付錢給自己的學校和個人運輸，可以預見公共學校會愈來愈糟，大眾運輸品質下滑變得較不可靠。然而我們之中沒幾個人能夠設想到，假如富裕、有影響力的人退出公共法治制度，建立替代的私人司法制度，會發生怎樣的景況。富人和私人公司不

仰賴警察保障安全，轉而雇用私人保全部隊；不將商業爭議提交堵塞貪汙的法院，他們創建替代的爭議解決方式。不依靠律師在制度中爭取法律勝利，坐擁財富的人利用他們的金錢和社交網絡，保障政治特權影響力，以對其有利的方式化解爭議。發展中國家的企業、貿易商與富人知道公共司法制度沒用，所以他們不用。

少了社會上其他有力量角色的施壓，於是菁英少有、或根本欠缺動機去建立運作良好的公共刑事司法機關。

事實是，有些菁英或許會堅定地**偏好**現存的殘破體制。一個適切運轉的法律制度只會限縮他們的權力——並且需要投入大量的金錢和人力資源。而對某些人來說，有效運作的公共司法制度實際上可能會成為問題。

私人警衛

發展中國家公共司法制度的失靈，悲劇地使窮人置身於無時無刻易遭受暴力侵擾的世界——霍布斯描述的「自然狀態」（state of nature），弱者的生命「孤獨、貧窮、汙穢、野蠻且短暫」。另一方面，菁英有能力透過私人保安體系，替他們的人員和財產買到安全，而這已經不是新鮮事了。在其他年代，菁英也不願支持與資助公共司法制度的建立，因為他們有自己的解決方法。舉例而言，儘管十八世紀倫敦的暴力程度驚人，「貴族緩於實行警察改革，由於他們大多隔絕於暴力之外，或者能夠負擔對於自身及財產的私人保護手段。」[8]

在我們的年代，直到非常近期才有少數專家敲響警鐘，提醒發展中國家的保安基礎正經歷徹底重組，從公共機構轉變成私人保安編制。

亞洲的法律執行專家警告,「各地區私人保安部隊顯著興起,捍衛雇用者主張的生命和資產,此舉或能提高國民生產毛額數據,但是也暗示了公共安全令人不安的轉變趨勢——基本的公共財成為私人商品。」9非洲的專家同樣觀察到,日常保安從國家轉移至數千私人公司手上,且儘管制服警衛普遍存在,此種意義深遠的轉變大多無人察覺。10

　　拉丁美洲的專家目睹類似的轉變,指出對公共司法制度幾近完全喪失信心的直接後果。因此,在這些相對穩定、具備民主體制外觀的發展中國家,分析師發現缺乏有效運作司法制度下呈現了程度嚴重的暴力亂象——他們稱之為「不文明的民主」。在這些國家,菁英必須自己購買免於暴力的保護,並導致基本的「公民權要件」——包括受到保護免於奴隸主、強暴犯、土地竊賊、人口販運者侵擾——「懸殊且不規則的分配於公民之間」。11

　　不僅發展中國家最基本的公共服務(公共安全和法治)與公共政治事務脫鉤,使得最窮的人易受凌虐,而且藉由將基本安全轉變為一項供購買的商品,更加固化與加深富人與窮人間的鴻溝。12

　　跨越發展中國家,新興市場的私人保全公司在人力和武力上勝過公家警察,見證了公共司法制度無聲的崩塌。13印度的私人保全產業總值估計超過二十億美元,雇用了五千五百多萬人14——約為印度警力規模的四倍、中央準軍事部隊(central paramilitary force)人數的五倍。15巴西甚至擁有更高比例的私人保全警衛:私人部隊超過公共警力的五倍,擁有二百萬私人保全警衛和超過三千家私人保全公司。16光是聖保羅市一地,就有五十萬註冊的私人保全警衛(國家警力規模的四倍),加上另外五十萬未註冊的私人保全警衛(許多是以「出租警察」身分服務的員警,使用公家設

備從事維安、保護私人客戶）。[17]基本公民安全的私人化在瓜地馬拉更為盛行，國內幾乎是一名公共警員對上七名私人保全警衛。[18]在宏都拉斯，國內私人保全的規模是公共警力的四倍之多。肯亞的情況相同，保全警衛與公共警力的人數比是四比一。[19]在肯亞，超過百分之八十的企業認為他們必須付錢採用保全措施[20]，馬拉威的數字則超過百分之九十。[21]事實上全非洲最大的雇主就是私人保全公司——傑富仕保全（Group 4 Security）——在整個大陸上有十一萬五千名保全人員，對負擔得起費用的人提供保護。[22]

當然了，對發展中國家的企業和富人來說，花錢在保全措施上，保護自己的人和財產免於暴力和偷盜是合理且正確的事。確切來說，富裕國家的私人保全產業也日見興盛。在某些情況下，由較富有的個體私下支付額外保全措施是可理解的，而非讓一般納稅人共同承擔，維繫頂端富人想要的安全狀態。

然而富人得到私人保全機構的保護，背景是**欠缺（且作為私人替代的）使一般大眾享有基本法治、運作狀況良好的公共司法制度**，那麼社會形同墮入無法紀的漩渦，公共執法制度腐化至失效臨界點，使窮人被遺棄在毫無防備的處境。

近年來，發展中國家曾爆發劇烈的暴力事件，甚至連菁英的私人保全措施也不足以應對。面臨這些時刻，公共執法失能的醜陋面目才駭人地揭露於世。經過數十年，墨西哥菁英階層在對付猖獗貪汙和國內執法的可悲無能上鮮少有作為，因為他們擁有自己的私人保護措施維護安全。然而當毒品暴徒勢力蔓延全國，墨西哥政府才尋求執法來約束暴力——顯而易見，執法制度僅存空殼，裡頭什麼也沒有，對抗毒品集團的戰爭只好提升至軍事層級。有過這次經驗，連菁英都開始察覺法紀無存的恐怖面貌；而窮人一直知道，少了稱職的警察和刑事司法會是什麼樣子。[23]

一頭栽進印度貧民窟三年的新聞記者兼作者凱瑟琳‧布捕捉到類似景況，二○○八年恐怖分子攻擊孟買的豪華旅館，使印度菁英驚見窮人被迫仰賴的公共執法空殼：

> 火車站的員警不知道怎麼使用手上的武器，在兩名恐怖分子殺害超過五十位遊客時跑去躲起來。有間醫院的婦產科病房遭到包圍，收到呼叫前來救援的警員在四個街區以外的警察總部按兵不動……在泰姬瑪哈和奧布羅伊飯店的攻擊中，旅館管理人員和社會人士喪命，遭到直言不諱的批判。如今富人目睹，他們的安全不能靠私人徵召。他們仰賴未能盡責服務窮人的同一套公共安全體系。[24]

替代的爭議解決方式

發展中國家的菁英和有辦法的人，不僅仰賴私人保全體系而非公共警察來保護財產，他們也愈來愈仰賴替代爭議解決方式，讓私人系統解決原來由公共法院判決的問題。[25]替代爭議解決方式在發展中國家暴增，一小群熟悉此現象的專家，十分清楚菁英何以如此受到吸引——他們國家堵塞失能的法律制度**太不吸引人了**——賄絡貪汙盛行、總體的缺乏效率、極為緩慢的步調、政治化導致的不正當結果，以及不足以有效評判複雜案件的組織。[26]

商業發展面臨失靈司法制度的危害，影響的程度甚至到如世界銀行等機構的發展運動領導人，都支持企業和菁英選擇退出公共制度，購買「替代爭議解決服務——假如當地法院無法有效執行其功能」。[27]對有辦法的人來說，考量到種種失能，公共司法制度「根本不被考慮作為商業爭議的適當解決選項」。[28]

但是，就像私人保全對發展中國家底層的窮人與弱者而言可望不可及，在對抗更為有權有勢者的時候，足以確實維護窮人權利的有效「替代爭議解決方法」制度蕩然無存。而在缺乏可靠的警力維護安全、有效運作的法庭來解決爭議時，窮困公民愈來愈常用自己的雙手處理問題，採用暴民正義的行為並退化到部落形式的正義。而對於社群裡最邊緣化的成員（例如婦女、兒童、種族和宗教的少數族群，或者最窮的那些人），後者時常未能提供應有程序或保護。少了運作良好的法治公共服務，「平民以暴增的私人保全行業，以及負擔不起保全的人組成的自衛隊作為回應，在許多國家愈見增長。」[29]

下沉的漩渦

坐擁高收入的個人追求公共財和公共服務的私人替代品，同時具影響力的菁英削弱支持公共服務的資金。可預期地，這些制度變得愈來愈糟。[30]更有甚者，隨著富人對公共服務失去興趣，負責提供高品質公共服務的政策制定者同樣也這麼做。[31]支持增加公共服務投資的那些人，主要是低收入的個人，他們擁有最低的政治影響力，結果導致公共服務的逐步惡化。[32]其他學者發現此種動態在發展中國家格外顯著，雖然窮人占了人口的大多數，在政治上卻處於邊緣化。[33]

有些熟知富裕國家中某些公共服務益處被私人化的專家，輕率地提出背道而馳的意見，建議並鼓勵私人保全制度和爭議解決方式進一步增長，認為發展中國家可能會獲得同樣好處。然而長時間實地探究這些議題的研究者發出警告，要求發展機構反對這個作法。把菁英排除在公共制度之外，使其投入私人制度，對那

些困在失靈公共制度裡的人來說，根本不會改善司法的品質。[34]
相反地，那將使公共安全制度加速墜入不受重視的腐化漩渦，讓
社會上最窮的族群毫無防備，留待可怕的嚴重暴力進犯。而且為
菁英建立有效的私人替代方案，或許會傳達出公共制度不值得投
資的訊息。如同一位專家這麼警告：「非但不能激勵改革，還會
導致奪走改革動力的危險。」[35]

改變的最大阻礙：無法紀帶來的利益

因為菁英能夠購買私人保護而非仰賴公共司法制度，對制度
的失靈，他們大多變得**漠不關心**。既已克服困境，他們幾乎沒有
動機去投資或支持制度改革。

然而克服困境後，菁英不僅對公共司法制度的失靈漠不關
心，問題甚至更深遠——不幸的是，許多菁英實則從公共司法制
度**維持失靈的狀態**中得利。菁英不需要有效的公共司法制度來保
護他們免受他人迫害，反而可能**需要**一個失靈的公共司法制度，
保護他們不必為迫害他人負責。失靈的公共司法制度拍賣無罪免
責，價高者得。當受害人窮得買不起私人替代的保護，無罪免責
的價格就會在低檔。

舉例來說，我們在第一章見過的阿亞拉一家，他們不僅對祕
魯公共司法制度的失靈**漠不關心**。他們甚至**寧願**如此。事實是他
們完全**仰賴**它。他們非但沒有為了尤莉的強暴謀殺案在監牢度過
餘生，還花錢買到定罪關鍵實證的消失，解除目擊者指稱涉案證
言的必要刑求，甚至陷害倒楣的代罪羔羊——可能導致他為了他
們的罪行在祕魯某處險惡監牢裡凋零三十年。他們的律師將因為
這場精心策畫的掩飾獲得豐厚報酬。在此情況下，警察和其他公

共司法制度裡的成員靠著**不做分內工作**來賺取外快。對上述參與者來說，失靈的公共司法制度不構成問題；相反地，他們心知肚明，一個正直而有效的公共司法制度才是問題。

名字和細節可能改變，不過相同的故事在發展中國家日復一日上演。有效的刑事司法制度會使無罪免責撤出市場。取消檯面上的「便宜地自牢獄脫身」卡，將會使像阿亞拉一家的壓迫者付出的代價產生劇變。不再是付給失靈制度的少許賄絡金錢，運作良好的刑事司法制度可能會使他們花上一輩子身陷囹圄。對許多菁英而言，有效的公共司法制度比失靈的成本更高。

確切來說，在發展中國家建立有效司法制度的最大障礙，並非來自舊殖民司法制度的怠惰、減緩貧窮機構的忽視，或者菁英的私人司法替代方法。要做出改變，最激烈的反對者來自發展中國家的社會、政治、經濟力量，他們無疑地體認到自己對於窮人的支配和剝削，將會受到確實執行法律的刑事司法制度所威脅。稍後我們將看到，要克服倒行逆施的權力中心，需要這些地區的力量聯手發動政治風向的徹底改變，轉為建立運作良好的執法制度，保護所有公民免於暴力。

公共司法制度的失靈不僅僅是殖民時代的荒謬遺跡。發展中國家的刑事司法制度仍舊失靈，主因是握有改變權力的菁英不需要改變，而其他菁英掠奪者事實上需要制度維持失靈，以確保他們對窮人的剝削式支配。於是，如果良善的力量在其勢力範圍內什麼都不做，或僅僅持續他們目前在做的事，將不可能期待公共司法制度會發生改變。使公共司法制度對窮人發生效用，將涉及策略性地面對菁英的動機，這些人選擇私人替代方式而非公共司法制度，或者藉由失靈制度的無罪免責來確保支配地位。無論哪一種動機，發展中國家少數菁英的安全正在損害多數窮人的安全。

第九章

付多少，得到多少

　　發展中國家的數十億窮人正在奮力掙扎，要把家人拉出貧窮的艱困處境。但是這些努力遭遇無法紀的暴力亂象而付諸流水，暴力在缺少運作良好的執法制度下，肆虐於最貧窮的家家戶戶。相反地，窮人有的是失能、與暴力為伍的刑事司法制度，保護犯罪者且獎賞暴力。

　　如今我們面對的問題是：為什麼？首先，我們見識過，發展中國家多數的執法制度屬於殖民時代遺物，其設置從來不是為了保護窮人遠離暴力。（而是保護政權遠離窮人。）而且不幸的是，這些制度未曾徹底重組以服務一般人。

　　其次，發展中國家有財有勢的菁英放棄了失能的公共司法制度，設置私人保全體系以保護自身免於暴力。他們挹注的資金使大規模的私人保全勢力崛起，取代仰賴公共警察的需求。他們還放任堵塞貪腐的法院制度導致失能衰敗，因為他們找到對自己有利的私人管道來解決爭議。

現在我們轉向第三種解釋，關於發展中國家的基本執法制度，為何任其衰敗腐化到對窮人全然無用（甚至造成危險）的地步。直言不諱地說，**過去半個世紀裡，那些處理發展中國家貧窮處境的大規模全球運動，皆並未投入有意義的努力來對付這個問題。**

但是我們說的「有意義的努力」指的是什麼？

舉例來說，當我問我的青少年兒子有沒有為了代數期末考讀書，他可以用技術正確的方式應答「我有準備」，即使他只在考試當天早上睡眼惺忪地翻了課本幾分鐘。我真正問的是他有沒有投入「有意義的」努力來準備考試，考量到：(1)挑戰的強度（考試囊括整個學期的複雜課程內容）；(2)對其他一切的意義深度（期末考沒表現好，最終不可能在這個科目取得好成績）；(3)對其他事物投入努力的相對水準（考量到他為了最喜愛的歷史課考試，跟女朋友一起念書花費的所有時間和努力）。

同樣地，當我們爬梳協助貧窮國家發展的四十多年努力和超過三兆美元花費[1]，然後我們問，對於失靈的執法制度是否有做到任何「有意義的」努力，我們看的是和以下相稱的努力與投入程度：(1)**挑戰的強度**（考量到失靈和失能狀況嚴重，且對發展中國家數十億窮人幾乎是普遍現象）；(2)對其他一切的**意義深度**（考量到暴力足以摧毀其他所有形式的人類進步）；(3)面對**其他需求**的關注和投資（考量到國際社群幫助貧窮國家滿足健康、營養、居住、教育等需求的有意義努力）。

我們將看到，國際社群可回以技術正確的答案，說他們做了**一些**努力來處理問題，就像我兒子可以說他做了**一些**努力來準備考試。然而當人們深入檢視國際社群協助建立保護發展中國家窮人免於暴力的刑事司法制度，相較於對其他需求的努力和投資水

準時，我們被迫面對的驚人事實是，我們不算真正認真努力過。

實際上，國際社群無法協助修補發展中國家失靈的刑事司法制度，這點或許尚未證實為真，正如同我兒子可能不管怎樣都無法取得好的數學成績。但是我們不能憑藉截至目前為止的努力程度推導出結論（相反地，考量到迄今的貧乏努力，幾乎保證會失敗）。稍後我們將明白，確實有非常重大的理由可以使我們相信衰敗的司法制度是可以轉變為保護窮人免於暴力。

然而過去半個世紀，致力於對付貧窮的機構和運動，對於在發展中國家建立運作良好的刑事司法制度，其關注、投資和協助少得不像話。之所以說不像話，因為我們知道此種制度對窮人來說，有多麼不可或缺。處在富裕國家的我們，全都將執法視為自身社區不可或缺、第一優先的**那個**公共制度；之所以說不像話，因為我們知道執法制度是發展中國家最失靈（且最危險）的公共制度。但是儘管知道這些，修補失靈的刑事司法制度從未成為我們關注、視為優先或投注金錢的問題。

更明白說，這**不代表**我們花了太多錢和努力在窮人面對的其他挑戰（例如健康、教育、食糧、淨水、微型貸款或居住需求）。我們當然沒有。假如把過去半個世紀的三兆美元平攤給世界上赤貧的數十億人，無論用什麼方式衡量，投入的每人援助金額實在是不太多。2

但是無論多寡與否，我們都必須面對現實──給出這些資助的同時，缺少有意義的努力，亦即透過基本執法保障窮人合理程度的安全。而在隨之導致的亂象中，其他的許多援助不可能照著我們的希望如願以償。

驅散誤解的迷霧

但是數十年來尋求「法治」、「良好治理」、「反貪腐工作」、「近用司法」、「性別平等」、「以人權為本的發展」的那些投資工程呢？美國政府和其他機構不是花了數十億美元在全世界的國際執法工作上嗎？國際社群不是做了顯著努力，在發展中國家建立司法制度和法治以保護脆弱窮人的權利？

好吧，要回答這些問題，我們必須驅散重重迷霧，並解開一大團誤解。國際社群或許將顯著努力擴及發展中國家各層面政府制度的大方向，同時其作為對於建立運作良好、保護窮人免於暴力的刑事司法制度，實際上這卻不具意義。

為了洞穿真相，我們先從誤解的最大根源開始：廣受歡迎且說服力十足的「法治」概念。大幅過度簡化下，「法治」表達的概念是在一個公正的社會，最終統治或掌權的不應該是一個人、金錢、力量或其他主觀因素，而是法律——並且是公平形成、公平執行的法律，保護基本的公正。大多數人會輕易將法治的概念，與約束不公正高壓暴力的基本權力相連結。亦即暴力是「違反法治」的，沒有人「高於法律」，因此沒有人（即使他們有財有勢）可以施加暴力在另一個人身上（即使他們弱勢或貧窮），傷害他們，偷他們的東西，奴役、威脅、壓迫他們。假如有人這麼做，「法律」會被執行以制止此種虐行。隨之而來的認知是生命之喜、自由和對幸福的追求基本上完全仰賴有效的法治，去約束強者的力量別對弱者施加暴力。

因此當人們聽說支持「法治」的工程，他們可能會輕易假定此種工程將處理最基本核心的概念，即用執法來保護窮人和弱者免於暴力。同樣地，假如聽說有公共衛生工程應對某種傳染病的

爆發，而此種疾病有疫苗或治療藥物，人們會輕易假定計畫核心是把疫苗或藥物注入愈多易受感染者的血管愈好。然而在上述兩種情況，這些假定很可能完全錯誤——因為在專家看來，「法治」和「公共衛生」的概念顯然更為廣闊，並且可能囊括讓多數人覺得離核心概念非常遠的計畫。舉例來說，對抗此種假想傳染病的公共衛生工程，可能包括疫苗或藥物等直接措施以外的眾多事項——從推廣公眾認知，清除或消滅疾病源或疾病帶原體的工作，到呼籲更好的營養或更健康的生活以降低易患病程度。但是假如知道唯一不包括在內的是供應疫苗，我們會認為這些計畫是不幸的鬧劇。同樣地，你會對下述情況感到憤慨，假如百分之八十的疫苗供應給兩、三個地理上隔絕的國家，且僅有些微比例的感染人口居住（且供應這些國家是不成比例的困難昂貴）；或者假如治療藥物在少數幾個貧窮國家數量有限，而疾病有擴散至富裕國家的威脅。

不幸的是，這個荒謬方案，相當精準地描繪了國際社會如何看待發展中國家無法紀暴力盛行於窮人間的「法治」回應。要了解原因，我們必須認識在目前的產業術語進展中，「法治」的概念有多寬廣。雖然許多人會馬上指出，保護弱者免於強者的暴力或許是法治核心最基本關鍵的概念，實際上這個觀念僅僅是更大、更豐富法治概念中的一小部分。確切來說，美國律師協會的世界正義工程（World Justice Project）提出關於法治廣為採納的解釋中，有九項構成法治的分立要素或面向：

1. 有限的政府權力
2. 沒有賄絡腐敗
3. 秩序與安全

4. 基本權利

5. 開放政府

6. 有效的管制執行

7. 可近用的民事司法

8. 有效的刑事司法

9. 非形式上的正義

　　一個能夠保護公民免於暴力的有效刑事司法制度，僅是這九項要素的其中一項，且進一步拆解成五十二個次要素。[3]結果是幾近每一種計畫——從選舉監督、自由媒體的發展、打擊盜版軟體、消除靠賄絡取得駕照、撰寫清楚的智慧財產權規章到電視轉播議會程序——都肯定可以含括進發展中國家強化法治的工程裡。的確，在法治的標語下，幾乎無窮盡的長串計畫可以適當地實行，且與透過執行刑法保護窮人免於暴力的確切挑戰，僅有些微關連，或者全無關係。

　　在此明確重申，上述九項要素全都在法治裡扮演要角，因此國際社群投資所有的領域（且氣魄和許諾漸增）實屬常理。此外，考量到刑事司法制度的繁複身分，僅是公民和文化體制十分錯綜複雜網絡裡的一部分，最終將全部整合成保護窮人免於暴力的政治決心和行動能力。所有九種要素終將扮演某些角色，建構使窮人得以過著更好生活的和平安全鄰里。

　　儘管如此，我們必須堅持兩個關鍵點。第一，假如國際法治工程並未明確且適當地投資「有效的刑事司法」制度，那麼窮人將不受保護、免於暴力。如同我們在第三章清楚看見的，他們無法茁壯成長。有效的刑事司法制度正是因此而不可或缺。第二，要判定發展中國家刑事司法工程的國際投資水準，我們必須拆解

打著美好「法治」投資名號的長串工程，它們跟提供有效保護窮人免於暴力的刑事司法制度無關。

而當圍繞在「法治」投資周圍的迷霧遭到驅散，我們發現什麼？在當代歷史中，對於發展中國家經濟發展和減緩貧窮所做的努力，法治投資只占總體工作相當小的比例；而在那一小部分的援助資金構成的法治經費裡，對於有效刑事司法的投資少到無關緊要──大多因為如世界銀行和美國國際開發署（美國政府主要的援外機關）等主要發展機構，他們的政策禁止對發展中國家的執法制度挹注資金。當國際捐贈人與捐贈機構確實對法治或執法制度挹注資金，有三種獨立的議題卻吞噬掉這些投入和資金，且與保護窮困平民免於暴力關係甚淺：重建少數幾個戰後國家（像是伊拉克和阿富汗）；對付跨國恐怖犯罪、毒品和軍火販運；建立對商業、商業活動和資本投資有吸引力的穩定環境。

結果驅散所有的迷霧後，最後的分析揭露出投資低得驚人：來自像是美國國際開發署或世界銀行等機構，僅有約百分之一的援金還算是把改善發展中國家的司法制度當成目標，使其更能保護窮人免於暴力。

政策禁止投資刑事司法制度

從許多方面來看，發展中國家的刑事司法制度廣泛投資不足，應該不令人意外，因為那正是國際援助機構**政策上禁止**投資的制度。難以想像援助機構禁止投資發展中國家的食糧、教育、衛生或水制度，這卻是貧窮國家刑事司法制度的確實遭遇。雖然外援資金不願投注在此領域有些非常合情理的原因，結果是對於刑事司法制度不幸且絕無僅有的忽視。

過去五十年間，國際社群的大型援助機構發現，試圖改善發展中國家的食糧、衛生、教育和其他福利制度，是既困難且複雜。然而提及改善執法制度，他們體認到這項工作的危險也是獨一無二的。其他制度使發展中國家的窮人失望，但是不可能攻擊並傷害窮人。就這方面而言，這些制度屬於良性的制度。另一方面，執法制度則不是。執法制度擁有強制力，可以用來做好事或壞事。刑事司法制度可以用暴力壓迫平民，也可以保護他們免於暴力。此外，這種制度是國家的強制武器（由統治政權所控制），雖然政府可能非常樂見外界人士前來修補他們的醫院、學校和農耕技術，卻極度不情願外人來擺弄他們的司法、警察和法律課責制度。

　　國際援助工程在相當早期的階段就面對這些挑戰，領導的外國援助機構決定，直接禁止挹注資金於改善發展中國家的刑事司法單位，來應對錯綜複雜的狀態與風險。

美國政府

　　目前最大的國際外援來源是美國，其涉入發展中國家事務的旅程，實際上是從改善刑事司法制度的重大挹注作為起點。隨著二次世界大戰，美國政府透過隸屬於國際開發署的公共安全辦公室（Office of Public Safety），鉅額資助外國的警力訓練和裝備[4]；當地警方常替中央情報局服務，成為蒐集情資的單位。到了一九六八年，「美國一年花費六千萬美元訓練三十四個國家的警察，範圍包括犯罪調查、巡邏、偵訊和鎮壓技巧，控制暴動，武器使用和炸彈投擲。」[5]儘管國務院和公共安全辦公室有些投入的顧問爭論著訓練模式應依照市警建立，應向大眾負責且服從法律，公共安全辦公室的計畫卻採納了準軍事模式，明顯聚焦於反暴動和

情報手段。在政府濫權的國家，此種模式如預料敲響了災難的警鐘。在一九七〇年代，與一連串刑求虐待事件共同爆發的是，公共安全辦公室購置的野戰電話被發現用在偵訊過程施以電擊。而公共安全辦公室挹注部分資金的越南鳳凰計畫（Operation Phoenix），使數千名越共嫌疑犯被關進崑崙島（Con Son）監獄惡名昭彰的「老虎籠」後，遭到刑求殺害。[6]上述與其他欺壓人權的醜聞，導致公共安全辦公室在一九七四年解散，國會對一九六一年美國援外法案（Foreign Assistance Act）提出六六〇修正案（Section 660），除了國際毒品管制外，禁止美國將援外資金用於外國警察、監獄或執法機構的訓練、顧問和資金挹注。

　　一九八五年開始，國會授權此禁令中某些部分得到豁免，以個別案例為基礎，允許資助某些警察支援活動。國會立法通過此禁令中的新的豁免，允許美國涉入國外警察的反毒行動，以及制止非法移民的某些工作。[7]一九九六年，國會加入在戰後國家重建市警當局和能力的例外。廣泛禁止援助發展中國家法律執行超過三十年後，最終在二〇〇五年，五六四（a）修正案（Section 564(a)）授權警察支援以「藉由訓練和技術支援，增加市警當局在人權、法治、策略規畫方面的效用和責任，並透過支援來培養支持民主治理的市警角色，包括支援預防衝突、響應災禍、對付性暴力的計畫，且培養警察與其服務市民間的良好關係。」[8]

　　儘管在發展中國家支援警察的新授權成真，國會預算、政府責任署（GAO）報告和其他政府文件清楚表明，絕大多數的民主治理、法治和警察支援計畫直接落在反恐怖主義、反毒品，以及幾個美國擁有大量策略投資的戰後國家頭上。一位美國警察訓練專家告訴我們，美國在其他國家的警力援助壓倒性集中在制止跨國界犯罪，例如恐怖主義和毒品販運——都是具有將破壞帶入

美國國土的威脅。接受援助國家內人民的安全需求——更不用說貧困社群易遭受犯罪暴力或剝削的特定需求——通常不在方程式的討論範圍內。

世界銀行

對國際援助政策來說，或許比美國的刑事司法資助的長期禁令更重要的是，世界銀行對此領域的禁令——範圍包括所有的實際作為，一直延續至今。身為國際經濟發展的首要金融機構，世界銀行不僅管理十分可觀的資源，而且對標定發展中國家的國際援助策略和方法，保有支配性的影響力。

在組織發展歷史中，世界銀行很晚才審慎地對廣泛的司法領域挹注資金，並且堅定拒絕投資負責保護市民免於暴力的發展中國家基本制度：法律執行。世銀對於改革刑事司法領域的參與從根本上就殘缺不全，是因為組織本身綱領的緣故。其綱領要求所有計畫具有直接的經濟影響，並且限制介入國家的政治活動。綱領的這些面向通常被解讀為禁止資助刑事司法制度。結果是世銀許多法治專案企圖要幫助最窮和最脆弱的群體，卻少見與目標為打擊窮人所受犯罪暴力的執法組織合作，或是根本沒有合作過。絕大多數專案的目標是藉由反貪汙工作，建立改善貿易和商業環境的機構。[9]

近年來，世銀內部以司法改革實踐小組（Justice Reform Practice Group）為首的改革者，已盡了力去擴張空間，使援助可以提供給司法部門及警察。司法改革實踐小組成員海克‧葛蘭考（Heike Gramckow）、克里斯汀娜‧比貝施姆（Christina Beibesheimer）及其他世銀工作者，以治理為基礎來規畫世銀的工作。而世銀的「二〇一一年世界發展報告：衝突、安全和發

展」將犯罪暴力連結到發展落後[10]，給予世銀直接處理犯罪暴力問題的堅實基礎。

二〇一二年二月，世界銀行資深副總裁暨小組總顧問安妮—瑪麗・勒羅伊（Anne-Marie Leroy）對世銀參與刑事司法部門發出法律備忘錄。[11]投資決定不再遵循嚴格而狹窄的單一經濟標準，如今可以支持擁有相當「經濟根據」的專案。世銀認為，「公正且運作良好的司法制度是促進發展和減緩貧窮的重要因素，已成廣泛共識」。[12]實際上，世界銀行總裁羅柏特・佐立克（Robert Zoellick）在任期將屆時，主張「永續發展的最基本前提是有效法治。」[13]同樣的，有效法治的前提無疑是藉由有效執法，做到對地區暴力的最基本約束。此外如同克里斯多福・史東對世銀的建言：「論及社會和經濟發展，嚴重的犯罪暴力威脅會從根基處破壞減緩貧窮、改善治理、撫平人類不幸的最完善計畫。」[14]

假如世界銀行對其授權的新詮釋飛快轉向，允許直接涉入處境艱難的司法制度——尤其是警察——對於發展中國家掙扎取得運作良好的刑事司法制度，世銀就能夠做出不可計量的貢獻。世銀專精於對付政府機構和制度的病症，而且憑著國際聲望，在處置失靈的警察和司法制度時會是相當有價值的夥伴。

在發展中國家與執法制度合作的風險和困難相當大且真實存在，然而欠缺了世界領導發展機構的果敢帶路，要有意義地涉入執法制度將遠遠更加困難。其他機構和捐贈人（或許跟在世界銀行後頭）同樣未能在全球基礎上有意義地解決這個問題。考量到世銀減緩發展中國家貧窮的明確目標，完全沒有道理對世銀如今認定為達成目標不可或缺的社會制度置之不理。

值得承擔風險的三個議題：
戰後局勢、國際犯罪和商業

荒謬的是，在禁止投資改善司法制度和法律執行的政策歷史中，政策制定者認為這些部門涉及他們更重視的議題時，並未使援助機構（尤其是來自美國的）停止投資司法部門。諸如：重建少數戰後國家（例如伊拉克、阿富汗和其他處於安全真空的幾個國家）；解決會威脅擴及較富裕國家的國際犯罪；提升發展中國家的商業、貿易活動和資本投資。

這些可能都是好事，只是並未瞄準發展中國家最貧窮人群面對的核心問題。這些計畫確實顯現出，只要跟較富裕國家的自身利益相關，他們便毫不懷疑有效執法對於在國境內保持安全是不可或缺的，並使經濟成長可望實現。

安全真空

過去二十年，與法治和司法部門改革相關的幾個最活躍的捐贈人，包括了英國國際發展署、美國政府、美洲開發銀行（Inter-American Development Bank）、世界銀行和聯合國毒品和犯罪問題辦公室。上述單位聯手注入數十億美元支持法治的計畫。然而幾乎所有資源都集中在寥寥數個戰後安全真空的國家，這變成捐贈國策略性的關心對象。

主要捐贈人有相當微薄的資金分配到刑事司法制度的發展，在那些除此之外穩定的發展中國家，大多數窮人卻活在無法紀的暴力中。而且在那些國家，要真正做到刑事司法制度產生顯著且長久、保護貧困平民的轉變，不僅是比較容易達成的目標，且花費較少。15

國際犯罪

在第二種情況下，當富裕國家願意放下他們對於投資發展中國家法律執行的疑慮時，那表示犯罪暴力威脅開始擴散影響到他們自己的社會的時候。以富裕國家在發展中國家法治和刑事司法制度進行的投資，絕大多數的目的是為了打擊恐怖主義和毒品交易的犯罪威脅。

過去十年，美國是發展中國家法治專案最大的投資人，幾乎全部的法治資金都注入二、三個被視為隱藏對美國顯著恐怖主義威脅的國家：亦即伊拉克、阿富汗和巴基斯坦。舉例來說，從二〇〇四到二〇〇七年，美國國務院民主人權暨勞工局（Bureau of Democracy, Human Rights and Labor，主導國務院在全世界推廣民主和人權的工作）的國外援助資金中的百分之五十三（近三億九千五百萬美元）分給了伊拉克。[16]而在二〇一一年，阿富汗和巴基斯坦收到配置給「公正民主治理」資金的百分之五十——此數量超過西半球、非洲、東亞、歐洲和歐亞大陸分到資金的總和。[17]

美國打擊毒品的努力常聚焦在對於警察和其他執法組織的國外援助，以拉丁美洲和加勒比海國家在這方面得到最大量的警察訓練。在近期一項資助中，國會通過美利達倡議（Merida Initiative），與墨西哥、海地、多明尼加和其他中美洲政府結盟資助警察訓練和法治。這筆資金專門用來打擊組織犯罪、軍火走私和毒品販運，手段是使執法專業化。從二〇〇八年至二〇一〇年，每年平均供給墨西哥超過三億八千萬美元，以及超過九千五百萬美元給其他中美洲國家。[18]

就連這些投資，很可能不具有惠及窮困平民的影響——儘管暴力犯罪與中南美洲的毒品走私集團有關。美國外交關係協會

（Council on Foreign Relations）的麥可‧希夫特（Michael Shifter）指出，美國在此區域的援助更在意「立即結果」，像是逮捕重要人物和阻止毒品輸運，而不是在這些國家扶植長久的「現代與專業」執法功能。①19

美國國土安全局（Department of Homeland Security）資助位於曼谷、布達佩斯、嘉柏隆里（Gaborone）和聖薩爾瓦多的國際執法學院（International Law Enforcement Academies），在二〇〇一年至二〇一一年間挹注一億六千六百八十九萬美元。20上述四個辦公室壓倒性地為打擊跨國犯罪提供訓練和支援，包括毒品、恐怖主義、洗錢等（有個附加的單位從事人口販運，確實對應到當地窮人的弱點）。

打擊國際犯罪再次成為資助發展中國家法治和執法工作的絕佳合法基礎，但坦白來說，其目的（與結果）並不能保護發展中國家窮人免於暴力。這些投資的目的與結果是保護富裕國家的人免於暴力和竊盜。一位專家對這些資助做出評析：「藉由警察改革和反恐怖法以改善全球安全的目標，是由法治機構的改革來達成──但是目標並非在特定國家內改善法治，而是對其他國家盡到維安。」21

吸引商業和貿易投資

產生法治與司法制度改革實質投資的第三類工作，是在發展

---

① 由美國國務院國際毒品暨執法局（Bureau of International Narcotics and Law Enforcement）執行的小型地區示範計畫（以二〇一〇年來說，資金是二千零四十萬美元），或許是此趨勢中最令人振奮的例外。這項計畫在瓜地馬拉、薩爾瓦多和宏都拉斯一些最暴力地區成為有效的犯罪遏制力量。

中國家提供一個安全、有效率、有吸引力的商業和貿易環境。這是個值回票價的目標，成功的話，將允諾在新興市場國家升起整體經濟成長浪潮，推高窮人的乘船至新一階榮景。然而這些投資並未針對及有意義地解決無法紀暴力問題——如同我們見到的，暴力終將削弱窮人在經濟成長市場可望實現的獲益。

舉例來說，世界銀行多數的法治行動聚焦於發展一個公平透明的商業環境，在其治理與反貪汙倡議下導出經濟成長。關於世界銀行在二〇〇九年司法改革專案的評論中揭露了某些主要議題，均與發展有吸引力商業環境最為相關，包括改革金融市場、解決商業爭議、減少貪汙與改革公共行政管制。即使是設計要改善司法近用的專案，也鮮少關心最窮那群人的需求。世界銀行專家維韋克·馬魯（Vivek Maru）分析世銀資助的十六項已完成的大型司法改革專案，地區包括拉丁美洲、中東、東歐和亞洲，他發現其中僅有三項考量到窮人的司法需求。[22] 在此重申，在發展中國家開發有吸引力的商業文化是值得做的目標，可能對窮人具有利益——但是成果並不必然會流向他們（既然他們並非預設的直接受益對象），且顯然仍未能解決窮人的關鍵需要——即受到保護，免於無法紀的暴力。

數學計算

假如我們觀察主要國外援助機構的所有資助，以及發展中國家所有聲稱資助改善司法制度和法治的計畫——但要排除掉雖值得做卻偏離主題的戰後安全真空、國際犯罪和商業投資——會發現什麼結果？欠缺運作良好的刑事司法制度、以保護發展中國家窮人免於無法紀的暴力，對付此一全球龐大問題還剩下哪些資

金？那麼答案是幾近於零。

雖然世界銀行參與司法改革已有二十年，世銀自承「其司法改革資歷仍然相當淺。」②[23]世銀內部有個叫「法律暨司法暨公共行政」的重要貸款部門，儘管名稱如此，幾乎沒有款項真正流入世銀歸類為「法律暨司法」的專案。最近五年，法律暨司法部門平均得到總貸款的百分之二，於二〇〇九年下探百分之零點三的低點。

同樣地，我們再觀察來自美國的國外援助資金，試著往下探究，看看有哪些資金比較接近在針對並解決發展中國家失靈刑事司法制度的問題，我們實際得到的結果是零。首先我們必須面對的尷尬事實是，即使連美國政府，也幾乎不可能指出其所有「法治」資助的用途——更別提其中有多少真正對應到發展中國家失靈的刑事司法制度。

首先，美國眾多致力於法治領域的機構，對於「法治活動」的構成並未使用一致的定義，有些組織甚至連內部使用的定義都不一致。[24]結果是，資助警察協助和法治的報告常屬臨時發起且難以判定。[25]其次，美國政府對警察協助的支持缺乏協調合作。美國政府責任署的近期報告指出，七個政府機構和機構內的二十四個部門在二〇〇九年資助或執行警察訓練專案，報告的結論是此分散狀態使其難以判定美國政府花在警察訓練的準確金額。[26]

---

② 從二〇〇四年至二〇〇八年，「法治」貸款累計達四億六千萬美元。這類貸款在二〇〇九年下降百分之九十七至一千六百萬美元，當時法治類別下的四億五千萬美元貸款中止。其中一億九千萬美元的數目專供「法律暨司法」專案使用。從那時起，對於法治專案的資助微幅增加，不過仍然少於二〇〇四至二〇〇八年間平均法治支出的一半。（以二〇一〇年至二〇一二年間來說，減少百分之六十四。）

不過我們盡可能緊跟著錢的軌跡，我們所發現的已經夠清晰了：扶助刑事司法制度、以保護窮人免於暴力的資金少到無關緊要。考量到支出資料的透明度，不可能說完全精準無誤，然而合理且保守的估算是介於百分之一至二的國外援助資金，分配給針對保護窮人免於日常犯罪暴力的可能具有直接影響的計畫（計算詳見結論後的附錄）。

這規則有個我們樂見的例外，發生於美國國務院對監控與打擊人口販運（Monitor and Combat Trafficking in Persons）小組的資助，用於警察訓練。

國務院從微乎其微的特別預算（每年約二千萬美元）中撥出數筆供反人口販運的警察訓練。包括柬埔寨和菲律賓等國的反人口販運小隊，在這個專戶下收到的訓練，使他們的行動、受害人援救、罪犯逮捕的專業呈現驚人成長，且有效地遏止了性販運犯罪。

除卻反人口販運經費，美國和世界銀行似乎將資金的百分之一至二，投入到瞄準發展中國家窮人特定需求的司法制度工作中。提及對於刑事司法管線最重要區段的援助——亦即保護窮人——警察從世界銀行收到的援助等於零；而除了從監控與打擊人口販運小組收到的支援反人口販運的稀少資金，實際上從美國那裡他們什麼都沒得到。

冷靜衡量與基本的希望

過去數十年間，即使當國際援助機構採取行動，企圖解決發展中國家刑事司法制度的失靈，他們的投入時常連認真的假象都缺乏——尚比亞的法院記錄機器很快就故障且未加修理，聯合國

派駐柬埔寨的一位法庭監察員，如實「監察」機器壞得多徹底。接受等同於西方訓練的警察或檢察官，結果人人在喜來登飯店度過四天半的好日子，對於回到街上的工作卻不具實質的行為改變。

國際援助機構可以說他們已經試著解決發展中國家刑事司法制度的失靈，不過回顧過去五十年的全部投入，數以億萬計的最窮的人持續暴露在暴力威脅下，無法對這些投入認真以待。而援助並未從他處降臨。當處理窮人需求最大、最具影響力的非政府組織，例如國際關懷協會（CARE）、救助兒童會（Save the Children）、樂施會、世界展望會等機構，透過改善營養、淨水、醫療、教育、公共衛生、文化轉型、政治賦權和其他成就，在過去半個世紀拯救了數百萬條生命，他們並未（他們也不曾聲稱做到）在改革有效運作的刑事司法制度、以保護窮人免於暴力，做出顯著的努力。

雖然非政府組織肯定會漸漸認知窮人承受的無法紀暴力問題（尤其是對於女性和兒童），他們針對暴力問題的真正計畫性活動通常聚焦於所謂的「暴力的底層成因」——諸如赤貧、缺乏教育、缺乏人權意識、文化態度、政治的消權③、性別不平等。這些專案因此聚焦於意識、教育、提倡運動、受害人諮詢服務、對特別易遭暴力族群的經濟支援、改變社會態度與歧視性法律、贊助法律救援。這些專案或許有助於減少受害人的脆弱性，然而在缺少確實對暴力執法、有效運作的刑事司法制度下，根本無法使窮人有意義地或持續性地擁有安全。而最關鍵的是，這些專案沒

---

③ 譯注：消權（disempowerment）相對於賦權（empowerment），意指剝奪權力或影響力，在社會上變得弱勢。

有一個的目標是使刑事司法制度確實運作得更好——當然從各方面都跟有意義減少窮人身受的暴力毫不相關。

這並不意味著可以有效改革刑事司法制度的專案不存在，事實上來到本書結尾，我們將會檢視幾個前景可期的專案，發動者是來自國際援助機構和非政府組織。這些專案帶來無比的鼓舞，透露發展中國家貪腐失靈的執法制度可望真正改革，以保護窮人免於暴力。

不過現在我們的目標是對事實做出冷靜衡量，此事實即是：有意義、大規模的關注或資源，集中在以基本執法保護發展中國家窮困平民免於暴力，是不存在的。荒謬的是，如此嚴峻的評價透露了基本的希望，因為這證明了我們的消極犬儒言論——我們認為已經針對此問題投入了所有的努力，且全無進展——是虛假的。認真投入以建立致力於窮人的刑事司法制度還尚未經過嘗試、尚未證實不可能做到——這項工作被視為困難的任務，結果被拋在一邊、不加嘗試。因此對於國際援助社群來說，修正資助優先順序的時刻無疑已然來到，該是時候去對付法治敗壞了——因其從根基破壞援助窮人的種種努力。

第十章

這是發生過的事

　　讓我們從做一個簡短的測驗開始。以下是五種關於明顯失能的刑事司法制度的描述，來自許多我們尚未討論過的國家。每個城市的失靈和不公都令人怵目驚心——但是以下種種描述並不被認為具有爭議性，它們各自代表了研究過這些城市的專家的一致觀點。看你能不能猜出描述的是哪個城市：

　　(1)這座城市的警察貪汙十分盛行——從警察局長為菁英罪犯提供私人服務，賺取數百萬元，到地區隊長（向罪犯）借了成千上萬元以賄絡油水豐厚的區域、購買職位，接著再從非法的企業收取龐大報酬。一位著名的當地記者敘述，這個城市的警察「行使貪汙已久到他們如今相信這完全合情合理；他們這麼認為……因為有利可圖。」警察不把自己看成為一般大眾服務，而是為指派他們的政治派系工作。專家並揭露他們在投票詐欺和恐嚇中扮演的必要角色。研究發現，警察的暴虐行為猖狂且不受抑

制。事實上，警察局長曾公開聲明：「法律存在於警員的棍棒末梢，多過法院做出的種種判決。」因此，一個調查委員會論斷，「每一分利益，每一種職業，與幾乎每一位市民皆受到警察部門全面掌控的恐懼暗影所支配。」城市的地方法庭情況如出一轍：「以貪汙、沒效率和無用著稱」。一位專家主張，「以專門曲解法律的製造者來說，（這個城市的地方法官的）法庭無可比擬。」被拖來庭上的大多是窮人，且百分之九十五遭「草率逮捕，未經應有程序」。專家觀察，富人「被逮捕時總有辦法買通刑事司法制度，但窮人通常遭受不公對待。」

(2)在這座城鎮，專家記錄了猖獗的強迫賣淫及對兒童的商業性剝削。他們發現妓院經營者和性販運者時常付錢賄賂法官，好拿到逃跑性販運受害人的假造逮捕令，並付錢給警察追捕逃脫者，逮回來交給妓院老闆或性販運者。在這城鎮的經濟起落間，也有許多針對特定少數民族的群眾暴力。有天晚上，市長和警察局長充當暴徒代理人，在少數民族社區指揮一場行動，結果公開殘殺了十九位市民——十七人被吊死，二人被用刀屠殺（包括一位醫生、一位婦女和一個十四歲男孩）。在警察局長和市長親眼目睹下，暴徒呼嘯而過少數民族社區，把所有值錢的東西掠奪一空。最終數百名暴徒中的八人遭到逮捕，但是他們的定罪遭到國家最高法院推翻。沒有一個人因為這些暴行被繩之以法。在這個城市所屬的國家，大約每三天就發生一次公開的暴徒私刑。

(3)這個國家的大型採掘業業主可以募集私人警力以處理勞工動亂，只要向當地執法官員申請許可，指定某一群人為受雇者，就能讓他們在公司的指揮之下獲得警察權力。在這個採礦將當地經濟抬升至新高點的地區，公司警察的行動幾乎無需考量工

作者的人權，因為他們曉得礦工沒比打了契約、生計全仰賴公司鼻息的傭工好到哪裡去……「（私人警察）得以在知道自己安全無虞的情況下，處理日常事務。」他們的濫權行徑包括殺害十九位手無寸鐵的罷工礦工，且法院偵查員判定全數在他們逃離地方警員和私人警察代理人的攻擊時，從背後遭到槍殺。執法長官跟他的副手因為謀殺遭捕，不過全都無罪釋放。

（4）在這座大城市裡，窮人淪為警察行動的常見目標，執法針對邊緣族群，使其在經濟狀況和政治不安的普遍紛擾外承受不必要的逼迫。警察工作一度被視為「人民的警察」，已轉型成保護政權的維安機關。警察變成散布恐懼的對象，而且修法後，幾乎任何冒犯政權的行為將處以死刑。特別高等警察（Special Higher Police）的人力擴張，負責控制「危險想法」，現今尤其著稱的惡名包括刑求、濫權羈押、未授權侵入住宅與非法審查行徑。

（5）這廣大城市裡的制服警察，主要來自剛服滿四年軍隊義務役且不識字的人。專家認為他們缺乏訓練、裝備不足、道德感低落，在前景無望的情況下受雇。不出所料，公眾蔑視且不信任他們。一般人親身經歷的警察是無禮、不稱職、愛打架的酒鬼並虐待女人。一位當地知名經濟學家與新聞記者形容，本地警察「凶惡、好吹噓、懦弱、好生事端……受到所有人憎惡迴避。」

* * *

如果你覺得這些描述難以跟發展中國家的任一當今城市配對，不用感到失落。因為這些描述實際上是指美國、法國和日本國內的已開發城市中，過去一百五十年間的警察、檢察官和法院。每一個描述分別呈現不同程度的貪汙、失能、不稱職、殘暴

與法紀無存，可比擬今日發展中國家的任一可見景況。

第一個描述說的是一八九〇年代的紐約。那個時代的警察聲名狼藉，公開貪汙、濫權、不稱職，且完全受財閥政治機器和犯罪勾當所掌控——在如西奧多・羅斯福（Theodore Roosevelt）等尋求改革制度者的努力下，依然不受動搖。同樣地，「警察法庭」（當時的稱呼）是貪汙、不稱職、無效率、荒謬的馬戲團，迫害窮人，並給予有財有勢者特許（以換取金錢）。[1]

第二個描述刻畫了一八七〇年代的洛杉磯，執法體系串通了性販運和暴力屠殺，迫害中國人口的驚恐故事。聯邦法律或許禁止此種暴行，可是對少數民族弱勢的實際保護執行，握在貪汙、種族主義的當地官員手裡。他們根本拒絕執法，犯下虐行後無罪不受懲罰。[2]這確實是法紀渙散的時代，在美國平均每三天就有人遭受一次私刑。

事實上，在美國西部蠻荒地區過去的壞日子裡——尤其是太平洋西北地區①——接踵而來的暴力屠殺和強迫驅離發生在十九世紀後半的兩百個中國社區。[3]在一八八五年的西雅圖及塔科馬（Tacoma），有位市長任命自己為警察局長，帶領一百個人對中國社區肆無忌憚地進行種族清洗、謀殺、搶劫、強迫驅離與縱火。[4]

第三個描述帶我們前往賓州。當時成千上萬的勞工死於州內東北地區的危險礦坑，一八六五年那裡的煤鐵警察法案（Coal & Iron Police Act of 1865）讓當地司法官能夠授與重大礦業公司的

---

① 譯注：太平洋西北地區（Pacific Northwest）意指美國西北部和加拿大西南部地區，包括美國的華盛頓州、俄勒岡州、愛達荷州、蒙大拿州西部、加州北部和內華達州北部。

私人維安部隊警察權力。接下來的六十五年，法案授權當地的維安隊員對不合作的勞工及其家人可使用武力，度過一段極度剝削凌虐產業勞工的時期。態勢愈演愈烈，到「拉第摩大屠殺」（Lattimer massacre）告終。事件起點是對於童工工作條件的抗議，結果導致十九位礦工死亡，多達五十人受傷。

第四個描述帶我們到二十世紀初期的東京，當時日本警察是皇室遂行壓制、聲名狼藉的殘暴組織。然而驚人的是，到了一九八〇年代，日本的犯罪率是工業國裡最低的一個，國內警察被廣泛視為（無論對或錯）預防犯罪和建立公眾信任感的典範。不過我們描述的警察濫權耗費了漫長的一百年來演進，從江戶時代的「警察」、由武士構成法律的堅強臂膀；在當時，刑求是合法的，多數犯罪受到的懲罰是恐怖處決。隨後日本進入明治時期的「開化治理」，向世界敞開門戶，政府著手廣泛研究歐洲的現代警察模式，並採用中央集權的專業警察制度。警察系統雖然使幕府時代未加控制的暴力顯著改善，但仍然被認為會欺壓邊緣族群和窮人。一九二〇年代，日本由天皇的軍國獨裁力量掌控，日本警察再次轉型為一般人眼裡的巨大恐懼勢力，如同第四個描述所說的情景。5

第五個描述是雨果（Victor Hugo）筆下的巴黎警察，正值十九世紀的動盪年代，城市裡一片至貧景象、社會劇變和政治不安定。這個時代的「警察機關」通常致力於政權存續、保護國家當權者，以及壓制危險階級（dangerous classes）對於正派階級（respectable classes）的威脅。這時期巴黎的普通警員被視為（十分精準）不識字的酒鬼，能力不足的程度令人惱火。十九世紀的巴黎警察在「動亂」時對當權統治者和富裕階級構成薄弱不堪的防衛線，但是鮮少保護巴黎普羅大眾身受的日常犯罪。而且警察

幾乎不顧貧窮的下層階級，貧民之間興起的紛爭剛好切合大多數警察的心意。[6]然而，隨著十九世紀後半法國大選的男性普選權變得更有意義，巴黎人開始要求更多警察服務。[7]很快地，一八九三年，著名的巴黎警察局長路易‧雷平（Louis Lepine）推動了法國警察機關的大轉型，到了一九一四年，已成為獲得平民高度尊敬信任的現代專業警力。就在同一時間，法國向海外擴展的殖民帝國國家輸出極端鎮壓模式的警察機關——對於其統治地區遭剝奪公民權的大眾毫無同理心的一種警察機關模式。

失能是正常的

這些描述顯然是為了將我們目睹的現今發展中國家公共司法失能與失靈，放到更大的史實脈絡裡。事實是，今日的紐約、西雅圖、洛杉磯、賓州西北部、日本或巴黎——目前享有人類歷史上最高水準的公共安全及最低的犯罪率——少有居民知道他們的城市一度擁有過如何全然貪汙、不適任、濫權、法紀敗壞、犯罪的公共司法制度。

這當然並非指涉上述國家現今的刑事司法制度不具有缺點和失能。確切來說，筆者曾在美國司法部服務，當時小組的唯一目標就是打擊美國公共司法體系中頑強存在的貪汙、濫權、法紀敗壞和犯罪行為。但是有兩件事屬實，無可否認。第一，正如新聞記者也是作者的凱瑟琳‧布回到美國分享孟買窮人生活時的觀察，最富裕國家的普通居民（即使是其中最窮困的人），仍能享有對犯罪暴力給予極佳保護的刑事司法制度服務——尤其是跟發展中國家平民得到的刑事司法制度服務相比。第二，這些城市一百年前的居民，會發現當今發展中國家的失靈公共司法制度與他

們擁有的較為近似，而距離今日他們城市裡盛行的專業司法制度較遠。也就是說，一八九五年的紐約市警察局長的西奧多‧羅斯福，會發現他對二〇一二年印度孟買的警察和法庭較為熟悉，遠超過今日紐約市專業、配備精良、相當負責（雖然並不完美）的執法機關。[8]

結果，刑事司法制度的失能實為**正常**。合理運作的執法制度並非從天而降，完滿地呈現有效、公平、誠實、實用的樣貌。相反地，制度是被建立的，必須奮力掙脫貪汙、荒謬、失能、凶殘、不適任的環境。這顯然與歷史的敘事一致：如今你擁有合理運作的刑事司法制度，給予平民基本保護免於暴力，在相同地點的歷史上的某個時間點，你曾經擁有完全貪腐、濫權、不適任的刑事司法制度，專為政治或經濟菁英服務，且無能保護最貧窮脆弱的人免於暴力。

這暗示了發展中國家刑事司法制度目前所面臨的困難與失能，跟歷史上其他情境曾經面對過、並且充分克服的困難與失能沒有什麼根本上的不同。

舉例來說，雖然今天的美國警察機關包含高度複雜的科學和專業，十九世紀美國城市的警察工作曾是不需專業技術的臨時工形式，實際上**並未給予正式訓練**。當時，警察不算一種職業、專業或公共服務，而是臨時開放給街上壯漢的工作，供最近一次市政選舉中勝出的政治派系所用。[9]警察是一份給業餘人士的工作，不需專業訓練或知識。政治忠誠是唯一真正的資格限制。[10]

不令人意外地，十九世紀的美國西部警員跟今日發展中國家的警員一樣，不曾接受過訓練，論及打擊犯罪和犯罪調查時，是出了名的能力不足。二十世紀初期的美國警察改革者瑞蒙‧佛斯迪克（Raymond B. Fosdick）主張，警察「或許是我們城市所有

不幸歷史上最顯著的失敗」。[11] 他們的實質作為「跟官方任命的警察無甚相關」，且僅僅遵守非正式的慣例、作法和程序，受到政治權威和貪汙目的構成的力量所左右。[12] 因此歷史學家對這個時代的警察在降低或預防犯罪方面的有意義成效「存疑」。[13]

此種嚴重不適任有助於解釋這個時代的二種現象：大眾對警察的尊敬度低，以及警察暴力的嚴重程度高。警察作為無知、不稱職的惡棍，得不到大眾的尊敬。事實上，這個時代警察不稱職且愚蠢的喜劇代表形象，正由基石電影公司的默片裡出現的無能警察② 表露無遺。[14] 此種配備強制力武器的瞎攪和笨蛋形象是糟糕的組合：「巡邏員警遭受極度的不尊重和徹底汙辱。為了獲得對其權威名義上的尊重，員警時常訴諸於暴力——藉由警棍來獲得並非出於自由意志的尊重。因此開啟了一方不尊重、一方殘暴的循環。」[15]

在我們的時代，情況如出一轍。發展中國家警察的貪汙程度令人咋舌，即使如此，他們距離十九世紀美國大城市「最優良」的警察③ 還有一段距離。歷史學者山繆‧渥克（Samuel Walker）如此論斷：

> 從一開始，警察就成為錯綜複雜的非法勾當與市政貪汙體系的中心要角。簡而言之，美國警察扮演專業主義的對立面……貪汙盛行於整個刑事司法制度中。[16]

---

② 譯注：一九一二年成立於美國加州的基石電影公司（Keystone Studios），拍攝的默片中出現一群愚昧無能的警察，後來便以「Keystone Cops」來形容無能的警察。

③ 譯注：此處作者用的原文是「finest」，有警察和最好的雙關意思。

例如在一八九〇年代，著名的萊克索委員會④揭露紐約市警察的龐大貪汙體制，使警察局長帶進數百萬美元收入，另有鉅額金錢透過階層向下分給每一個人——賄金來源包括違法營業、勒索、不法勾當，以及供給城市裡最富裕階層和遊客的昂貴特殊服務。最終，在美國的幾乎每一個主要城市，皆由一個類似的委員會或調查組織揭露同樣的模式：

> 警察屬於更大刑事司法制度的一部分，這整個制度基本上是一種有系統的不法勾當。當局職位的吸引力，主要在於其給予的商業投機機會。[17]

美國警察其中一個獲利最豐厚的賺錢事業，無庸置疑是城市裡龐大的性產業，於十九世紀晚期發展至前所未見的興盛顛峰。警察與性產業經營者結盟，給予保護。[18]事實上，紐約市（以及一些其他城市，如舊金山）變成常用「里肌肉⑤」來稱呼紅燈區，源自一位以貪汙殘暴著稱的巡警，他評論自己從犯罪案件多的濱海地區，升官至中城百老匯大道旁的紅燈區，將大大增加他的賄金收入。「自從加入警隊以後，我都靠牛臀肉排過活，」亞歷山大・「揮棍仔」・威廉斯（Alexander S. "Clubber" Williams）說：「現在我要享用一點里肌肉了。」[19]

如果觀察十九世紀初期美國「警察」的工作，除了明目張膽

---

④ 譯注：萊克索委員會（Lexow Committee）成立於一八九四年，專門調查紐約市警察的貪汙行徑。名稱來自委員會主席、紐約州參議員克萊倫斯・萊克索（Clarence Lexow）。

⑤ 譯注：英文的「Tenderloin」原意是動物的里肌肉，此部位的肉質特別軟嫩。後來引申指稱紅燈區、犯罪率高的地區，因為那些地區賄絡油水豐厚。

的貪汙，警察的基本功能會使我們徹底目瞪口呆——為政黨機器服務的強制力與後勤人力。有位專家指出：「警察對執法僅存有最低限度的忠誠。他們形同政治特工，更關心擴張其政治資助者的利益。」[20] 警察機關其中一項主要工作是執行勞力密集任務，如詐欺選民、在選票箱動手腳跟恐嚇選民。

我們也會對警察的暴力和殘虐行為盛行程度感到震驚。街上員警身為政治機器的政治特工和打手，在大眾眼裡不具有制度化的合法性；他們會尋求建立自己個人的合法性——透過武力。猜想巡官「揮棍仔」威廉惡名昭彰的綽號從何而來，只需要一點點想像力。美國新聞記者林肯·史帝芬斯（Lincoln Steffens）在自傳裡憶述：「許多早晨我無所事事，我站在那兒看著警察把纏著繃帶、渾身血跡的囚犯帶進帶出，拳打腳踢。」[21]

這個時代的警察也是對邊緣群體和勞工階級施加暴力的執行者、種族幫派的保護者，以及種族主義分子對弱勢民族施加暴力的幫手。如同我們所見，十九世紀與二十世紀初期的美國刑事司法制度，與手法驚人、殘虐的種族主義暴力密切共謀。從數千起民眾私刑和火刑，以至於數百起針對弱勢民族社區的屠殺——例如美國西部的中國人。

一位歷史學家回顧美國警察歷史的描述，或能適切形容今日發展中國家貧窮社區的環境：「警察的暴虐如此盛行，因此大部分民眾只有接受；他們沒有公平不阿的公共服務作為相對衡量。」[22] 美國和其他富裕國家在一百五十年前的刑事司法制度，跟與之相應的今日發展中國家雷同：不僅殘暴，而且缺乏裝備、潰不成軍的程度令人詫異，相對於理應保護的人口規模來說，警察人力並不足夠。事實上，在大部分情況下，創建官方警察機關取代舊的志願制度，並未真正讓巡守人數增加。確切來說，十九

世紀大多數美國城市的警察機關編制奇小無比，雖然市政當局或許試圖採取**預防**犯罪的警察巡守此一革新概念，就執行面而言，面臨如潮水般湧來的犯罪，這般微薄努力全無意義。[23]

在紐約市，約每一千三百位居民對應一位值班員警——每位市民的警察比少於今日的印度，約等同於菲律賓的現況。[24]在一八八〇年代，芝加哥的警員一個人要負責巡邏四點五英哩的市內街道——靠步行。[25]歷史學家告訴我們，都市員警跟管區市民親切熟絡的觀念是「浪漫的看法」，史實完全無法支持這個說法：「警察與人口的比例表明，就算在最好的情況下，仍然只有微乎其微的聯繫。」[26]在明尼蘇達州，明尼亞波利斯（Minneapolis）的警察人手極度不足，導致市內有四分之三的街道完全沒有警察巡邏。

因應爆炸成長的城市人口，如此少的員警遍布得如此稀疏，這個時代的警察（如同今日許多發展中國家的警察）工時極端冗長。大多數警察部門建立兩班制度，一班的每位警員輪值十二小時，然後繼續留在警局裡「留守」。缺乏現代的電子通訊方法，員警必須人在警局才算真正「待命」——意指他們一週得工作一百一十小時或更多。一八九〇年代的紐約警員，擠在轄區裡惡臭難聞、過度擁擠的棚屋裡一同就寢。電子通訊時代以前，員警巡邏時幾乎完全不受監督，因為他們都是獨自一人走遍轄區內的漫長路程。[27]

顯而易見地，警察擁有的犯罪調查和打擊犯罪基本技術工具幾近於零。即使到了十九世紀末，仍然沒有接近警察「科學」的事物出現；員警欠缺現今視為預防及調查犯罪的最基本配備；警察局常是老舊不堪、過度擁擠的建物，缺乏強化或協助員警的設備、設施或日常用品。二十世紀之初紐約市警察局長描述，典型

的警察局屋舍狀況是「一種確鑿的恥辱……衛生差、通風不良、欠缺現代改良……冬日以火爐供暖，發散有毒的煤氣。它們潮溼、陰暗、令人卻步。」[28]

一百年前警察機關所有貪汙、政治化、不適任、失能的結果，自然跟今日發展中國家的失靈執法程序，擁有相同的雙重無罪現象。

罪犯（尤其是那些加害窮人和邊緣族群的人）不受刑事司法制度約束，執法體系本身（長久以來）無需為了貪汙、濫權和未能執行法律負責。在十九世紀和二十世紀初期的美國歷史記載中，歷史學家發現城市裡「法紀敗壞」的危機不僅在於犯罪的嚴重程度，更在於「警察未能執行現存法律」。[29]即使在警察試圖執行法律時，他們的工作常因基層法院而受挫。[30]在十九世紀的美國，私人自衛隊員勢力（由私人菁英召集、供養，或者是由地區幫派自發形成）對於強制執行社會常規和行為，比刑事司法制度扮演的角色重要許多。[31]當事態一發不可收拾，「秩序」由地區幫派行動或菁英召集的私人自衛隊「重建」，將法律掌握在他們自己手裡。

有力的真相：這是有可能發生的

抱著上述認知，這一連串歷史回顧似乎提供了強而有力的一課：即使在運作良好的司法制度不存在、或者看似不可能出現的環境裡，合理運作的司法制度還是**有可能發生的**。從歷史來看，保護窮人和弱者的刑事司法制度**在任何地點都不存在**，而且在同時代的人眼裡總是顯得極度不可能發生。現在，這樣的制度確實存在，供許多地方的數十億人所用。但是，在每件事例中，都發

生過革新的一仗，拯救公共司法制度免於私人獲利的濫用、政治力量的打手、輕忽的失能，不再對過時、不專業、無效的做法唯命是從。

站在歷史的至高點，使我們看見今日發展中國家刑事司法制度的失能**實屬正常**。也就是說，這完全在意料之中——不僅因為完全失能的刑事司法制度，是由占領這些國家的殖民勢力強加的；還有一個原因是，看來**每一個**社會都必須下定決心，全心全意將其刑事司法制度從失能濫權中拯救出來。

歷史給予的教訓提供了一個關鍵的出發點——當提及在發展中國家建立有效運作的刑事司法制度時，讓我們能夠處理這個時代中許多人對此事所抱持的扯後腿及絕望心態。無可否認地，建立此種制度是花費高昂、困難、危險且可能性不高的事。歷史並未使這場戰役顯得容易、便宜或安全一些——不過的確使其看似**可能發生**。

在許多人眼裡，改革發展中國家的刑事司法制度很有可能淪為浪費時間。批評者認為，現今發展中國家的政府機構根本過於失能、貪腐，或者政治文化過於壟斷，僅掌握在狹隘、壓迫的利害關係（從失靈的制度中獲益），導致健康的刑事司法制度永遠不可能出現。他們會暗示說某個國家太窮了，開發程度太低或資源太少，抑或受困於壓迫的文化價值，致使永遠無法支持一個現代、專業、有效的刑事司法制度，將其列在第一順位。當你置身發展中國家最貧窮地區的暴力、汙穢和極端不正義之中，或許會覺得每項潑冷水的評價都對極了，但是我認為大部分的原因在於，我們無法實際回到一世紀或更久以前的「已開發國家」，去體驗同等逼真的現實。在那裡，嗜血暴徒草草處決嫌疑犯以執行荒誕的自衛隊正義，並且欺凌、壓迫、掠奪他們的弱勢民族鄰

居，無需對刑事司法「制度」負責，甚至常得到其背書。在那裡，警察跟未受訓練、資源不足的街道惡棍無甚差別，被統治的政治派系所支配。在那裡，荒唐殘暴的鬧劇日日在法庭裡上演，充滿貪汙、能力離譜不足的法官。

在這些歷史情境裡引領改革的人，很容易體會今日發展中國家改革者面對的挑戰。然而，我認為他們對改變不可能的事或此事不值得投入極端及犧牲性的努力的說法，不會表達多少贊同。

悲傷的是，昔日改革者使人著迷、陌生且激勵人心的故事，時至今日已幾近完全失傳。世上享有執法制度給予合理程度安全、自由、尊嚴及保護的數十億人裡，僅有非常少數曉得這些制度從何而來，或對制度萌生之地的醜惡亂象和無法紀暴力懷有想像。

對美國人來說，最早的警察機關雛形似乎出現於十九世紀中期，路上每起衝突彷彿就會導致一起暴徒騷動，充斥於城市。每個國家警察機關如何以及為何崛起的故事，都跟整體社會的獨特敘事自然相連。對於許多歷史學家而言，美國警察機關崛起的獨特敘述，來自美國社會比其他西方國家「更加暴力」的事實。[32] 更精確地說，到了十九世紀中期，美國人很明顯習慣於對幾乎每件事情都發生暴動：從政治抗爭到街道幫派的地盤衝突，從種族緊張局勢到勞工爭議，從改革運動到教派間的理念不合，美國社會幾乎每個衝突源頭最後都發酵成街頭暴力。一八三〇年代，如安德魯‧傑克森⑥和亞伯拉罕‧林肯⑦等深思熟慮的美國人開始

---

⑥ 譯注：安德魯‧傑克森（Andrew Jackson, 1767-1845）於一八二九至一八三七年擔任第七任美國總統。前次參選失利後，一八二八年二度競選總統時創建今日的民主黨。

⑦ 譯注：亞伯拉罕‧林肯（Abraham Lincoln, 1809-1865）於一八六一至一八六

高聲疾呼，擔心年紀尚輕的共和國能否在「暴徒執法精神」和「全國普遍蔑視法律」下倖存。[33]

到了一八五〇年代尾聲，大部分美國公民——尤其是商業領袖和地主——厭倦了負擔財產損失帳單，他們受夠這一切了。聖路易市（St. Louis）的商業領袖首先發難，在一八五四年召集志願自衛隊前來預防投票日的動亂。隔年自衛隊成為常態編制，在美國主要城市創建第一個現代模式的長期警察機關。接著，巴爾的摩、費城、紐約、波士頓、辛辛那提和全國其他城市仿效照辦，美國有五十七個大城市在一八五〇至一八八〇年間成立警察部門。[34]

然而，新勢力的創建伴隨著巨大挑戰。第一個原因是警察機關屬於全然的新機構。大多數美國和歐洲城市在一八〇〇年代中期的「新警察機關」出現之前，基本上從中世紀以來都從來沒有變化過——由志願者輪替擔任巡警或警長，接到報案後收費逮捕罪犯；加上一位鄰里夜間巡守員，假如沒喝醉或睡著的話，聽到呼喚或許會前來伸出援手。同一時間，美國經歷爆炸的工業化和都市化，使大城市塞滿眾多脆弱的貧民、新移民和遷徙者，也包括大規模的複雜社會問題，眼看一觸即發。波士頓、紐約和費城從一八〇〇年代初期的少於十萬人口，到一八九〇年成長至超過一百萬人口。美國人口居住在城市的比率，從百分之五暴增至一九一〇年的百分之四十五。[35] 夜間巡守員和民間自衛隊沒辦法應付現況。[36]

儘管犯罪暴力成長，美國大部分城市並未積極擁抱穿著制

五年擔任第十六任美國總統。林肯推動廢除奴隸制，當選後歷經南北戰爭，並支持商業發展。

服、配備武器的聯合全職常備警力此一新概念。美國人（如同他們的英國對照組）對於國家強制力是出了名的猜疑。警察機關一在大多數美國城市成立，確實就被當時的執政政權、痛恨大國強硬外交者、城市裡的貪腐金錢利益收編麾下，迅速演變成本章開頭小測驗中生動描繪的失能狀態。他們未受訓練、欺壓濫權、殘暴、無用，顯現了今日發展中國家失靈刑事司法制度會聯想到的幾乎所有失能癥狀。

其他國家的故事有些不同，但失能的結果一致。例如在法國，警察機關的基礎由君主政體設置，一六六七年路易十四創建警察中將（Lieutenant General of Police）辦公室，職務範圍廣泛，負責處理巴黎與失序根源相關的任何事務——黑暗街道的照明、援助乞丐、食物供給、公共衛生，以及對成長中城市的犯罪作出回應。[37]建立處理都市犯罪的中央政府辦公室（比美國或英國早幾近二百年），一方面引領警察機關的首開創新（例如威嚇巡邏、警察局、監視方法與工具）[38]，但是也變得與舊制度⑧的暴虐統治為伍，在一七八九年橫掃巴黎的法國大革命自由勢力下，遭到實質上的廢除。[39]聞名的拿破崙大帝在巴黎和全國重申委任中央的「高級警察」（high policing）機制，演變成十九世紀晚期的警察機關模式，對於政權延續和保護「正派階級」非常管用，不過對充塞的都市貧民群眾沒多大用處（而且常是許多傷害的來源）。[40]

如同我們稍早所見，在日本上演的是全然不同的故事。在那

---

⑧ 譯注：舊制度（Ancien Régime）指的是法國十五至十八世紀，從文藝復興晚期至法國大革命為止。這段期間的政治勢力由三個階級主導：皇權、教士和貴族，平民廣受欺壓。

裡，一八七〇年代開啟激進現代化的門戶，得到嶄新機會以塑造警察機關的模式，取代中世紀嚴格治理的武士。新的警察制度於一八七四年設置，在此之前，有一小群官員造訪歐洲數月，觀察那裡的現代作法。[41]明治時代的改革領袖寄望高度中央集權的法國模式，受到其廣泛行政功能和強大監督角色的啟發——雙雙受到將秩序視同高於一切的家長式政府歡迎。到了一八九〇年，警察勢力朝普魯士模式演進，特徵是大量警察哨所（koban，交番）在中央監督下散布於整個社會。[42]職員數量陡升，且發展出訓練學校、標準化的準則、專業協會。[43]到日俄戰爭（1904-1905）結束之時，中央集權的專業警察機關已在日本運作。[44]不過跟十九世紀中期的法國警察機關一樣，日本的現代化警力多數運用於秩序和穩定政權的維護，對日本社會的菁英階級有利，卻損害邊緣化族群的權益。事實上，到了一九三〇年代，日本警察機關完全受中央集權的帝國軍事獨裁者吸納，形同殘暴極權主義的鎮壓力量。

但是日本、法國和美國過去一百年的刑事司法故事，並未就此埋沒於耗弱貪汙、政治壓迫，以及針對窮人和邊緣族群的反覆暴力之中。相反地，這些國家最終都發展出提供平民合理程度保護的刑事司法制度，使他們免於暴力欺凌——以及合理程度的人身與財產安全，連窮人都得以擁有重大機會改善他們的命運。在此重申，這些國家的刑事司法制度一點也不完美，各自有其失能與濫權。但是這不重要。重要的是刑事司法制度可以從非常糟變成驚人地好。事實上，好到活在今日發展中國家暴力動亂裡的窮人，會對得到如此服務感激涕零。

那麼轉變如何發生？

或許我們確切知道的唯一事實，是這個問題並沒有制式答

案。每種環境下的轉變故事都是龐大且複雜的歷史因素、社會條件、組織動態、攪局事件、文化反應、有意的努力和無意結果的組合。歷史上不可能出現輕而易舉的解決方案，作為在今日發展中國家高度分歧且複雜環境下改變刑事司法制度的解答。

不過，所有的故事都顯示出這是**可能**的。執法制度有可能從落後、失靈、對窮人危險的狀態起步，仍能因有意的努力轉變成提供平民所需的基本保護和尊嚴的制度。以此類推，或許我在山路上奮力往峰頂攀去，途中對自己是否走在正確路徑失去信心，懷疑是否確實有一條路通往峰頂，或是這條路人類能否行走。但是當我遇到**從峰頂折返**回到山徑的其他登山客時，所有的懷疑被迫重新評判。他們證實了有可能攀登峰頂，確實有路可通，而且這些路對某些人來說是可行的。這仍不盡然代表我有可能爬到峰頂，且並非路途容易的保證。但是我受到激勵，要更努力找到路並且堅持追求下去。

同樣地，當我們考量如肯亞、瓜地馬拉、印度、菲律賓、柬埔寨、印尼、尚比亞、祕魯或衣索比亞等除此外相對穩定的發展中國家，其刑事司法制度的失靈——並且放在歷史的明燈之下——轉變的挑戰和阻礙顯得沒那麼超乎尋常或難以承受。事實上，它們看似恰好符合一個社會開創自我道路時可預期的挑戰，以創造人口中愈來愈多比例的人能近用的機會、繁榮與自由增長。

共同的主題

或許正是時候找回其他歷史情境下如何艱辛打造這些路徑的故事，以探見或能從過去蒐集到的實用教訓、洞見或提醒。過去

十年間，從我們對歷史紀錄的研究，以及面對爭取發展中國家有效運作刑事司法制度的日常實踐工作，有些振奮的——和警告性的提醒——主題浮現。

刑事司法的每項改革運動，都需要本地發起及本地領袖極具企圖的投入，以改變司法制度

這是沉重的歷史真相。刑事司法制度並未循著內部動態，自然演化成公平、負責、有效、廣泛的公共服務，因為總是存在有勢力的人、利益和機構不希望這種狀況發生——而且他們願意費盡心力確保它不會發生。這使得致力於運作良好刑事司法制度的努力，不同於其他賦權於發展中國家窮人的努力，因為前者需要絕對的意志和高昂成本的投入。通常發展中國家並沒有許多當權者，每天醒來就為了確保公共衛生制度不會去替窮人服務，或者盡力使食糧制度、衛生系統或教育制度對最窮的人不管用。事實是，上述執法以外的公共制度，通常都有專業和文化的動力去使那些制度變得更好、更有效。那些制度要靠自己運作已經夠艱難，但是假使有人存在強烈動機，每天促使窮人病得更重、破壞他們的教育、汙染他們的用水，那麼事態又會變得艱難多少？謝天謝地，普遍來說，實情並非如此。

相反地，每個社會都有人、利益和機構意圖使司法制度失敗，並且使窮人和邊緣族群在面對暴力時更為脆弱、易受損傷。這些人透過暴力和恐懼手段，尋求擴張個人的或經濟、政治和剝削利益，而他們受到運作良好的刑事司法制度所威脅，因其約束了他們的強制力。因此，他們會大力反對改革。在十九世紀的美國，如政治領袖、警察、植栽場業主、性販運者、工業家、屋主、種族主義分子、厭惡女性者、犯罪幫派和詐騙犯等使用暴力

來尋求擴張利益的人，大力反對進步時代⑨的改革。當時的改革試圖建立政治上的獨立、專業、摒除貪汙、對平民負責的司法制度。

因此從貪汙和金錢利益裡奪回刑事司法制度，需要奮力打一場有意識、有策略、成本高昂的仗——而且耗時經年，有時得花上數十年。如此艱難且歷時長久的仗必須由本地人發起——亦即紐約、西雅圖和辛辛那提的改變，是因為關鍵多數的本地市民和領袖願意領導並維繫他們在城市裡進行的奮鬥——對抗**他們城市裡**反對運作良好公共司法制度的那股力量。地區外部的力量也有其角色（我們將在後面數頁討論），但是如此艱難綿延的奮戰，唯有在本地領袖和社區成員齊心致志時才得以成功實行，他們必須對成果投入跟反對勢力同等的心力。

同樣地，在發展中國家建立運作良好司法制度的努力，唯有在本地領袖和地區勢力願意在高度投入、成本高昂、漫長、犧牲的狀況下打這場仗，才有可能成功。亦即最優先、最重要的是本地領袖和地區勢力的認同、支持、鼓勵和確信，表明其關注與熱烈致力於奮鬥核心，願意跟貪贓枉法、動用暴力的強烈反對勢力打一場仗。由於重新建構公共司法制度管線的工作幾乎完全落在世界雷達螢幕之外（即使是對關注全球貧窮的那些人而言），地方領袖和地區勢力的奮鬥和需求往往不為人知，得不到支持和資源且不受保護。這一點需要改變。

---

⑨ 譯注：進步時代（Progressive Era）指美國一八二〇至一九二〇年代期間，社會和政治改革湧現，削弱政商掛勾的政治利益集團，揭露政府內部的腐敗以求變革。

每個公共司法制度有其獨特問題、失能癥狀和阻礙,改革需要高度考量到背景的解決方案

即使不考量城市裡的虐行亂象背景,只是概略檢視全世界建立運作良好刑事司法制度的努力,也會揭露出每個環境下的一系列獨特挑戰與強度。紐約和芝加哥需面對警察間系統性的貪汙腐敗,但擁有武士傳統的東京則沒有這種問題。[45]另一方面,東京的執法制度必須應付警察機關「危險想法」和軍事獨裁的傳統,則為紐約和芝加哥難以想見。巴黎的警察機關奮力應對拿破崙的中央集權遺產,而西雅圖或德州則不用;但是(當時的)法國警察機關無需面對美國執法制度對付的種族主義,以及對少數社群的鄙視。大多數美國城市的刑事司法制度,必須克服警察易淪為本地政黨政治工具的狀況,而倫敦的警察則不必。

刑事司法制度因為不同的緣故變得貪汙、歪曲、致使無效——而且它們並非全數面對同一種敵人,或者適用於同一種解藥。偶爾有些耐人尋味的共同點出現,許多證據顯示,藉由各個城市間(甚至國際間)共享資訊、學得的教訓與最好的作法,改革因此而加速(在某些例證中成效卓著)。儘管如此,每個城市和國家需要針對其問題的獨有診斷,量身訂製一組解決方案——也要隨著時間和每個城市的環境改變而改變。

同樣地,在發展中國家建立運作良好公共司法制度的努力,需要的不僅是本地投入與領導,更包括本地化的問題診斷與解決方案探尋。透過共享洞見、體悟、動力、創新、科技和資源,奮鬥將得以加速,但是歷史(與目前的經驗)並未暗示我們應該尋找可一體適用、可神奇複製、規模可變化的廣泛解藥,一擊掃蕩發展中國家司法制度的貪汙、失能和濫權。有意義的轉變不可能

來自奇蹟般的疫苗、新品種的高收成種子、大量生產打水幫浦和特製蚊帳或者有效的警覺宣傳計畫。轉變將來自本地運動的支持，謹慎追蹤其司法制度為何對窮人失效的精確原因，再針對原因規畫工作來處理故障處，並對付那股想要避免故障處被修理完好的獨特力量。

承諾投入的地區領袖和決心改革的菁英扮演重要角色

觀察十九世紀和二十世紀初期的全世界刑事司法改革奮鬥，傑出領袖在其中扮演的重要角色令人驚嘆。即使排除掉我們講述歷史故事時，誇大個人（與廣受關注）領袖關鍵影響力的傾向，人們仍會對勇敢、創新、熱情、思路清晰的領袖，在轉變貪汙、失靈、濫權司法制度時展現的差異感到震撼。

傑出的新聞記者、牧師、改革者、學者、調查員、律師、政治家和鼓動者，常帶給改革運動關鍵的起始動力，他們冷不防打亮燈，使隱藏在暗影裡的事物曝露在光線底下。幾乎在每個案例中，他們接受眾人皆知的事實（關於貪汙、不適任和濫權），並且使之成為無人能忽視的事實。

經過一段時間，某種模式在世紀之交浮現。一位直言不諱的新聞記者、牧師或公民領袖（來自名稱如公民自治聯盟、聯合改革聯盟或法治社會的團體），會藉由戲劇性地揭發醜聞事件來推動進展（例如查爾斯·帕克赫斯特牧師以個人調查之力揭露坦慕尼協會與紐約市警察間的公然賄絡⑩，或是新聞記者林肯·史帝

---

⑩ 譯注：查爾斯·帕克赫斯特（Charles Parkhurst, 1842-1933）是紐約市麥迪遜廣場長老教會的牧師，一向關心市政，於一八九二年講道時批評紐約市警局與坦慕尼協會（Tammany Hall）間的賄絡掛勾，並提出個人調查的證據佐

芬斯發現費城的警察共謀參與詐騙選民）。或是一場抓住大眾目光的驚人暴亂、幫派行動、公務偷竊。[46]隨即特別委員會或調查會得到授權，對潛藏貪汙、瀆職、暴力、濫權、詳細調查會明確揭發的惡劣本質與犯罪者，從而製造來自大眾的巨大改革壓力。

「醜聞—揭發—宗教領袖和中上層階級商業人士要求改革」的循環在美國各個城市一再重演，警察改革便跟進步時代的廣泛改革運動一齊滾動前行。[47]

有趣的是，在美國的脈絡下，警察改革的先聲基本上來自菁英和中產階級領袖的熱情，而非勞工階級和貧窮公民的關注。隨著美國城市開始被向貧窮的新移民群眾、都市工人階級、離鄉背井的下層階級尋求支持的政黨機器支配，在大部分城市裡，警察機關形同這些政黨機器的貪汙濫權工具。因此呼籲警察改革（且使其脫離工人階級政黨領袖的政治控制）的聲音來自反對的政治勢力（通常是民主黨人）、商業菁英（發現向政治靠攏的警察不可靠），以及中產階級和持進步或道德觀點的菁英改革者。[48]

隨著時間過去，要求警察改革的意見也來自新一批的警察「專業人士」階級——提出警察工作專業化、肩負當代的管理卓越新觀念、警察「科學」、組織效率、公民服務改革、獨立於政治等議題的一群警察局長（大部分是）。[49]領導人包括理查·西爾維斯特少校（Richard Sylvester，國際警察局長協會的創辦人）、奧古斯特·沃爾默（August Vollmer，加州柏克萊市警察局長，協助建立刑事司法的學術訓練），以及巴黎的路易·雷平（推動法國警察的現代化，並開拓鑑識科學、刑事學、指紋採集

證。坦慕尼協會建立於一七八九年，從創立初始的愛國慈善團體，演變至十九世紀已形同民主黨的政治工具。

與犯罪心理學研究）。

　　商業領袖也在改革歷史中扮演要角，且資助大多數最終揭發濫權的重要調查委員會（促使西奧多・羅斯福任職紐約市警察局長的萊克索委員會；由聞名法官菲利克斯・法蘭克福〔Felix Frankfurter〕和羅斯科・龐德〔Roscoe Pound〕推動的克里夫蘭研究；使紐約法院徹底變革的新一頁委員會〔Page Commission〕等）、支持改革的政治運動，以及對於專業、精簡現代警察工作的研究和追求。這個時代的志工團體（或是我們今日稱呼的非營利組織）也協助特定警察小組的發展與募資（例如專為女性和青少年服務），其後成為現代幾乎所有警察部門的固有措施。

　　很難從昔日領袖和菁英在歷史上扮演的角色擷取明確的教戰守則，用於策畫當下發展中國家的刑事司法改革工作。但是我們會從過去成功的改革故事找出一些共同點，作為今日的指引。

　　揭發國內和地區的公共司法貪汙失能時（以極為確切、精準、生動清晰的方式），發展中國家的新聞記者、媒體領袖和新聞機構、倡議團體、社群領袖和思想領袖占有不可或缺的地位。身處刑事司法制度**內部**的本地領袖的發聲尤為重要，他們有機會挺身而出、塑造改變的催化與驅動力。舉出內部的失靈、尋求改革、嘗試新計畫、支持（與保護）改變的聲音、促使現有制度內部的組織文化與作法轉變時，他們肩負專業的可信度、官方身分及職位上的權威。置身這些情境裡的私人企業和商業社群擁有明顯的歷史機會作出選擇：他們要對暴力、動亂、犯罪問題繼續投入完全私有的解決方案，同時破壞公共司法制度的根基？或是他們要扮演在其他時代擔任過的關鍵角色，使正直、有效的**公共**司法制度成為新興市場國家的首要基礎？

　　外部貢獻者也能對改變的方向和步調發揮強大影響。改革的

歷史突顯了這項事實，從一八二九年英國的改革對紐約和其他美國城市造成的有力影響，到法國和普魯士的警察模式對十九世紀末日本產生的影響，以及二次世界大戰後美國占領期間對日本警察機關再造的催化力量。

這說明了許多外部和國際參與者，擁有大好機會找到合適的位置，以支持鼓勵發展中國家刑事司法改革的本地工作。

有效的刑事司法制度，能改善制度內工作者的工作條件

過去轉變刑事司法制度的有效努力，不僅專注於制度如何虐待、忽視、羞辱、辜負一般大眾，更關心這些制度是如何同等地虐待制度的**內部工作者**。改革者設法了解警員、律師、法官、社會工作者的需求，擴及負責履行公共司法服務的支援人員的心聲。

如我們所見，發展中國家公共司法制度的工作者通常所得甚低、工作過量、缺乏訓練、管理不良、資源不足、被迫滿足失能領袖的奇想和隨興要求，並且養成凌虐、無故粗野、暴力和偷盜的文化。歷史顯示，制度工作者面對上述問題內部表現若是未能改善，刑事司法制度的外顯表現鮮少能獲得有意義的進展。

過去的成功改革者常以此作為起點：(1)降低難以管理的工時及大批零碎工作；(2)供給足夠維生的薪水，改善福利，給予警察的寡婦孤兒協助；(3)讓司法「管線」裡的每個人接受切合工作需求的專業教育和訓練，使他們得以有效服務大眾，得到社區的尊敬。

近期麻省理工學院的對抗貧窮實驗室（Abdul Latif Jameel Poverty Action Lab）在印度與拉賈斯坦邦警方達成開創性成果，提出令人振奮的證據，表明改善警員的訓練和待遇，可能轉化成

大眾對警察服務觀感的改進。[50]

有效轉變工作的優先目標是一個預防暴力犯罪、建立大眾信任的刑事司法制度

藉由瞄準以下兩項公眾真正在意的目標，失能刑事司法制度的有意義改革將獲得活力、焦點和力量：(1)改善犯罪的**預防**；(2)改善與大眾的**信任關係**。改革的開始來自地區渴求當局不僅在他們遇到危難時才前來救援（就像是夜間巡守員），或是希望凌虐他們的人能夠繩之以法（就像警長或巡警拿了錢會做的事）。然而，新的執法制度實際上會主動預防犯罪，不僅僅是對犯罪做出反應。[51]

一段時間以後，改革者發現犯罪預防的作用遭到削弱，原因包括貪汙、失能、濫權、訓練不良與缺乏資源；於是他們被迫也要處理這些失靈的癥狀。此外，設下預防犯罪的目標，連帶開啟所有關於犯罪複雜成因和複雜介入手段的討論（超出調查、逮捕和懲罰以外的範圍），這些也有可能減少犯罪。改革者開始檢視能夠預防易受蠱惑的個人墜入罪犯生涯時的介入手段和策略——「上溯」至犯罪源頭——如同「現代警察之父」奧古斯特・沃爾默早在一九一八年強調的。在此思路以外，諸如假釋、緩刑、少年法庭、女警、兒童局等創舉紛紛問世。

以美國的執法面來說，這許多「修補」類的議題最終被聚焦於「打擊犯罪」技術搶走風頭。而上溯至地區犯罪源頭的說法，到了一九八〇年代再度隨著「地區警察機關」和「問題解決」議題興起，被認為是提高警察效用的最先進方法之一。

同樣地，聚焦在對於下列事項顯得最有效的所有可能策略、計畫和方法（無論那些是什麼），將為發展中國家的刑事司法改

革工作帶來良好進展：(1)真正預防貧窮地區的暴力犯罪；(2)提升那些必須仰賴制度者的信任和信心。而且這兩種結果很可能會彼此相互強化。

打造有效、專業、資源充足的執法能力，需要承擔風險

警察現代化的初期擁護者，常遭遇到那些充分意識到強而有力執法制度帶有危險的那些人的強烈反對。確實，歷史將會證實這些危險的嚴重性。如同上述，美國警察機關幾乎在創建當下就成為地方政黨和不法勾當網絡的禁臠。美國地方警察淪為貪汙、瀆職、選舉舞弊、勒索、種族恐怖主義、不法犯罪企業、暴力壓制勞工運動的濫權力量。身為執法專業化的世界等級創舉的聯邦調查局，卻被誤用於不正當的政治目的與威嚇異議分子。同樣地，在法國大革命後的一片亂象中，拿破崙的巴黎中央集權警察協助重建公民秩序，隨後卻成為暴力打壓政治異議者、社會動盪與底層階級的工具，延續至幾乎整個十九世紀。一九二〇年代的帝國軍事獨裁政權興起後，日本明治時期的現代化警察變為政治社會殘暴壓迫的工具。[52]

此外，大部分美國刑事司法改革的菁英論者本質，也帶有一種「強硬外交立場的軍國主義，高倡自以為是的理想主義，對於廣泛人性未言明卻深藏的輕蔑態度」[53]。結果，為了達到其自身目標而妨礙了改革的成效，且最終導致美國於一九六〇年代產生的警察文化，與外部的反饋循環危險地隔絕，並且無法靈巧適應顯著的社會改變。[54]

在睜大眼睛注意這些危險的同時，最優秀的領導人顯然理解**不良的執法制度**是危險的；可是少了如此不可或缺的制度（或是以私有化的基礎提供保護），情況甚至會更加險峻。因此他們把

任務設定為建立**良好的制度**，持續搏鬥以確保制度發揮預期的公共功能，並且保持醒覺，保護那些制度，對抗總是虎視眈眈要吞噬它們的種種**順理成章的**失能。

公共刑事司法制度的轉變，可以發生得比預期快——但是進展一向是間歇爆發，且常前進二步接著後退一步

　　透過歷史的長鏡頭，刑事司法制度的轉變發生之快，大大出人意表。現在難以想像，不過回到一八〇〇年代初始，可信的倫敦當代觀察家形容此城「實際上任由一幫盜匪和掠奪者擺布，現有的和平捍衛者完全不具備應對能力」。倫敦這個地方「普遍來說……正歷經犯罪行為的新紀元，比她在任何歷史上的紀錄還更為黑暗。」[55]羅柏特・皮爾回應這些情況的作法是在一八二九年建置新警力。騷亂持續在接下來數十年困擾著英格蘭，而距離新警察機關獲得人民信任與信心仍需經過好些年。當代人記錄，倫敦警察廳出乎意料地立刻大獲成功。有位作者表示：「以預防為主要目標的有效警察機關組織，其立即結果恰恰符合預期：遭定罪的暴力犯罪事件減少，因為內心邪惡的人曉得他們無法再犯後免責脫身。」[56]在一九〇三年，一位調查警察現狀的作者主張，倫敦人受到「生命和財產的保護，使倫敦成為世界上其中一個最安全的城市。」[57]

　　俄亥俄州的辛辛那提市體現另一種刑事司法改革嘗試，且超出所有人的合理期望。一八八五年的選民詐騙醜聞，促成非政黨的百人委員會（Committee of One Hundred）成立以整頓城市，可是貪汙的警察拒絕逮捕委員會指認的貪汙官員。盛怒之下，委員會積極向州議會爭取，由州長（而非當地政治領袖）任命的郡政委員會來管轄辛辛那提市警察。委員會上任後，通過遣散百分

之八十的警力，並任命追求激進改革的新任警察局長，包括對警察機關實行公開審查、體格要求、引進軍事訓練紀律、三班制執勤制度、美國第一所警察授課學校（擁有具顯著延續力的訓練和課程），以及新雇員的試用期，用來測試他們的心理和身體強度是否適合承擔工作。在非常短的時間內，改革成果使辛辛那提警力超前美國其他同級城市數十年。

然而，像這樣迅速且相對有效的改革十分罕見。更為常見的改革模式如下：面對韌性十足的貪汙、政治、不法勾當勢力的深深挫折感，隨後得來艱辛搏鬥後所獲得的進展，透過勢力結盟（商業領袖、公民領袖、政治領袖和警察人員）聯手達成，通常受到調查機構、監督機構和對專業化擁有熱情的警察領導人共同支持。這通常需經歷十年二十年的挫敗、好幾年的加速改革，隨即發生退步惡化，接著搏鬥與退步重新來過，隨後再次獲得進展。期望和表現的標準會一直向前推進到某個地步，使社群雖不完全滿意，實際上已忘記所有一度困擾鄰里的混亂、貪汙、濫權、失能現象。

數十年來，對於期望的變革反映在著名的克里夫蘭研究中，這項研究檢視一九二二年市警察機關的地位。報告結論表明：「克里夫蘭警察機關，給人的印象是，一群人出奇地遠離醜聞和嚴重貪汙，但是用老套的慣用方法工作，缺乏情報或建設性的政策，執行缺乏想像力、敷衍了事的例行公事。」[58]如同渥克強調的：「警察沒有公然犯錯還不夠，如今他們被預期要採取富於想像力的創新手法以控制犯罪。」[59]

要是能形容發展中國家大城市的警察「出奇地遠離醜聞和嚴重貪汙」，僅僅對於犯罪控制的發想採用缺乏想像力的「老套慣例」，那會是多麼巨大的徹底革新。奧古斯特・沃爾默在一九三

○這麼說：「過去四分之一個世紀，沒有一個政府部門像警察機關和行政組織創下如此卓越的改變……如此重大的進展可以在這麼短的時間內達成，是難以置信的事。」[60]在此重申，假如下個二十五年，理應保護窮人免於暴力恐怖的制度能夠同樣描述為取得「如此重大的進展」，對於發展中國家貧窮地區的人們會是多麼大的贈禮。

第十一章

有希望的示範計畫

　　我們已見識過刑事司法制度對窮人的需求來到緊迫關頭，而且我們從歷史上得知，建立有效的制度是可能的事。但我們也知道建立有效制度既困難、成本高昂、危險且可能性低。因此我們需要具有希望的大膽計畫：帶來真正改變的轉型計畫，能夠教導我們，並且激起希望──因為貧窮弱者以上三者都需要。

　　發展中國家刑事司法制度失靈的問題過於廣泛深遠，無法一次全面解決。甚至我們無法確切知道該做些什麼。於是智者建議，我們在世界上挑選一些地方推行目標實驗計畫，孜孜不倦促使標定的失能司法制度轉型，成為真正能保護窮人免於暴力的制度。從這些計畫我們能學到之前對問題所知的不足，以及什麼看起來有幫助，什麼沒有。而且我們藉由這些計畫激起希望，改變當代最為根深蒂固的屏障──發展中國家執法的根本性絕望，因其無法變成真正保護窮人免於暴力的制度。

　　世界上已經有一些計畫正在進行，面貌各有不同，範圍從在

巴西、剛果民主共和國、獅子山共和國和束埔寨埋首努力的政府和非政府組織，到國際正義使命團在菲律賓跟地區團體和政府機構共同進行的計畫。每一項正在發展中國家實行的計畫都為刑事司法制度帶來驚人的真正改變，使其具備保護窮人免於暴力的能力。每一項計畫都帶來值得全球關注的啟迪一課，而且以各自的方式運作，打破無法使刑事司法制度對窮人發揮功用的迷思。

國際正義使命團與結構轉型計畫

以下略做背景介紹。一九九七年國際正義使命團跟我和一些友人開始投入小規模的努力，複製國際特赦組織早期的模式，直接為人權遭侵犯的受害個體辯護，並且透過發展中國家當地既有的團隊來做這件事。特赦組織初期的工作聚焦於全世界的政治犯，而我們一開始關注發展中國家貧窮社群受到日常暴力凌虐的受害人──遭受奴役、性侵害、趕出自有土地、警察施虐或非法羈押的尋常貧民。為了使這些工作持續發揮意義，我們尋求由當地律師、調查員、社會工作者和社運人士組成團隊，他們全職投入遭受不公對待的個案，與地方權力當局合作，期望做到：(1)從施虐者手中救出受害者；(2)將罪犯繩之以法；(3)實行有意義的安置措施，使倖存者重獲安全和力量。

如同國際特赦組織創始人彼得・本南森（Peter Benenson）、我的友人們、和我都是本著身為基督信徒的良心投入人權工作。因為基督徒社群大多跟這個時代的人權奮鬥保持距離，我們懷抱著特有熱情，希望協助他們積極投身於服務人權受害者。當我們藉著共有的信仰替艱難工作找到力量，並且持續向基督徒社群特別發出呼求，激發他們該支持人權的動機；同時發展中國家的國際

正義使命團當地團隊，超過十五年來已直接為數千個侵犯人權受害者提供服務，無論受害者是否懷抱信仰。當地團隊跟地區團體、政府機構、非政府組織和公民社會團體合作，他們之間分享的或許從未關乎信仰，而是保護窮人免於暴力的共同承諾。

國際正義使命團在非洲、拉丁美洲、南亞和東南亞擁有近二十間駐地辦公室，支援來自位於華盛頓特區的總部，以及加拿大、英國、荷蘭、德國和澳洲的合作辦公室。投入超過十年陪伴發展中國家刑事司法制度失靈下的數千個案後，國際正義使命團的當地團隊如今藉著他們的經驗，用以描繪清晰圖像，呈現制度究竟在哪個確切的點上未能保護團體中最貧窮的人免於暴力。他們隨即尋求利用這項特有知識，促進地方勢力聯手修補刑事司法制度的故障點，使其能夠一開始就保護弱勢人口免於受虐。我們稱這套程序為改變結構的轉型。

舉例來說，我們在菲律賓的當地團隊包括菲律賓籍律師、調查員和社會工作者，他們已和地方權力當局合作努力多年，拯救貧窮兒童免於性販運，將加害個體繩之以法，且陪伴倖存的孩童走過漫長復原重建路程。憑藉著置身前線戰壕多年得來的經驗，我們希望看見是不是真的能夠在暴力發生前加以阻止。我們希望看見，擁有國際支援的當地菲律賓團隊是不是能夠促成地區勢力的聯手，真正轉變貪汙、無作用的當地執法制度，使警察、檢察官、法院和社會服務有效工作，以保護貧窮孩童從一開始就免於性販運。我們希望看見，失能的地方執法制度是不是能夠變成真正執行法律——關鍵是，假如能夠，要探究：**這是否能夠遏制潛在的性販運者，並且真正減少受害於商業性性交易的貧窮孩童人數？**最後，我們希望得知是不是能夠由外部審計員來客觀、量化衡量迫害的減少。

這會是——盡我們所知——世界歷史上首次嘗試客觀衡量，一項改善發展中國家某城市執法的計畫，能否針對目標城市使性交易受害孩童人數顯著減少。假如獲致成功，這樣的計畫將會對兩件事提供有力證據：(1)使發展中國家失能的司法制度發生有意義的改變，事屬可能；(2)轉型的司法制度能夠導致受暴力虐行影響的貧民顯著減少。

一如先前提過的，我們曉得失能刑事司法制度的轉變會是艱難、成本昂貴、危險和可能性低的，但是這個時代有那麼多為全球貧民做出的其他種創舉，而且比爾與美琳達・蓋茲基金會願意伸出援手，為這嘗試背書。二〇〇六年，蓋茲基金會給予國際正義使命團資源建立菲律賓團隊，在一個全新城市從零開始進行計畫——宿霧市，菲律賓國內第二大都會區。他們擁有四年的時間表去完成兩件事：(1)改變當地執法機關打擊弱勢人口遭性販運的表現；(2)對外部審查員呈現，商業性性交易中可得的兒童經測量減少百分之二十。

屆滿四年時，我們萬分詫異，團隊超越了所有的期待。他們使當地執法機關拯救的性販運受害人增加百分之一千（釋放超過二百五十位已證實的性販運受害人），確保超過一百名性販運嫌疑人遭到刑事起訴，且持續進行的訴訟擁有高成功率。對這項計畫特有目的最為重要的是，四年工作期屆滿時，外部審查員記錄下商業性性交易可得的兒童人數減少是驚人的百分之七十九，造成的影響逼近預期目標的四倍之多。菲律賓司法部長萊拉・德利瑪（Leila de Lima）觀察：「政府和國際正義使命團的合作示範了執法的新典範，在此政府和公民社會形成強大同盟，不僅攜手懲罰性販運犯罪者，也賦權給其罪行的受害者。」

出於以下幾個原因，他們的故事值得更加仔細衡量：第一，

作為非政府組織如何直接與政府當局結盟的例證，不僅以個別案例的基礎對暴力虐行作出回應，並且真正轉變刑事司法制度裡的故障處，使暴力在開始前就停止。第二，作為初期的實證示範計畫，是有助於探索未來改良計畫的起始點。第三，作為希望這些計畫能促成創新、驅散無用的迷思、持續改善方法論的例證。

「偉大的事物正在建立」

這項新計畫的首位雇員是山姆‧伊諾森西奧（Sam Inocencio），來自國際正義使命團馬尼拉辦公室的菲律賓當地律師，他同意前往宿霧領導計畫團隊。二○○七年，山姆和新婚妻子遷居新城市，從頭開展計畫，並協助組成新團隊，與醜陋的暴力、貪汙問題與絕望氛圍搏鬥。關於最初那些日子，山姆憶述：「是有阻礙──但是感覺到絕大的可能性，感覺到偉大的事物正在建立，並且希望菲律賓人可以見到一些改變。」

正是這些希望使山姆和他的團隊膽敢從彈丸之地作為起點，對如此巨大的議題下戰書：一個都會區（宿霧市民約二百萬人，其中百分之四十陷於貧窮[1]）和一種暴力虐行（對兒童的商業性性剝削）。這項目標清晰的計畫後來被稱為提燈計畫，因提燈曾在地下鐵路①逃亡網絡用以代表自由。

為了看出改變，需要先知道基準線用以衡量進展，然而畫出犯罪基準線並證實執法行動有效減少犯罪極其困難複雜。社會科學家所能做的是，就盛行率和成因導出盡可能清晰的指標和證

---

① 譯注：地下鐵路（Underground Railroad）是美國十九世紀協助黑奴逃往自由州和加拿大的地下網絡。並非真的利用鐵路逃亡，而是借用鐵路的意象，例如藏匿地點稱為「車站」，逃跑奴隸稱為「乘客」。

據，開放這些結果接受監督，且持續加以改進。正因為這些事務如此複雜且需要高度專業，蓋茲基金會撥款雇用外部的社會科學顧問公司（Crime & Justice Analysts，犯罪與司法分析），進行宿霧兒童遭受商業性性剝削的基準線研究。接著再雇用第二組專家來評量基準線，以及關於基準線的任何匯報改變。最後召集第三層的專家和相關顧問完成計畫評估，以尋求額外的分析、評估與學到的教訓。②

外部審查員拉出基準線後，山姆和他的團隊曉得，降低基準線的唯一希望是促成宿霧的各方勢力聯手，共同承擔改變的任務。於是提燈計畫從調查多個利益相關者開始，他們對於改善執法表現並降低宿霧的兒童易遭受性販運程度各有作用：

- **受害人和易遭受暴力犯罪者**居於國際正義使命團所有結構轉型計畫的中心。首要的問題是：在拯救他們脫離暴力凌虐、妥善治療他們、將加害者繩之以法、塑造並深化遏制效果以保證提供保護這種種，制度能夠做到多好？
- **公共司法制度工作者**可能是結構轉型計畫的首要夥伴與投入的實際受惠者，他們可以增強工作能力、擴增技能、影響手

---

② 到了故事的這個階段，可能會出現兩種截然不同的讀者：出現「盛行率」和「成因」終於使這本書變得有趣的那些人，以及正因為出現同樣字眼使他們決定把書放到一邊的人。為了希望滿足這兩種讀者，我們把詳細的基準線研究、犯罪與司法分析隨後進行的調查，以及一百二十二頁對於基準線研究和提燈計畫的專家評估放在以下網址：www.ijm.org/projectlantern。
在此我們希望強調，結構轉型計畫嚴謹的追求**展現改變**（首先經由專家得出的基準線，接著透過監督和評估）。在還未盡可能對我們自身和其他人**展現改變**前，我們不會滿足於**達成的改變**。

下職員的態度和行為。

- 地方③政治參與者和責任承擔者透過政策和資源決策控制或影響刑事司法制度，他們的決策影響刑事司法制度的功能、焦點、能力、施行作業、公共認知及其最終的影響力。
- 地方社會文化參與者（例如公民社會團體、媒體、商業領袖、宗教領袖、思想領袖和名人）對政治參與者和責任承擔者的優先順序和行動具有影響力，且能夠激發廣泛大眾要求刑事司法制度的改善。
- 國際參與者（例如國外政府捐贈人、多國參與機構、區域團體等）影響政治參與者和責任承擔者的優先順序和行動，且能夠跟刑事司法制度形成直接合作。

勞工階級

持續關注如何促成且善用對此努力更大規模的合作，山姆和宿霧團隊踏入結構轉型計畫的核心方法論——我們稱為與本地權力當局和利益相關者的「案例合作」。這或許是國際正義使命團所採取方法最為獨特的一面。我們發現跟刑事司法當局合作足夠數量的暴力虐待**個案**（從開始到結束歷經數年，有**明確的**受害人和加害者），是診斷刑事司法「管線」裡何處失靈最有效的方式，且能精準了解受害人和加害者接觸制度的經驗為何。藉由這個方式我們得以認識刑事司法制度裡的工作者（他們的動機、力量、弱點、觀點、態度、焦慮、志向、關係等），並與他們培養關係、贏得信任，獲得透明、真誠、全心投入且有意義的訓練經驗。這也讓我們具體辨識出已經致力於相同或相關問題的各領域

---

③ 地方參與者可能指國家、地區或草根階層。

夥伴。還有一個關鍵點，我們發現即使取得少數個案的勝利，仍有助於證明司法替窮人服務是可能的，這可在利益相關的環境激發希望，使更廣泛的改變有希望發生。

以案例合作的方式在制度裡處理個案，就像是你認為自行車胎上有釘子時，替車胎打氣然後放到水裡檢查一樣。一度只有模糊難辨的嘶嘶聲，很快就會變成從特定洞口不斷冒出的確定氣泡。重覆陪伴貧窮的犯罪受害人從頭到尾經歷刑事司法制度，同樣能讓我們看見制度的哪個地方正在滲漏、堵塞、有害或故障。

為了協助在宿霧開展案例合作程序，山姆的團隊裡有幾個關鍵夥伴。宿霧安置小組的主管梅‧山帕尼（Mae Sampani）出生於菲律賓，在北加州從事社會工作多年。她是在擔任志工訓練祕魯瓦努科大區的社工幫助性侵受害人時，首次認識國際正義使命團與發展中國家司法制度的失靈。她提供荷西和理查支援，對尤莉的案件和當地兒童性暴力的盛行予以回應。隨後梅得知國際正義使命團需要一位安置小組的主管，她應徵，最後發現自己回到家人出身的那個菲律賓地區。

梅立刻跟山姆及逐漸壯大的團隊一起工作，拜會安置居所提供者和當地其他的利益相關人，替宿霧的貧窮性販運女童建立復原工作的可期願景。即使這個計畫僅成功救回宿霧一小部分遭受性剝削的兒童，也會帶來長期、高品質安置的巨大需求，救援行動才有意義。

假如計畫成功，同樣會造成大量的起訴，必須在地方刑事法庭進行訴訟。為了協助處理案件工作量，梅協助山姆雇用迷人的當地律師馬克‧德曼多（Mark Del Mundo）。馬克是出生成長於宿霧的年輕律師，在他的事務所生意興隆但渴求更多發展。而接下宿霧都會區的兒童性販運產業案件，馬克肯定會得到「更

多」。協同宿霧的國際正義使命團同事，馬克設法起訴大批資金充裕的暴力罪犯，與當地檢察官建立緊密的合作，第一手（從數百位遭受性販運戕害客戶的觀點）見識到司法制度哪一部分運作良好、哪一部分不是。在多次死亡威脅和緊張衝突後，馬克終於要求一周七天、一天二十四小時的保護。或早或晚馬克清楚發現結構轉型計畫的真正本質：爭取法治的重大生死交關搏鬥。

為了推動案例合作程序，宿霧的國際正義使命團團隊蒐集商業性性產業的詳細資訊，以指出兒童在哪裡與如何受到剝削。團隊痛心地發現數百個地點，並且開始提供詳細資訊給地方當局，關於孩童被拘禁在哪裡、誰掌控住他們及如何掌控。山姆、梅、馬克和宿霧團隊的其他人與地方當局並肩同行，通過每個案例的每個階段，從拯救、起訴一路到安置倖存者。

隨著時間過去，與當局和其他利益相關人聯手進行案例合作，展現其漫長的魔法。對於優先順序細目、失能、制度缺失的診斷逐漸浮現，清楚展現宿霧的性販運者並不害怕坐牢，以及受害兒童為什麼害怕每一個人——販運者、警察、社會福利部門和制度裡的任何人。以下列舉幾項透過案例合作在宿霧的發現：

● 混淆的嫌疑人和受害人
在救援行動之後的警察局，當地警察進行關鍵性的初步調查時，把受害兒童跟販運虐待嫌犯安置在同一個小房間好幾個小時。嚇壞了的性販運受害人不會知道自己究竟是陷入麻煩或者得救，無法得到休息，還被嫌犯恐嚇、威脅與騷擾。這種作法得到的結果毫不意外；受害人會否認他們遭虐，且因為過度恐懼而拒絕接受照顧。

- 缺乏執法資源、訓練或授權

　　警察缺乏訓練——他們未能清楚了解反販運的法律、程序或犯罪調查技巧。警察未被教導如何展開有效的誘捕行動，經過諸多案件，展現了他們不知道如何蒐集真正能定罪的證據。且因為警察領導高層從未給他們清楚授權以進行有風險的反販運調查，員警會害怕長官不支持他們。

- 檢察官和法官不清楚法律

　　在一個又一個案例裡，檢察官對案件做出決策或在庭上論證時誤解或誤述法律。他們未能援用法律的關鍵條款，例如以虐待兒童起訴嫌疑人（在此罪名下嫌疑人可以交保候傳，有機會逃跑），而不是以人口販運起訴，在此罪名下不准許交保。

- 安置供應者的準備和訓練不足

　　山姆的團隊促成的救援行動，也迫使宿霧社工照顧販運倖存兒童的能力面臨負荷考驗。梅和她的團隊很快發現救援後照顧制度的漏洞，倖存孩童幾乎沒有機會健壯成長，或者獲得經歷訴訟程序所需的力量。

　　梅的團隊發現宿霧地區的社會工作供應者幾乎沒有應對販運倖存者的知識，也未曾接受訓練。「其實他們十分害怕接收這麼困難的案例進入庇護所。」梅憶述：「所以最簡單的作法就是把這些女孩送回家。」不管「家」有多麼不穩定，或甚至「家」就等於直接送回給販運者。

- 販運不是犯罪——或者「在宿霧這裡不是」

　　山姆和他的團隊發現，宿霧許多當權者不把性販運視同犯

罪，或者否認那是城市裡的問題。「宿霧許多警察高層官員和利益相關人認為性販運只是社會議題，並不屬於暴力犯罪。」山姆解釋。「他們認為應該把手上的資源投入『更重要的』犯罪，例如毒品和殺人。」宿霧其他的公共官員僅以否認回應，且做出毫無幫助的公開聲明，說他們的轄區擁有「零販運受害人」，或是沒有訓練的需要。

● 貪汙

　　山姆的團隊無可避免的發現，徹底的貪汙也是針對宿霧兒童性販運者執法的阻礙。「理應終結問題的那些捍衛者，卻成為問題如此根深蒂固的原因。」山姆回想。有次跟菁英警察部隊合作的關鍵救援行動，救出十五位確認是販運受害人，而且勢力強大的妓院老闆和管理人一起遭到逮捕。但是在警察局裡，低階管理人接受偵訊時，員警讓妓院老闆溜走。拿這件丟臉的貪汙事件去質問當局，只會讓國際正義使命團的合作關係變得更艱難。

*   *   *

　　在刑事司法管線裡運作所有這些診斷案例的目的，並非為了蒐集公開羞辱制度領導人的資料。反之，這是為了獲取何處失靈的正確診斷，並且形成信任關係，**因此**像國際正義使命團這樣的非政府組織能夠作為尋找實際解決方案的真誠夥伴。顯然制度裡必定會有領導人不想要解決問題，不過診斷資料會被制度裡**確實想要**解決問題的其他領導人用來爭取改變。跟戲劇化、身敗名裂的揭露方法相比，這可能需要一段較長的過程，然而事實是相信失能刑事司法制度的有意義轉變，能夠在捍衛者並未從內部採取行動的情況下發生，那就太天真了。

邁向希望和真正的解決方案

擁有對於刑事司法管線關鍵細目的清晰診斷，山姆和宿霧團隊開始促成地方、全國和國際階層勢力的聯手，跟宿霧當局共同解決問題。梅回想：「我們真正的阻礙是缺乏希望。人們困在消極否定的循環裡。我們找到的許多解決方案不夠創新，僅僅是修補制度明顯漏洞的方法。我們不需要一個火箭科學家來執行解決方案，我們需要的是懷抱夢想、認為這個工作有可能達成的人。這花不到數十億元，只要一些資源，以及很多的希望。」

梅和她的團隊基於這份希望，努力聯合宿霧的社會服務提供者，深切投入以受害人為出發點對待方法的教育和訓練。「我們用在世界其他地方發揮效用的計畫來鼓勵安置夥伴。」梅回憶：「大部分的夥伴真的非常渴求資訊和技能——他們想要學習。正是這一點造成改變，使船慢慢掉頭。我們協助釐清許多迷思。」

國際正義使命團與安置社群的夥伴共同發起「經濟自足」和「重新融入」計畫，增加人口販運倖存者的務實、長期工作機會，並且加強重新融入的整體支持。梅與國際正義使命團的夥伴見到倖存者透過這些計畫茁壯，而今日這項計畫完全由當地的非營利組織接手，提供倖存者職前訓練服務。

梅的團隊也跟當地的社會福利發展部（Department of Social Welfare and Development）合作，建立獨立的救援後處理中心，使受害人再也不會被帶去警察局，整個程序都跟加害人隔開，獲得安全。（見圖表11.1）從這個安全處——如今稱為「她的空間」（HerSpace）——暴力虐待的有力證言再不用顧慮地說出口，並且開始把人口販子送進牢裡。「『她的空間』成為良好典範。」山姆表示：「因為梅和社會福利發展部對此堅持不懈，投入大量努

圖11.1、11.2：女童和年輕女性被救出後，在宿霧政府的「她的空間」庇護所裡安全度過自由的第一天。

力。」菲律賓政府如今在國內其他地方複製「她的空間」的設施。「她的空間」推行以後，馬克、山姆和其他律師也注意到，受害人在審訊和審判程序作證時，會陷入非常不安全的情境。於是以「她的空間」的成功作為啟發，他們與檢察官辦公室合作，指定一處區域重新整修，當作弱勢證人日後出庭的安全區。今日的公共檢察官會在新的等候室進行審訊程序，政府完全負起維護設施的責任，而且正在改良環境。

　　其中一個最關鍵的希望根源，來自於團隊目睹執法能夠有效遏阻潛在的販運者、約束加害者，並且拯救受害人的證據。山姆和他的團隊學到，無需一次對無所不在的警察貪汙全面宣戰。當通過調查、訓練精良、管理嚴謹的特別小組執行列為目標的反販運行動時，性販運者向巡警尋求保護的賄絡就會失效。因此山姆的團隊與此地區的菲律賓國家警察領導人簽署一項備忘錄，以建立、訓練、支援一組新的地區反人口販運特警隊（他們自稱為「RAT部隊」）。國際正義使命團提供密集的訓練、裝備、工作空間、行動支援與顧問。然而建立信任和效用不可或缺的關鍵，來自於一個月又一個月的個案共同合作——絕非喜來登飯店裡的三

圖11.3：嫌疑人在菲律賓宿霧的狹小法庭裡等待審判。

天訓練營和自助餐，在那之後所有的專家全搭機飛回家。成果是一波波有力的行動展開，拯救大量的受害人，並且見到許多販運者遭逮捕、起訴，因成功進入訴訟而受到羈押。

　　為了加速處理販運案件，馬克和整個國際正義使命團團隊——以及美國政府——成功遊說最高法院行政辦公室，要求菲律賓所有法官優先審理人口販運訴訟。結果是法院更有效率地處理販運案件，這導致定罪的大幅增加——最高法院發出命令後的兩年間有六十一件，相較於之前**七年**的四十二件。同時宿霧團隊與社區聯合勢力緊密合作，提倡在宿霧都會區內的三個轄區全數通過地方反人口販運條例。

　　國際正義使命團團隊意欲提高大眾意識，積極訴求媒體負責任的報導反販運行動，訓練地方新聞記者如何使大眾理解這個問題，以及如何以維護倖存者尊嚴的方式撰寫報導。提高的意識餵

養大眾對於反販運行動和販運定罪消息的需求，使執法活動的遏制效應擴展到最大。

隨著時間過去，一件件個案破除迷思和否認，政府官員開始從阻力變成夥伴。「我們花了許多功夫訓練夥伴、跟夥伴談話。」山姆說明：「他們不再認為這是抽象的社會問題。他們把這當成十惡不赦的暴力犯罪來優先處理。」

此種由下而上的長期案例合作方法，與全盤的服務提供者和利益相關人建立信任關係，且穩定產生小而有意義的突破，鼓舞希望──最終達到改變的臨界點。轉變確實存在一個轉折點，當它發生時幾乎無法察覺。這個時候輪到當地捍衛者挺身而出，接手奮戰，直至終點。

轉移重心

認為發展中國家所有公共權力機關盡是無望的貪汙、冷漠和殘暴，這個觀點根本不真實。無論我們在哪裡得見勝利，都是因為當地權力當局做出充滿勇氣和才幹的行動。這些機關存在，但是由於缺乏政治支持、訓練和資源，時常白做苦工，無法靠自己推進且獲致成功。一旦這些領導人得到賦權，針對窮人的暴力犯罪不再因為優先順序排在毒品販運和恐怖主義等「真正的」犯罪後頭，而被晾在一旁。相反的，它們成為獲得關注、特別訓練、國際資源和專業尊敬的打擊犯罪類別。最終官員、檢察官和法官體驗勝利，整條刑事司法管線的工作者首次見到他們的工作應該是什麼樣子（過去從未真正見過），許多人開始自發積極學習，把工作做好。

一段時間過去，我們發現稱之為「15-70-15規則」的動態變化關係。這條規則不具有真正的科學精確性，然而它傳達的觀察

是發展中國家的刑事司法制度內,似乎約有百分之十五的人員,每天醒來企圖利用他們的強制力和權威追求純粹的掠奪目的。另外百分之十五的人,每天醒來懷著真誠的心去做良善之事,服務大眾。大多數——剩下的百分之七十——僅僅等著看這兩派誰會占優勢,主導組織文化和獎賞制度。只要殘暴貪汙的百分之十五取得上風,剩下百分之七十就會表示贊同,加入失能和濫權行列,因為這麼做對他們有利。再說反對主導的理念太冒險了。在這種情況下,看起來像是整體執法部門的百分之八十五,全都嚴重無可救藥地致力於貪贓枉法和暴力。

事實上,真正的情況比表象更具有動態關係。確切來說,假如中間的百分之七十認為善良的百分之十五會占優勢,並掌控文化和獎罰制度(職位的保留、升遷、津貼、派任、規定、終止等),那麼他們就會出人意表地欣然整頓行為,遠離麻煩。而制度裡一度看似百分之八十五盡屬騙徒和惡漢,相當快就能改頭換面,形成還算正直的公僕構成關鍵多數的樣貌。良性循環將得以浮現,只要政治意向支持發展合理運作的刑事司法制度,且透過以下措施得到強化:(1)積極進取的國家領導骨幹;(2)厭倦盛行貪汙的中產階級;(3)期待有效運作法治能促進經濟發展競爭優勢。

合理的風險?

許多讀者會擔心,刑事司法制度強化的能力實際上被用來傷害公民,或甚至用來打壓制度理應保護的赤貧社群,對他們不利。[2]這些風險的確言之鑿鑿,需要嚴肅以對;但是一些初步觀察或許有幫助。首先,我們應該記得捐贈國家和多國機構已經承擔巨大風險援助發展中國家的警察,保護他們自身對抗恐怖暴力和毒品交易,清理伊拉克和阿富汗的戰後混亂,並且增進商業和

貿易安全。是否在警察援助的目標受益人僅為普通貧民的情況下，我們就不願意應付援助警察的風險？假如合理運作的刑事司法制度對窮人不可或缺（我們深信如此），那麼應運而生的風險正好是需要思緒縝密、處事周到、準備化解風險的有力理由，而非完全放棄計畫的說辭。不幸的是世界上最大的國際發展組織——世界銀行——選擇不去謹慎參與發展中國家刑事司法制度的轉型計畫。並非因為世銀不認為此種制度對窮人不可或缺，而是因為他們發現風險過高。[3] 在此重申，這些風險確實存在，提醒需加倍小心行事。但是這賭注對世界上最貧窮的數十億人來說遠遠過於巨大，而且專家已經表明思慮周到同時負責任的進行方式。[4]

案例合作提供一種從相關脈絡出發、漸進的方式，來評估並管理強化警察能力計畫風險。案例合作使捐贈人得以漸進測試，他們支持機構和領導人的可信度與正直，並且在地方、國家和國際利益相關人間建立支持群體，要求承擔責任。

在一項結構轉型計畫中，解決弱勢人民身受的凌虐永遠是計畫的**主要目標**，而非在服務如反毒、恐怖主義、商業穩定等其他重要目標時，有希望排除掉的傷害。

關於執法恐凌虐窮人、或其他有意造成「連帶」傷害的疑慮，認清主要目標使計畫能夠以減輕上述風險的活動和投資為基礎，而不致感覺像是主要目標的交易權衡。舉例來說，山姆和他在宿霧的團隊採取特定的活動和指標，降低遭商業性性產業執法行動連帶影響的人們，遭到警察施虐的風險。計畫活動涵蓋對警察的訓練並加以積極監控，諸如合宜對待商業性性交易中的脆弱人口；突襲行動後對工作於受影響區域的倡議團體簡報、聽取回饋意見；甚至是對強制執行受影響區域人民的經濟和就業援助計畫。

國際角色

宿霧的成功來自地方所有權與領導。不過有第二種強大的勢力介入：國際援助。然而因為這些本意良善的外部力量實際上可能造成傷害，明智的方式是強調外部重要參與者的適當角色，用漸進的測試與創新推展，以及發展中國家領導人的長期投入和持續的地方勢力聯合。

在宿霧，以及其他的結構轉型計畫，外部勢力扮演以下關鍵角色：藉由財務支持，強化當地非政府組織團隊和夥伴創造的動力；對於當地非政府組織人員、社會服務提供者和執法人員的訓練、能力建立和援助計畫；雙邊或多國支持以鞏固地方政治意向；監督評量政府服務。國際正義使命團菲律賓團隊與當地夥伴投入宿霧計畫時，美國政府運用其人口販運年度報告的影響力，鼓勵全國反販運行動進一步發展，而新任美國駐菲律賓大使哈利‧湯瑪士（Harry K. Thomas）對此議題表達特別的重視。其他外部勢力包括澳洲政府、加拿大政府和歐盟，聯合國也實際支持菲律賓國內嚴正看待販運的漸增政治意向。

在下一個時代，來自捐贈國家和機構的發展援助，確實應該跟發展中國家當權者投入此種轉型程序的意願緊密連結，（在捐贈國家對能力塑造給予資助的情況下）有可能使執法對窮人發揮效用。對於發展中國家的捐贈援助、經濟援助、有利貿易狀態與外交結盟，應該建立在夥伴國家願意做出具體承諾，建立帶給窮人有效執法的刑事司法制度之上。欠缺此種承諾，我們在二十一世紀投入發展中國家的大部分努力，很可能將跌落吞噬上個世紀成果的同一股無法紀亂象之中。[5]

其他展現希望的計畫

我的同事在這項工作上肯定不孤單。懷抱希望的重要計畫正使整個發展中國家的刑事司法制度產生具體改變，並且對保護窮人免於暴力、協助排除窮人不可能享有有效刑事司法的癱瘓迷思，帶來重要教訓。

剛果民主共和國：行動法庭

二〇一一年新年那天晚上大約七點，超過一百名剛果軍隊士兵暴力摧殘坐落於剛果民主共和國東部的小村莊斐齊（Fizi）。這些士兵收到指揮官基畢比．穆圖瓦拉上校（Kibibi Mutuara）發出的特定任務命令：脅迫、強暴、掠奪手無寸鐵的斐齊鄰里，報復他們隊上一位士兵死亡。大規模強暴對象鎖定在年齡介於十六歲至六十歲的女童和婦女。[6]據報在這次事件中，至少五十位女性遭到強暴。[7]

如此暴行近年來在剛果民主共和國這個區域發生，完全沒有追究責任。受害者無從信任何處可以替他們討回正義。為了解決這個問題，數個夥伴結盟提供創新的行動法庭制度，本地法院院長評為「具有影響力。性暴力事態嚴重，此種犯罪因為特別法庭而較少發生。」[8]行動法庭計畫由開放社會司法倡議（OSJI）規畫，南部非洲開放社會倡議（OSISA）資助，並於二〇〇九年底由美國律師協會法治倡議（ABA ROLI）實行。這項計畫在世界上最艱困的情境背景下，產生令人鼓舞的成果。

行動法庭屬於正式法庭，移動至欠缺正式或公正司法制度的鄉間地區，提供公平且迅速的判決。行動法庭在剛果的司法制度

內運作，且使用國內的檢察官、法官、地方法官和其他專業人員。開放社會司法倡議和南部非洲開放社會倡議設置的法庭，專門用於審判性犯罪和攻擊群體的組織，而這是現有司法制度欠缺的能力。在剛果民主共和國，行動法庭通常停駐在一個鄉間地區一至二個月，盡可能審理愈多案件愈好。

以掠奪斐齊村莊的案件為例，行動法庭在此偏遠地區開庭，讓四十九位受害人得以對掠奪行為勇敢作證。從恐怖暴力中倖存的年輕女孩和年長女性口中說出的證詞，足以確保基畢比、他的三位軍官和另外五位士兵遭到定罪——僅僅在暴行發生數週以後。[9]

這幾樁定罪對剛果民主共和國來說實為不同凡響。聯合國祕書長衝突中性暴力特別代表瑪戈特‧瓦爾斯特倫（Margot Wallström）聲明：「判決對剛果民主共和國和他處的所有行凶者傳送一個強烈訊息：衝突中發生的性暴力不被認可，而且不會得到寬容。」[10]塔本那—伊斯馬‧密康果女士（Tabena-Isima Mikongo）為一個照顧性侵受害人的當地非政府組織工作，她表示這一批定罪「是至今所發生最好的事」，因為甚至在一百哩外之處，「士兵如今害怕（觸犯性暴力）。基畢比遭判有罪後，人們目睹政府竟敢違抗一位上校。」

從二〇〇九年十月至二〇一一年八月的前二十二個月實行期間，行動法庭審理了二百四十八起案件，定罪一百四十位強暴犯與另外四十九件觸法罪行。[11]專家也稱讚計畫納入當地參與的規畫，包括向當地利益相關人的諮詢過程，且實行上展現真正的「地方所有權，包括依存的結構及仰賴的人員。」[12]投入地方所有權使社會對司法部門服務的需求增加，且經由下列方式鞏固強化：訓練、法律門診服務和社區教育建立對法庭的認識；鼓勵譴

責性暴力的行為規範。[13] 剛果民主共和國的行動法庭展示一種新方法的典範，結合了當地參與的官方機制，以及必要的全面文化和規範改變，使社群發展出針對司法的社會需求。[14]

巴西：保護窮人免於淪為奴隸

在一個數百萬窮人受到奴役的世界，巴西的聯合勢力共同對由來已久的強迫勞動制度發起強勢攻擊，收到高度成效。他們的故事展現了國家領導可以用何種方式迅速造成改變，勇於承認問題存在並以執法強力處理，使無罪免責的文化嘎然而止。

面對數量浩繁的強迫勞動問題，巴西經過多方且全盤考量採取的應對方式：消除奴工國家委員會（National Commission to Eradicate Slave Labour）負責施行並監督巴西預防和消除強迫奴役勞動的國家計畫，同時勞工部組成特別督察機動小組（Special Mobile Inspection Groups），突擊檢查有嫌疑使用強迫勞動的私人土地。另外也公布「卑劣名單」，點名犯罪者，使其蒙羞。

> 植基於本國的二○○五年消除奴工國家公約，占巴西國內生產總值百分之二十的近二百間企業，自發同意監督人口販運。本國「推出或許是世界上最有效的媒體宣傳計畫」，提高大眾意識，並創造根除此問題的社會需求。[15]

終於把強迫勞動問題帶往巴西前線的是荷西・佩雷拉（José Pereira）的個案。一九八九年，十七歲的荷西跟一位友人試著逃出一片私人土地，他們和其他六十位勞工被監禁在此地做奴工。步槍朝他們開火，射殺荷西的朋友並使荷西負傷。撐著一口氣僥

倖逃脫後，荷西對拘禁他們的地主提起正式控告。巴西政府釋放莊園裡剩下的勞工後，沒有一個人為犯下的罪行負起刑事責任。

　　確切來說，這起個案彰顯了巴西政府保護最貧窮公民免於為奴的諸多失敗。僅僅在拉丁美洲和加勒比海地區，估計就有一百八十萬強迫勞動受害人。[16]其中數千個奴隸是巴西人，他們在亞馬遜河以北的帕拉州（Pará）、馬托格羅索州（Mato Grosso）、托坎廷斯州（Tocantins）遭受剝削，做著畜牧、伐木、森林砍伐、製煤、大豆與蔗糖生產的工作。[17]窮人常受到稱為「貓仔④」的招聘人誘騙，說服絕望的工作者前往承諾給予優厚薪資和房舍的地點。[18]一抵達，新奴工就被告知他們現在欠地主交通和食物費用，並且發現自己被地主確保永遠無法償還的不斷增長債務給困住了，還被武裝打手限制自由。[19]志願受雇者「由於暴力的最終權威」淪為奴隸。[20]

　　這得歸功於聖功會牧區土地委員會——致力於捍衛貧民土地權益與消除奴隸的天主教機構——司法暨國際法中心（Center for Justice and International Law）和人權觀察組織的提倡，巴西政府終於在二〇〇三年為荷西・佩雷拉的案件負起責任，簽署一項和解協議，外加一系列保護巴西人權的承諾。這些承諾隨後具體列入消除奴工國家委員會的責任綱領，從此刻起，委員會一直站在巴西打擊強迫勞動的最前線。[21]二〇〇二年盧拉總統（Inacio Lula da Silva）承諾廢除國內的奴隸制[22]，而在二〇〇三年總統公告第一次的消除奴工國家公約，自此成為其他國家打擊現代奴隸制的範例。[23]

　　巴西打擊奴隸制的主要工具是勞工就業部的特別督察機動小

---

④ 譯注：原文使用的「gato」，在巴西使用的葡萄牙文中是貓的意思。

組，突襲調查有使用奴工嫌疑的地主和業主。[24] 小組起用匿名線人來找出奴役案例、調查遭指控的地點、釋放受害人、徵收罰鍰與逮捕犯罪者。自一九九五年至二〇一〇年間，行動小組救出三萬八千零三十一位勞工[25]，而且他們的工作在整個巴西複製實行。行動小組提升強迫勞動議題的地位，且導致「大眾的自信力量增加，結果是……全國工作者和雇主的態度為之生變。」[26] 行動小組的社會效應因勞工就業部推動的認知宣傳而提升，宣傳活動與公民社會團體和其他政府部門合作推行[27]，以及像是由聖功會牧區土地委員會等團體提供奴役受害人的法律援助、醫療照顧和教育訓練。

特別督察機動小組成效卓著，搜索到數千名強迫勞工並使他們重獲自由，然而巴西政府並未特別熱衷於起訴犯罪者。媒體報導指出二〇一一年僅有七位奴隸主遭到定罪，其中一位是前任議員。[28] 低定罪人數很可能歸因於勞工的公訴人（僅能採用民法罰鍰）與公共部門的檢察官（有能力提起聯邦刑事案件訴訟）之間缺乏協調。

巴西經由勞工就業部的「卑劣名單」，進一步強化消除強迫勞動。名單公布利用奴隸增加營利的雇主姓名，使他們蒙羞。雇主會持續登在名單上二年，而且唯有在未重複犯下罪行、罰金完全繳納並符合另外數個標準的情況下，才能移除姓名。或許巴西行動的其中一項深遠勝利，是其「緩慢但持續削弱（強迫勞動領域）保護雇主免於國家訴訟的無罪文化」，並且「幫助重建工作者對國家機器（保護人們）的信心」。[29] 不足為奇的，許多成果要歸功於「眾多社會角色參與所展現的強大協調能力」[30]，以及巴西政府、公民社會團體、私人企業、金融組織和大學之間有辦法共同合作。[31]

喬治亞：對付警察貪汙

發展中國家刑事司法制度轉型最令人氣餒的阻礙，或許是貪汙。許多發展中國家刑事司法制度實際上「犯了罪⑤」，因為他們從未間斷、慣常觸犯對窮人不利的貪汙罪行——以不當逮捕或不當起訴脅迫窮人、勒索金錢，或者在富人對窮人犯罪後，收受富人的錢交換**不執行法律**。此外，執法制度的貪汙不同於其他公共制度的貪汙，因為正是執法制度肩負著打擊其他制度貪汙罪行的任務。那麼如果打擊貪汙的制度本身貪汙，你就會困在看起來不可能打破的封閉犯罪行為迴圈裡。確切來說，此種貪汙或許是人們放棄發展中國家失靈公共司法制度改革嘗試的主要原因。

在此種絕望之中，浮現出一個驚人且鼓舞人心的改變和希望故事。談論全球的貧窮和發展時，每個人都會提及貪汙的破壞力。然而令人訝異的是，卻沒有人講到喬治亞這個國家，以及他們打擊警察貪汙的大勝仗。

多虧世界銀行近期發布了典型的周到報告，描述喬治亞打擊貪汙的經驗，對整個世界來說應該是個深切的鼓勵。報告在前言裡分析，喬治亞經驗顯現發展中國家**能夠**打破貪汙的死亡迴圈。32

行政機關的貪汙常被視為盛行於地方，屬於地方傳統文化的產物，並且——由於這些特質——無可避免。政治領袖時常利用公民對貪汙理解後的容忍，作為不採取行動的藉口。改革失敗和期望破滅的故事在全球經驗裡一再重演，而成功的反貪汙行動寥寥可數。喬治亞的經驗顯現，表面上盛行的邪惡貪汙循環可以被

---

⑤ 譯注：作者此處用了雙關語，英文的「刑事」和「犯罪的」都是用同一個字「criminal」。

打破，而且——假如適切的組織改革能持續下去——可以轉變成良善的循環。33

　　原先隸屬於蘇聯而後獨立的喬治亞共和國，在二〇〇三年以前是世界上最為貪汙腐敗的國家之一。根據國際透明組織⑥公布，喬治亞的貪汙在全世界國家排行一百二十四名（比肯亞、印度、玻利維亞與剛果更嚴重），而且在警察貪汙濫權方面格外差勁34——調查指出警察索賄的業務數量（每十件中有七件），幾乎比世界上任何警察機關來得多。美國國務院在其年度人權報告中，一再記錄喬治亞警方暴力虐待國內公民。世界銀行報告指出，「貪汙滲透喬治亞生活的幾乎每個面向」35，但是貪汙最明顯且為人憎恨的面向在於警察，他們「揮舞木製警棍攔住倒楣的機車騎士並勒索賄金，通常出於編造的違規。」36

　　可是到了二〇一〇年，國際透明組織將喬治亞排在全世界降低貪汙的首位，以及打擊貪汙政府效力的全世界排行第二。37在二〇一〇年，令人驚訝的是，喬治亞警察被視為比歐洲最受尊崇的警察機關貪汙程度還低，表現出少於德國、法國和英國的貪汙。38

　　有些人或許傾向認為喬治亞的警察貪汙問題，不可能像我們在印度、肯亞或祕魯等國見過的那麼嚴重，但這個想法錯了。如同世界銀行的研究直言，喬治亞的警察貪腐跟世界上任何最嚴重的地方同樣糟糕：

---

⑥ 譯注：國際透明組織（Transparency International）專門監督國際上的貪腐程度，每年公布各國貪汙感知指數（Corruption Perceptions Index）與三年一度的行賄指數（Bribe Payers Index）。組織於一九九三年成立，總部在柏林。

貪汙是喬治亞警察制度的核心。警察無法靠他們領到的微薄薪水生存——當他們有領到錢時（有時候他們好幾個月沒薪水）。為了維繫開支，許多人替犯罪組織工作或販毒，或者像常見於交通警察間的指控公民違法（無論他們實際上有或沒有），再把罰金收進口袋。[39]

人們為了得到警察職位付出二千至二萬美元的賄金，透過由非法行為把注資金的內部金字塔結構，把錢賺回來。舉例來說，巡警從觸犯各種「犯行」的公民身上榨取賄金，每週上繳賄金的固定數量給直屬長官，而長官應該要分一份給他們的老闆，一路往上延續。貪汙系統創造出一個邪惡循環，在此錢鮮少流入國家金庫，薪水未定期給付，而警察轉向犯罪來賺錢。這些事完全不是祕密。[40]

出於深深的不信任，遇到犯罪甚至不去報案。人們連最輕微的違法都不敢提到，例如難以管教的青少年砸破窗戶，只怕肇事人會遭到羈押刑求。他們的恐懼並非毫無根據。一篇二〇〇二年聯合國人權委員會報告表明其擔憂，關於「囚犯持續且廣為屈從執法官員和監牢人員的刑求，以及殘酷、不人道或侮辱的對待與懲罰。」

警察也被認為不可能解決犯罪問題。假如有人家裡被搶了，公民一般會尋求跟罪犯有聯繫的人，提出報酬把物品拿回來。更糟的是許多警察自己就是罪犯，涉及綁架、販毒和敲詐。[41]

那麼喬治亞是如何轉變警察和刑事司法制度，從世界上最糟糕的體制之一，變成比西歐多數警察機關的正直評價更高？

創造社會需求

轉型不可或缺的基礎，似乎必須得力於草根的社會需求。對於貪汙充斥於國內生活的每個角落，喬治亞平民已達到沮喪的臨界點，而他們將這分沮喪轉化為一致要求改變的社會需求表述。在二○○三年的國家大選中，喬治亞人以壓倒性的票數（超過百分之九十）投給新總統米哈伊爾‧薩卡什維利（Mikheil Saakashvili）及他領導的統一民族運動黨，他的競選口號單一且明確：「沒有貪汙的喬治亞」。在新政權中原任能源部長、隨後成為總理的尼卡‧吉勞里（Nika Gilauri）清楚表明，沒有喬治亞人民壓倒性的授權要求根本改變，不可能發生成功的改革。[42]

尋找制度內部具決斷力的勇敢改革者

一上任後，新行政體系採取大膽、果斷、引起爭議的行動來對付貪汙，不過施行改革的領導人原先就在政府體系裡工作。在原先的政權裡，薩卡什維利總統是司法部長；第一任新總理祖拉布‧日瓦尼亞（Zurab Zhvania）原來是議會主席；新任能源部長尼卡‧吉勞里（後來成為總理）原先是國家電力系統的財務總監。舊政權的整個體制**貌似貪汙**，但是並非制度裡的所有人**個個貪汙**。**制度裡**有許多身懷改革思維的領導人——但是他們被邊緣化且剝奪權力。

首先打擊刑事司法制度裡的貪汙

對於所有需要轉型的貪汙公共制度，喬治亞的改革者首先瞄準刑事司法制度的貪汙，這個作法頗具啟發性。他們似乎了解，假如要解決其他公共制度裡的貪汙犯罪，他們需要一個遠離貪

汙、具有打擊犯罪能力的刑事司法制度。他們了解唯有大眾信任執法已然耳目一新，才會對打擊貪汙必須承受的風險懷抱信心。「從這個孤注一擲的起點，新政府開始它的工作，採取簡單的策略。政府從聚焦於稅收與**起訴犯罪貪汙官員**作為開端，尋求建立國家的公信力。」[43]

清理門戶並終止警察貪汙的無罪脫逃

喬治亞的領導人曉得占關鍵多數的交通警察貪汙，所以他們開除這些警察——全部的人！他們認為制度從上到下過於腐敗，使得任何引進新雇員的嘗試終將失敗，因為新員警很快就會順服於具破壞作用的貪汙氛圍。於是年輕政府採取或許是最大膽的舉動，在一天內開除拔掉街上的一萬六千名員警。為了減緩打擊，政府提供二個月的薪水並赦免過往罪行。有些員警不吵不鬧離開了，另一些加入抗議行列。動亂並未接踵而至——許多觀察家認為街道實際上比過去安全了些，因為少了交通警察整天示意要機車騎士靠邊停下——而新的巡警部隊成立。

零寬容並未在開除交通警察與雇用新血後停止。臥底人員被分派以確保員警遵守規則。抓到警員收取賄絡會加以開除。此種作法釋放強烈訊息給新雇員，亦即部裡嚴肅看待警察的行為準則與倫理作為。罰金不再當場收取，而是付給商業銀行，消除警察私藏罰金的機會。

尊敬對待新警察

改革者也致力於尊敬對待新的喬治亞警力。薪水增長十倍，提供精良制服和配備讓警察用於工作，訓練學校翻修，並且或興建或重整六十間警察局，樂於開放設施給警察和大眾使用。[44]縮

減因貪汙而膨脹的警力實現了財政節約。執法機構的總職員人數從二〇〇三年的六萬三千人，削減至二〇一一年的二萬七千人。改革以前，喬治亞是離譜的每二十一位公民對應一位員警，「現今比例降到每八十九位公民對應一位員警。」[45]（這個數字仍然算高，例如美國是每四百五十位公民對應一位員警。）

透過有效打擊犯罪和公共關係贏得大眾信任

到最後，政府幫助新警力贏得大眾信任的方式，是賦予必要權力使警隊能有效對抗犯罪，保護大眾。整體而言犯罪量減成一半，且持械搶劫降低百分之八十。此外，根據報導喬治亞首都提比里斯（Tbilisi）百分之九十五的居民「無時無刻不感到安全」。[46]隨著改善犯罪打擊獲得實質進展，警察領導人也參與策畫的媒體關係活動，建立警察的友善社區形象。

喬治亞改革的最終成果——在短短七年內——對於對警察貪汙感到絕望而癱瘓的世界十分激勵人心。世界銀行的報告發現：

> 犯罪率下降，巡警間的貪汙情形減少，服務文化開展，信任受到重建，而且巡警的責任制架構得到強化。或許最重要的是，喬治亞其中一個最明顯的貪汙指標不復存在。[47]

如同《經濟學人》一篇文章的觀察，喬治亞打擊貪汙大獲成功是一場「精神革命」，推翻了貪汙屬於「文化現象」的概念。[48]前總理吉勞里這麼說：「貪汙不是文化，貪汙是一種選擇。」[49]

國際司法橋樑

把全球盛行的窮人遭受暴力問題，交到**各國自己的刑事司法制度手裡**解決（採取濫權羈押與刑求手段），有個叫國際司法橋樑（International Bridges to Justice）的創新非政府組織極力爭取，保證適任法律代表的權利；受到保護免於刑求和其他殘暴、例外懲罰的權利，以及得到公平審判的權利。國際司法橋樑的主席暨執行長謝凱倫（Karen Tse）在一九九四年偶遇一位被指控偷竊腳踏車的十二歲柬埔寨男孩，在漫長的候審羈押期間受到刑求，因為這件事的啟發她創立國際司法橋樑。謝凱倫認為，已有幾個組織在提倡政治犯與其他備受矚目囚犯人權方面獲致成功，然而日日遭控犯罪平凡個人的人權保護仍存在漏洞。

國際司法橋樑與尋求改善國內刑事司法制度的國家結盟，找出有能力在國內掀起改革的領袖，跟抱有同樣渴求改變共識的政府部會合作，藉由當地與國際夥伴提供關鍵支助，並且把所有人聚集在組織的辯護人線上平台裡。

辯護人訓練

國際司法橋樑認為，技術純熟的辯護律師加上適當的訓練和支持，會是開啟刑事司法改革完全潛能的關鍵鑰匙。因此國際司法橋樑的一個關鍵目標是，為刑事辯護律師新手與有經驗者提供訓練，增加辯護人的能力。透過同時增加刑事案件接案律師人數，以及改善每位律師的能力來培養適任的法律代表。國際司法橋樑並且訓練司法制度裡的其他成員，例如警察、監獄工作人員和法官，以最佳方式保護被告的權利。

司法領域圓桌會議

國際司法橋樑相信，更具人性的刑事司法實踐需要整體法律社群的合作。所以組織致力於召集圓桌會議，讓辯護律師、法官、檢察官、警察和監獄官員能夠與對方建立關係，找尋共同立場。

權利認知推廣活動

國際司法橋樑也努力使發展中國家的平凡人配備個人法律權利的認知，讓他們在受到逮捕時更可能主張個人權利。藉著廣為宣傳律師對於保護被告免於非法羈押與刑求扮演的角色，國際司法橋樑鼓勵個別辯護人要求代表被告，並試圖使社群更加了解辯護律師的重要性，培育大眾支持他們的工作。國際司法橋樑應用多種媒體平台來提高認知，從海報到廣播節目都有。

辯護人資源中心與法律服務供應

目前國際司法橋樑在全世界最具挑戰性的六個國家擁有深入的計畫，包括三個曾留下屠殺傷疤的國家：柬埔寨、中國、印度，以及布隆迪、盧安達、辛巴威。辯護人資源中心（Defender Resource Centers）是國際司法橋樑在這些國家達成轉型改變的主要工具。辯護人資源中心擔任組織國內活動的中心點，使國際司法橋樑得以提供指導與一對一案例諮詢、建立人際網絡與技術分享機會，以及供應辯護律師技術支援，作為法律辯護訓練的補充。辯護人資源中心也達到地區法律中心的功用——替自己或家人尋求幫助第一個前往的地方。國際司法橋樑訓練的律師，透過辯護人資源中心每年接數百起案件，增加貧困被告人獲取司法管

道的機會，並且鞏固國家的無償專業服務文化。國際司法橋樑由此提供一個適當運作法律援助系統的實踐典範。

柬埔寨是國際司法橋樑獲取進展的最佳範例。身為國內專門關注刑事法律援助工作僅有的非政府組織，國際司法橋樑目前在二十四個省分代表十八位貧困被告人，並且表示在組織進駐最久的省分，刑求狀況已獲減緩。此外國際司法橋樑律師達成無罪獲減刑的案件比例正穩定增加。

展望未來數年，國際司法橋樑尋求擴大規模且採納有效作法，直到調查期間的刑求成為遙遠歷史，而且法定訴訟程序基本權利的維護搖身一變成為新的全球常態。[50]

獅子山共和國：司法改革

獅子山共和國開啟一扇窗口，使我們得以窺見來自二個截然不同組織的開創性刑事司法計畫：伸張正義組織⑦——小型、年輕的獅子山共和國組織，由鼓舞人心的維韋克・馬魯為首；以及英國國際發展署——世界上其中一個主要的國際發展機構。

不同於關注發展中國家執法幾乎所有的雙邊國際援助計畫，英國國際發展署的取向關照整個司法領域，計畫設置明確考量到窮人和邊緣化社群可能遭遇的特殊需求。英國國際發展署在獅子山共和國設有多重司法改革方案，包括安全部門改革（Security Sector Reform）和司法安全、保安與近用（Safety, Security and Access to Justice）兩項分立而部分交疊的計畫，為英國國際發展

---

⑦ 譯注：伸張正義（Timap for Justice）的「timap」，在獅子山共和國克利沃語（Krio）裡是「stand up」的意思，故譯為伸張正義組織。

署的領域結構轉型途徑提供絕佳的個案研究。雖然這兩種行動計畫在改革警察機構的面向有所交疊，安全部門改革的方案主要關注警察、情報單位和軍事機構，而司法安全、保安與近用關照整體司法部門，致力於強化法庭、刑罰制度、民事司法和爭議解決機制。[51]

一九九九年，英國國際發展署推出第一個高度系統化的司法制度轉型方案，稱為英聯邦地區安全與保安計畫（Commonwealth Community Safety and Security Project）。此計畫致力於獅子山共和國的警察改革，提供維安必需的訓練和裝備，增強警察與草根社群間的信任，並且施行領導能力培訓。

此次警察改革最獨特的兩個面向，或許是地方警察合作（Local Police Partnership）與家庭支援小組（Family Support Units）的出現。這兩項方案都致力於建立警察與社區間的正面信任關係，且鼓勵公民主動參與，為自身安全做好準備。家庭支援小組的對象是家庭暴力個案，由於成效卓著，得以吸引許多致力於性虐待領域的非政府組織給予支持合作。[52]地方警察合作委員會和家庭支援小組最具前景的特性，是這些構成分子創造社會需求的潛能，發出要求司法制度為窮人服務的呼聲。原因如同英國國際發展署的強調：「缺乏改革的社會需求，從供給面介入的傳統機構建立手段，不可能造成太多有利的影響。」[53]

獅子山共和國自二〇〇二年一月的血腥衝突走出來以後，英國國際發展署做出示範，將對於安全與整體司法部門的擔憂，明確與其發展途徑整合。[54]今日獅子山共和國的貧民受惠於國家警察改革所帶來的安全改善、更有效的法庭制度，以及維繫適當穩定狀態的保安部隊。這些成果的總體成效驚人，致使「獅子山共和國人民的認知……指出當地安全程度有著顯著的正向改變。」[55]

關於解決保護窮人免於暴力凌虐共同問題的另一個截然不同取徑，我們把討論轉向維韋克・馬魯。他是曲成組織⑧有活力且熱情的執行長，此國際組織致力給予貧民法律賦權。[56]馬魯身為伸張正義組織的共同創辦人之一。伸張正義是獅子山共和國獨立的非營利法律助理與遊說團體，與曲成組織、獅子山政府、世界銀行、英國國際發展署和其他公民社會團體合作。

從馬魯的觀點來看，法律賦權是同時達到長期公共機構改革，並使失靈司法制度受害人享有立即救援的方式。[57]他採取的方法是將司法不公的受害人，視為有能力發起並建構社會需求的主體，要求一個適當運作的司法制度。馬魯表示「持續的公共機構改變需仰賴得到更多賦權的政體」，而賦權給受害人是形塑此種政體的一個必要組件。[58]

他強調人權教育是賦權的關鍵要素，合格律師短缺與重度依賴律師所需要的花費，形成在發展中國家建立有效運作法院系統的關鍵制約因素。為了符合這些需要，馬魯推行前瞻計畫，將受過完整訓練的法律助理置於使貧民享有司法的策略重心。馬魯解釋：「法律助理為法律賦權點出具有前景的一套方法，恰好位於法律教育與法律代表之間，始終聚焦於使人們的司法問題達成具體解決，並且採取訴訟以外更彈性、更有創意的社會運動工具。」[59]

此種創新工具——包括調解——由伸張正義組織的法律助理模式所使用，完全關注創造並維繫對司法的社會需求。世界銀行稱讚伸張正義組織的「迴避對於訴訟程序人員與開銷的仰賴，方

---

⑧ 譯注：曲成組織的原文「Namati」是梵文，意指把物體弄彎，故譯為曲成組織。

法是多加使用調解來解決個人層級的案例。」[60]不過伸張正義組織也指出正式司法制度的重要地位：當他們發現暴力橫行，包括性侵害和人口販運，就會把此類客戶轉給律師。[61]

伸張正義組織並示範了使小規模結構轉型行動方案形成氣候的有用範例。「我不想要給窮人二級或三級的解決方案。」馬魯表示：「不公義的規模浩大，所以公義也應該要規模浩大。」馬魯說明，伸張正義組織的模式以小規模為開端，便於聚焦在方法的發展與改良[62]，但是現在這些方法已經夠完善了，獅子山共和國現今百分之四十的社區擁有社區法律助理。[63]計畫的擴展性得到下列途徑的助益：以可得程度更高且成本效益更好的法律助理作為中心角色；遇到適合的非暴力衝突事件，願意利用如調解、傳統法規、甚至宗教信仰等非傳統工具；把受害人再概念化為有能力促成改變的主體；以特定方法瞄準社區層級議題，目標是產生公共機構改革的社會需求。此模式蘊藏的先知卓見，使其成為一位客戶口中的「為無聲之人發聲」。

祕魯：終止瓦努科大區的無罪現象

刑事司法轉型其中一個最具希望的模式，現身於尤莉遭恐怖姦殺的安地斯山麓祕魯瓦努科大區。尤莉的故事是發展中國家公共司法制度失能的代表敘事，幸好有和平與希望組織和瓦努科大區的其他領袖，尤莉的故事也能成為鼓舞人心的例證，顯示發展中國家的地方運動可以聯合眾多利益相關人、利用國際資源，並且改革刑事司法制度，開始帶給窮人可靠的保護。

確切來說，國際正義使命團的結構轉型模式，有許多部分來自我們跟和平與希望在瓦努科大區合作多年，所學得經驗的啟發

與改良。一方面促成社區勢力聯合，一方面利用案例合作來診斷系統性失能且尋求解決方案，此種雙重策略即由和平與希望組織率先有效開創。

如同我們從尤莉的故事得知的，和平與希望剛開始在瓦努科大區工作時，當地盛行侵犯婦女和女孩的性暴力，實際上從未聽說過犯罪者遭到成功起訴。然而在過去十年，荷西、理查、「和平與希望」團隊經手婦女和女童遭性暴力侵害達數百起，並與瓦努科大區的權力當局和當地社工共同處理這數百件性侵害案件，試圖將犯下令人髮指罪行的犯罪者繩之以法。他們發起認知宣傳活動，領導公眾採取行動，廣泛增加社區要求解決這項問題的社會需求——且將社會需求轉化為政治意向，要求修補刑事司法制度的失靈。他們也跟聯合勢力合作，給予權力機關訓練課程，以增加應對性暴力的知識和資源。

結果在偏遠的安地斯山區，「和平與希望」自二〇〇三年起**確保超過一百五十二名性掠奪者遭到定罪**，並為數百位受害者及其家人提供高品質的安置服務。如同國際正義使命團的結構轉型計畫，「和平與希望」達到這些成果的方式是首先促成瓦努科大區的勢力聯合，去領頭推動認知與公眾行動運動，接著轉化成打擊犯罪的政治意向。「和平與希望」組織和其他倡議團體、學校、醫療場所、教堂、地方政府及國際慈善機構合作，改變對於此問題的認知水準，並在社區建立起要求加以解決的社會需求。「和平與希望」領導下列聯合致力工作：

- 在數百間學校實行性暴力教育與認知的計畫和活動。
- 於瓦努科大區的十三個地區組成資源充足的女權網絡（Women's Rights Network）。

- 在大學、教育機構、社會服務團體和地方政府舉辦性暴力議題的工作營和展覽。
- 為數百名教師、校長、公衛工作者和司法體系成員提供性暴力相關訓練。
- 與市長、公民社會領袖與政府當局共同建立地方警戒會（Vigilance Committees）。
- 藉由持續的媒體宣傳活動把性暴力的盛行帶入公共論述，包括公布性虐待個案，並培養媒體以有效、負責任的態度來報導此類議題。
- 使悲劇發生日——例如尤莉的死亡忌日——轉型成公眾認知、回想和抗議的代表日。（十二月十八日：無罪日——終止兒童性虐待；十一月十九日：國際對抗兒童性虐待日；四月十一日：祕魯兒童日。）

在一次工作營之後，有位出身此區域貧窮社群的婦女告訴「和平與希望」的領導人：「這是我第一次聽說自己的權利。現在我知道了，我有權利保護我承受性虐待的姊妹。」

「和平與希望」不僅帶領方案中的聯合夥伴，建立對抗性暴力的地方政治意向，對於必須處置性暴力犯行的公共司法管線各個區段，他們也同時致力於使其具備處理能力。「和平與希望」組織提供警察、檢察官和法官實際操作訓練，與其進行案例合作，以確保他們有把握和能力處理性侵害案件。經由這些訓練及事前準備工作的改善成果，其組織領導人指出，他們看見司法制度的績效衡量出現轉變。

或許成效最為斐然的是，「和平與希望」及其聯合夥伴成功帶領前所未見的行動方案，剷除四位瓦努科法院的法官，因其未

能正直施行法律對抗性暴力——包括主任法官，及另一位主理尤莉案件做出明顯誤判的法院成員。二○一二年「和平與希望」組織領導人宣布：「他們的除職來自『和平與希望』、其他非政府組織及憤怒公眾施壓的直接結果，這群人主張將他們除職經歷了好幾個月。」

最後，「和平與希望」及其合作夥伴也在改善社會服務方面投注重大心力。對於一位貧窮兒童來說，透過刑事司法制度尋求正義與試圖自虐待處境復原的艱難過程，必須要有社會服務給予支持。「和平與希望」提供直接服務給超過二百五十位受虐婦女和女童，且給予本地社會服務供應人訓練與協助，並與地方和國際機構結盟，打造提供完整服務的收容設施，讓性暴力受害兒童入住。

這些由「和平與希望」及其夥伴帶領，且實踐當地投入的努力，正轉變瓦努科的絕望地景。在那裡，像尤莉這樣的貧窮祕魯孩童，過去曾身處無法無天的殘暴亂象中承受著性暴力。具體的希望已浮現：一個能夠對暴力提供基本保護的司法制度。這是如此多人認為自己的孩子理當擁有的。64

給窮人法律賦權

獅子山共和國的伸張正義組織示範的取徑相當激勵人心，亦即追求貧民法律賦權的發展循環。如同我們在國際正義使命團把刑事司法制度設為目標，新興的貧民法律賦權模式則剖析更廣泛的法律議題對窮人有何直接影響，並鼓勵窮人在可能的情況下自助，在必要時為自己挺身而出。主要發展機構逐漸能認同他們的不同做法，亦即法律賦權可以幫助窮人對他們的生活獲得更大的

掌控。發展專家史蒂芬・戈勒布（Stephen Golub）研究這項演進，他解釋法律賦權涵蓋不同的活動，例如農會幫助成員對他們的土地獲取更大的掌控；地方婦女團體利用遊說來提高她們身處時代的人身安全及已婚女性獨立；使父母學會如何替新生兒登記，以確保受教育資格；政府公共衛生計畫使貧窮的受益人了解並行使他們享有基本醫療服務的權利；或是草根團體致力使傳統司法制度——許多鄉間貧民唯一能使用、負擔與了解的法律管道——較不具性別歧視。

愈來愈多研究顯示法律賦權以具體方式帶給窮人福祉，聯合國祕書長、世界銀行、聯合國開發計畫署、美國國際開發署、英國國際開發署、開放社會基金會、國際法律發展組織（International Development Law Organization），以及其他許多國際要角曾為此概念背書。法律賦權邁出了極為振奮人心的一步。但是為了果斷解決我們數十億最貧窮鄰人面臨的日常暴力威脅，概括的「法律賦權」運動必須包括針對失靈刑事司法制度的關照，例如本章凸顯的數個計畫。[65]

更明白地說，我們這個時代的關鍵問題明擺在眼前。值此對抗赤貧的歷史轉捩點，我們是否準備好去做不一樣的事？我們是否準備好誠實承認，放棄發展中國家的刑事司法制度已造成一場災難？而我們是否終於準備好善用手裡的知識，以確保窮人得到歷史明示不可或缺、且可能做到的安全通行許可？

結語

現在呢？我們該用目前所知的來做些什麼？

我們已對靜靜脅迫全球窮人的潛藏暴力與無法紀的災禍，做了一番縝密檢視。

出於某種原因，世人忽略了全球窮人大多缺乏向前進展的最基本要素——全球窮人大多生活在執法的基本保護之外，而且極度易於受到蝗蟲般的暴力掠奪。蝗蟲可能在任何一天來到，把所有試圖改善他們生活的良善努力一掃而空。

如今我們見識過暴力的幾分面貌，而或許更重要的是，我們開始了解暴力隱含的一些災難性後果。一旦靠近觀察蝗蟲般的暴力，我們日漸理解暴力承載的某部分代價，竟是難以言說的人類苦難。若再拉遠一些，綜觀整體局面，我們將看見暴力對於窮人努力向上的毀滅性影響，以及暴力是如何徹底破壞我們原本試圖給窮人的幫助。對於監禁在造磚工廠裡的奴工、被趕出自家土地的孤兒寡母、在學校遭強暴並感染愛滋病毒的女童、肩負養家重擔卻在牢裡腐朽的丈夫而言，最終證明了：假如你不安全，其他事都不重要了。

我們也更仔細觀察了許多人向來仰賴以維護自身安全的基本

執法制度，並且得到相當震驚的領會──原來發展中國家的窮人根本未能擁有這些制度。更甚者，發展中國家的「公共安全」制度，對窮人而言是毫無道理的公共危害制度。

我們更加深入認識制度許多層面的失能最初從何而來（從未被摒棄的殖民司法制度遺毒）。我們目睹什麼致使這些制度每況愈下（容許有財有勢的人使用私人替代方案而放棄公共制度），以及制度何以無法好轉（由於公共司法執行制度的「管線」，相對於傳統人權與貧窮減緩工作，較易受到輕忽。最重要的是，由於懂得在法紀無存的狀況下蓬勃茁壯的地方政治經濟菁英，會受到法治的威脅）。

同時我們意外發現驚人的希望。首先，歷史告訴我們意料之外的故事，幾乎每一個如今值得仰賴且運作相當順暢的刑事司法制度，都曾擁有全然貪腐、濫權與失能的過去。歷史的教訓清楚指出，在發展中社會發起在地刑事司法改革運動，是有可能促成徹底的轉變。而幾乎少有別的事比起絕望登山者遇上回程登頂客、足以證明攀登路線可行還更具顯著激勵的效果。第二，有個荒謬的希望存在，因為事實是世人甚至還不算真正應用最好的想法與對等的資源來支持這些運動──僅有少數幾個地方為了掃除戰後亂象，曾投入最低限度的拙劣嘗試，或是出於慌亂而匆促行事。

那麼我們從現在起該怎麼做？我們需要知道哪些事？

轉變全球關於貧窮的對話

首先，我們需要徹底改變對話內容。每當談論全球貧窮問題，我們必須提到深深嵌入貧窮處境的暴力問題。而且我們必須

提到怪異的事實——國王沒穿衣服的事實——亦即發展中國家缺乏有效、保護窮人免於暴力的執法制度。在每一場論壇、會議、政策研討，每一個課堂、智庫、部落格或餐桌上的談話，只要全球貧窮議題躍上舞台中央，暴力問題就值得花費跟飢餓、汙水、疾病、不識字、失業、性別歧視、居住問題或衛生設備同樣的時間來討論。因為對窮人來說，暴力問題具有同等的毀滅力，而且常在幕後施力，徹底破壞上述種種需求的解決方案。

蝗蟲般的暴力正踩躪發展中國家的窮人，而且人們得不到任何幫助來阻止他們跌入深淵的災禍。對抗此災難的有效防衛存在——我們知道這一點，因為你我都享有防衛。可是發展中國家的窮人未能享有這些基本服務，結果導致他們蒙受其害，失去性命。

由於愛滋病盛行，世人面臨的處境是，當你放言高論發展中國家的經濟發展和貧窮減緩，而沒有提及猛烈的愛滋病流行每年帶走數百萬窮人的生命，這是多麼令人窘迫的疏忽。假如你未能觸及愛滋病在全球造成的殘害，就不算碰觸到現實。同樣地，假如未能揭露暴力災禍正狠狠扭曲其他一切迫切需求的基本實情，那麼我們談論全球貧窮的對話就不算碰觸到現實。此外由於愛滋病盛行，世人終於肯面對抗反轉錄病毒藥物（antiretroviral）能夠使嬰兒免於感染人體免疫缺陷病毒，且能使人體免疫缺陷病毒感染者不患上愛滋的事實。即使有這些療法存在，世人逐漸明白發展中國家的窮人根本無法取得這些照護。世人逐漸明白，結果是窮人以數百萬人為單位開始虛弱衰頹，而這是可以避免的，因此世人已徹底改變了應對方式。

同樣地，我們全都知道執法制度對於維護社區裡的我們與我們所愛之人的安全不可或缺，但是我們幾乎不提發展中國家窮人

得不到保護，且因此以數百萬人為單位身處恐怖處境的事實。而現在我們知道了，我們必須談論這件事，而且我們必須轉變對話內容。

把新專業帶進全球貧窮對話

接下來，我們不僅必須將討論暴力融入所有廣泛關於全球貧窮的對話，我們也必須開始將相關的專業知識帶進對話裡，尤其是來自刑事司法學科的專業知識。

在過去半個世紀裡，無數關注貧窮的會議與磋商之中，窮人身受的罔顧法紀日常暴力，跟他們面臨的其他所有問題相比，在正式紀錄裡幾乎未曾提及。幸好這個情況已有轉變，而且前幾年我開始聽說全球貧窮的論壇偶爾會提出暴力的主題（特別是針對婦女和女童的暴力行為）。然而令人詫異的是，在整間會議廳裡幾乎從未有任何一位與會者擁有執法專業。這就像是舉辦愛滋病的研討會，會議室裡沒有醫師和公共衛生專家一樣。如同愛滋病，暴力是複雜的社會現象，有一長串的學科專家可以貢獻所長。然而十分怪異的事正上演，明明主題是犯罪暴力，作為核心學科的執法和刑事司法專家卻未列席。尤其怪異的是，這並非富裕國家開展對話的方式。在富裕地區，沒有一個關於強暴、家庭暴力、持械搶劫、人身侵犯或幫派暴力的論壇，卻未邀請執法專家坐在會議廳裡；事實上執法專家時常受邀擔任開場引言人。

同樣地，執法和刑事司法專家必須被納入關注發展中國家經濟發展、貧窮減緩與人權的主要機構中。如同我們所見，由於欠缺運作良好的刑事司法制度，這三種領域的理想在最貧窮的地區全都深受暴力猖獗所影響。不過，這些機構通常僅有非常少數或

根本沒有全職工作者是專精於司法行政和執法領域——而那還是處理犯罪暴力的核心社會工具。

事實上，人權和發展兩個領域都跟刑事司法制度關係尷尬，原因不難理解。發展機構一方面要在發展中國家策畫巧妙的工作方法和處理機制，以應對失靈的刑事司法制度。在缺少有效的司法「管線」下，數十年來他們利用創新的方式幫助窮人維繫生計，或許投入修補管線的轉向會使他們一時失去方向。發展機構雇用的專家廣及經濟制度、食糧系統、醫療系統、教育制度、住房制度、環境衛生系統——以及除了社會公共安全基本制度以外的幾乎所有領域。這一點需要改變。

人權機構同樣跟刑事司法制度關係微妙，且對於代表平民執行法律的警察和法院系統，其技術工作所需的高度專業與經驗，通常並未投注心力。國際人權社群普遍由研究者、學者、法律理論家、媒體宣傳工作者、外交人員和政策專家主導，他們專精於研擬國際法律標準且評估其受遵守狀況——但並不專精於建立地方執法機制並給予協助，以維護貧窮人民的權益。這一切的處境因下列事實而變得更加艱難：違反人權的主要犯罪者通常屬於執法和司法制度的一分子。於是信念將會尷尬地翻轉——因為他們將了解到國際人權標準在地方上的執行責任，實際上是落在當地執法機關手裡——而且最終將完全沒有替代單位可以幫他們做這件事。

懷有希望的計畫

可是往後會怎樣？讓我們假定世人前所未見的醒覺、看見暴力的深遠災禍，而且對話已獲轉變。在發展中國家待處理議題的

主流優先次序上，罔顧法紀的暴力占據應有位置；且見到明顯的努力，將適切的刑事司法專家新面孔帶入討論平台。讓我們假定世人甚至準備好籌集重大資源，投入解決暴力問題。而我們真的知道要拿這些資源做什麼嗎？

那麼以下是我們知道的——先說壞消息。問題相當巨大：數十億窮人生活在濫權失能的刑事司法制度之下，身處不同的狀況和背景。第二，我們真的不知道該對此做些什麼。我們從歷史上得知，草根運動有可能徹底改革這些制度，且外部參與者有可能扮演正面積極的角色，但是那不代表我們確切知道現今眾多異質社會亟需的轉變路徑何在，抑或外部人士的正確角色為何。如前所述，我們知道刑事司法制度對窮人而言不可或缺，而且我們知道有可能建立起這些制度，但是我們也知道建立的路途艱難、成本高昂、危險且成功的可能性低。

面對這些現實，看起來最必要且可行的是帶來真正改變的轉型實驗計畫，足以指引我們並激發希望——脆弱的窮人以上三者都需要。然而貼近現實評估過這些計畫的隱藏難度後，我們建議在具有較高成功可能性的環境下優先推行這些實驗，而非那些最可能失敗之處（例如不要選在失敗國家①、陷入戰亂的國家或剛發生過自然災害的國家）。後者的環境固然亟需有效運作的司法制度，然而將有限資源獨獨押在**挑戰加倍**的環境，便會錯失把機會用在眾多相對穩定國家可望獲得的成功以及將會帶來的激勵與啟發效果。這些相對穩定的國家儘管擁有大規模貧窮人口，刑事

---

① 譯注：失敗國家（failed state）意指未能履行主權政府責任的國家，相對於馬克斯·韋伯所說「一個國家能夠維持領土內正當使用武力的壟斷」即為成功，最常用來指稱武力壟斷受到其他勢力興起而中止、陷入動亂的國家。

司法制度卻完全未能保護他們免於暴力。對於這些迫切且可行的環境，我們需要投注的是本書第十一章回顧過的那些大膽且縝密的實驗。

我們尤其鼓勵採用案例合作方法版本的計畫。目前亟需具有耐性的診斷方法，允許從最脆弱的制度終端使用者身上得來的真實體驗（例如身為暴力犯罪受害人的窮人），推敲刑事司法制度裡何處失靈了。並且接著建構符合這些使用者需求的解決方案，與制度內的工作者建立合作解決問題的關係，把使方案生效的任務交付到他們手上。

我們要找出何種方法可以複製並適應新環境，辨識並支持有領導能力的當地改革鬥士，這群人最終會在自己的土地上達成窮人的期望，創造真正屬於窮人的司法制度，為他們戰鬥、捍衛他們並保護他們安全。此外有些地區針對公共司法制度的創新改革已嶄露頭角，亟需擴大政治意向和資源投入，使之與需求和機會對等。是時候在漫漫長路上採取我們一直避免的決定性轉向了：積極投資已展現作用的計畫，透過刑事司法的短期與長期實驗持續創新。並且以同理心許諾，確保我們一向珍視享有的事物能夠舉世皆然──免於暴力與恐懼的自由──使全球窮人最終或能得見滋長茁壯的生機。

數學：美國政府的法治行動支出

　　考量到報告的透明度且涉及多種專業術語，要判定美國政府對於影響貧民的法治工作精確支出金額，有其挑戰性。然而審慎研究這些資料仍能帶來啟發。

　　以二〇一〇年的預算來說，國務院、美國國際開發署和四八〇號公共法共申請三百二十三億美元（自二〇〇九年以來上升百分之四）。在這些預算中，一百二十七億美元——也就是百分之三十九點四的美國援外金額——很大程度上可以被視為「廣義」的法治援助。這一百二十七億美元由「和平與維安」、「公正民主治理」、「民營企業競爭力」（「經濟發展」資金任務的其中一個子項目）等任務的計畫領域所構成。為了幫助我們理解這些「廣泛」支出的流向，以下拆解成五個大類：

附錄圖表1:「廣義」法治支出的類目

國際維安	**$7,172m**	
大規模毀滅武器	314	1%
安定行動與安全部門改革(阿富汗)	6,345	19.60%
衝突緩和與調停	513	1.60%
國際犯罪	**2,000**	
反恐怖主義	403	1.20%
反毒品	1,538	4.80
其他跨國犯罪(註)	60	0.20%
招聘業務	**698**	
民營企業競爭力	698	2.20%
民主	**2,060**	
良好治理	1,074	3.30%
政治競爭與共識營造	377	1.20%
公民社會	609	1.90%
狹義法治	**786**	
法治與人權	754	2.30%
涉及人口販運的跨國犯罪	31	0.10%
總計	**12,716**	**39.40%**

註:如金融犯罪與洗錢,人口販運除外。

根據這項統計，二〇一〇年預算中的七億八千六百萬美元歸於「狹義」法治支出。那代表總外援金額的僅僅百分之二點四，或是「廣義」法治預算的百分之六。然而重要的理解是，即使是這些非常小量且限於專門子項目的資金，並非所有資金均設定用於提高窮人對刑事司法的取用。這個數字包括針對高階跨國販運的計畫，並不可能直接影響最窮的那群人；甚至含括了對於如保護臭氧層和空中交通安全等議題而形成跨國合作的計畫。考量到支出資料的透明度，不可能把這看成精確數字，然而合理且保守的估計是：總援外資金中的一至二個百分比之間，是用於保護窮人免於日常犯罪暴力、具有直接影響的計畫。

附錄圖表 2：美國援外支出細項

美國援外總支出 3,230 億美元

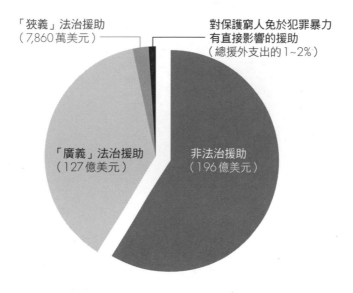

「狹義」法治援助
（7,860 萬美元）

對保護窮人免於犯罪暴力
有直接影響的援助
（總援外支出的 1~2%）

「廣義」法治援助
（127 億美元）

非法治援助
（196 億美元）

謝辭

　　對於過去十年慷慨伸出援手並鼓勵我進行這項計畫的人，我虧欠你們深深的謝意。首先也是最重要的，我感謝發展中國家的數百位男男女女與孩童，他們跟我分享親身面對暴力的內心故事，承載著悲痛、恐怖、損失、搏鬥、回復與勝利。這些故事使我拓展視野，見識深藏於貧窮的恐怖、改變的承諾以及值得為之奮鬥的許多生命。他們會願意分享這些私密故事，是因為在他們拚搏時充滿苦痛與無上尊嚴的歷程中，贏得他們信任的共同友人——我那些為此領域努力的同事，他們跟國際正義使命團及其他非政府組織、政府機構、信仰社群的數百位工作者，在世界各地最貧窮的角落攜手合作。

　　我要感謝共同作者維克多・布特羅斯（Victor Boutros），他出色、細心又謙和，少了他的協力合作與鼓勵情誼，這個計畫根本不可能實現。

　　對於時任芝加哥大學法學院院長的 Saul Levmore，我致上深深謝意。他邀請我在二〇一〇年春季班開課講發展中國家的人權主題，使本書的智識基礎得到機會與動力開展。很幸運地，這項開課邀請是由兩位說服力高超的學者 Samantha Power 和 Cass Sunstein（我過去的法律學教授）所提出——兩位均給予不可或缺的指導和鼓勵，形塑了這本書的最早版本——從那些課堂講學中

累積成形。我何其有幸擁有絕大殊榮在芝加哥大學法學院尤里西斯暨瑪格麗特・史瓦茲紀念講座（Ulysses and Marguerite Schwartz Memorial Lectureship）開啟這項論證。而後受法學院實習教授暨小奧維爾・薛爾國際人權中心（Orville H. Schell, Jr. Center for International Human Rights）所長 James Silk 邀請，前往耶魯法學院，並得到芝加哥大學同窗 Tracey L. Meares 的推薦，她現在是耶魯大學法學院的華頓・漢彌爾頓法律教授（Walton Hale Hamilton Professor of Law）。再次感謝 Samantha Power 引介以及當時《外交》（*Foreign Affairs*）期刊編輯 James F. Hoge, Jr. 的邀約，維克多・布特羅斯跟我得以在二〇一〇年五／六月號雜誌上發表一篇名為〈伸張正義〉（And Justice for All）的文章，概略說明本書論證。芝加哥大學課程和刊登於《外交》文章中的許多研究，由於微軟的慷慨補助而成為可能，另外還有微軟法務長暨副總裁 Brad Smith 給予的支持與智識情誼。受人尊崇的哈佛大學卡爾・勒布校級教授 Laurence Tribe 不吝於挪出私人時間，使我深受啟發。他持續不懈地為窮人發聲，並且在論證成形階段給予評估，分享討論。還有 Ally McKinney 和 Jonathan Crowe 在這個計畫的初始階段協助了基礎研究。

研究和撰寫這本書的過程，需要真正的團隊合作，得力於我在國際正義使命團的同事和朋友。這意味著少了他們，這本書根本不會存在。我特別感謝 Ruthie McGinn 為我做的規畫與陪伴，以及計畫牽涉到的每一個團隊——從推動進展的旅程到田野研究、調查與訪談，並且開發出以電子裝置蒐集評估上萬篇研究篇章的系統，整理書頁浩瀚的課程資料、授課筆記與圖素——跟所有在中間出力的人。國際正義使命團內部編輯過程艱鉅而關鍵，Lori Poer 是不可缺少的團隊領導人與討人喜愛的編輯。我很高興

能有機會感激 Holly Burkhalter，受惠於她在人權與發展領域的出色聲譽與人際網絡，使論證得以嚴謹、清晰條理且具文化修養。她幫助我們掌握論證與研究裡的數個關鍵領域，並促成與廣泛相關領域專家間的互動，使論證得以腳踏實地。一路上給予我們論證寬厚、批判、建設性評論的外部專家有：Kate Almquist Knopf、Eric Beinhart、Allyson Collins、Eric Friedman、Anne Gallagher、Steve Golub、Tom Malinowski、Bob Perito、Anthony Randazzo、Stephen Rickard、Len Rubenstein、Susan Vitka、Jennifer Windsor。

Mark Lagon 與美國外交關係協會（Council on Foreign Relations）提供了早期論壇，能和人權專家一起檢測這些概念。

我很感謝研究助理 Tim Gehring 和 Ryan Lang，許多個月來，他們為計畫帶來嚴謹且思慮周密的決斷，以及深深的致力奉獻。國際正義使命團動員大批研究者和事實審核人員，他們的援助不可或缺，名單是：Natalie Bruce、Lindsay Henson、Jessica Kim、Rebecca Lollar、Katherine McCulley、Melody Miles、Kim Pendleton Bolles 和 Nicole Provo。

國際正義使命團遍布全球的整個大家庭，鉅細靡遺地分享服務暴力受害人歷經濫權、失靈刑事制度的經驗，將人們的面容與心聲傳遞至我們的故事裡。世界上將近二十個駐地辦公室裡無以計數的同事，花時間幫我校正事實，帶著我參觀辦公室，分享工作故事，恕我無法一一列名。他們的慷慨與耐心協助對此計畫至關緊要，並且給了我無與倫比的鼓勵。使命團同事 Kay Anuluoha、Karen Barnes、Bill Clark、Pamela Gifford、Lacey Hanson、Bethany Hoang、Vera Leung、Amy Lucia、Jim Martin、Michelle Quiles、Amy Roth、Melissa Russell、Sheeba Philip、Chong-Ae Shah 給予專門指引和洞見，推動本書的概念、方向與出版進程。使命團所有

人均受惠於Stephanie Reinitz帶領整個成書過程，以及與牛津大學出版社的愉快關係。我們十分感謝創新信任（Creative Trust）的Dan Raines和Meredith Smith秉持著無比的卓越、專業與友誼，代表我們跟牛津大學出版社接洽。在牛津大學出版《蝗蟲效應》像是一場美夢成真──智識與出版絕佳表現的金牌標準──並且受益於社會科學叢書總編輯David McBride擔任我們的編輯，他使我們的計畫向上提升，達到那崇高的標準。

我個人要感激許多朋友的慷慨大度，他們願意出借空間容納我的行動「書本碉堡」，以及Dawn Gary的居間協調，特別是波多馬克浸信會（Potomac Baptist Church）、奧斯普里岬（Osprey Point）、吉姆與蘇珊·史瓦茲（Jim and Susan Swartz）、卡爾工作空間（Carr Workspaces）的友人。另外感謝維吉尼亞神學院（Virginia Theological Seminary）提供了維克多·布特羅斯一個工作空間。眾多廣受敬重的朋友給予深刻見解，以及在整個過程裡亟需的支持鼓勵，包括Nicole Bibbins-Sedaca、Dale Hanson Bourke、Andy Crouch、Donald Harrison、Mark Labberton、Andrew Legg、D. Michael Lindsay、Anne Michael、Donald Miller、Bob Mosier、Art Reimers、Jim Swartz、David Weekley，還有其他許多友人。佩柏戴恩大學（Pepperdine University）法學院傑出的職員和學生也對本書涵蓋的主題和論證，獻出珍貴的意見與對話。Andrea Cheuk、Andrew Bertolli、John Newell和Latham & Watkins完全不吝於貢獻世界級的專業技能，給予關鍵的法律諮詢。

不消說，縱使上述提及的所有朋友、同事、專家使《蝗蟲效應》成為可能，且比原來的樣貌不知好上多少倍，本書依然存在的弱點與缺陷完全是維克多·布特羅斯與我本人的責任。

──蓋瑞·豪根，二〇一三年

註釋

參考書目說明：研究與撰寫本書的完整資料來源，請參照
www.TheLocustEffect.com。

（譯者註記：原書所附的文章連結網址部分已失效，經譯者
於二〇一五年四月更新資料。）

第一章

1. Rukmini Callimachi. "Congo Rape Rate Equal To 48 Women Attacked Every Hour: Study." *Huffington Post*, May 11, 2011. Web.
   全文網址為http://www.huffingtonpost.com/2011/05/11/congo-rape-48-women-every-hour_n_860581.html

2. "50 casos de violacíon sexual en solo 5 días." Diarie Ahora. June 19, 2002.

3. 二〇〇九年八月十四日，Velaochaga Grimaldi Ricardo Manuel 和 Leocio Moreno Valverde 醫師在瓦努科最高法院做出的證言：「這些提交給拉烏尼翁實驗室，因為樣本驗出精液陽性反應。」

4. 瓦努科最高法院證辭編號20-2009：「ALFREDO AGAPITO CONDORI BUENO具啟發性的口供指出，他詢問醫院院長，假如已經做過驗屍報告還要採取樣本的原因。他得到一個非常模糊的回答，表明樣本被弄丟了。於是他調查遺失的原因，被告知說醫師下令把樣本丟掉，因為他們遵照醫囑不接受這份樣本。」

5. "WHO Multi-country Study on Women's Health and Domestic Violence

against Women." Geneva: World Health Organization, 2005

全文網址為 http://www.who.int/gender/violence/who_multicountry_study/fact_sheets/Peru2.pdf

6. Would Health Organization. "Facts: Sexual Violence." Geneva: Would Health Organization, 2002

全文網址為 http://www.who.int/violence_injury_prevention/violence/world_report/factsheets/en/sexualviolencefacts.pdf

7. United Nations Rule of Law. Commission on Legal Empowerment of the Poor. *Making the Law Work for Everyone: Report of the Commission on Legal Empowerment of the Poor, vol. 1.* New York: United Nations Development Programme, 2008

全文網址為 http://www.unrol.org/doc.aspx?n=Making_the_Law_Work_for_Everyone.pdf

8. World Bank. "Poverty Overview." Web.

全文網址為 http://www.worldbank.org/en/topic/poverty/overview

9. Rediff Business. *Surat, Fastest Growing City in India.* 2008. Web.

全文網址為 http://in.rediff.com/money/2008/jan/29gdp.htm

10. *Times of India.* "Bangalore's 13 Richies on Forbes List." 2011. Web.

全文網址為 http://timesofindia.indiatimes.com/city/bengaluru/Bangalores-13-richies-on-Forbes-list/articleshow/10536836.cms

11. *Times of India.* "10,000 Dollar Millionaires Here." 2007. Web.

全文網址為 http://timesofindia.indiatimes.com/city/bengaluru/10000-dollar-millionaires-here/articleshow/1835683.cms

12. Indian Health News. "Malnutrition among Indian Children Worse Than in Sub-Saharan Africa." *Med India*, December 22, 2007. Web.

全文網址為 http://www.medindia.net/news/Malnutrition-Among-Indian-Children-Worse-Than-in-Sub-Saharan-Africa-30955-1.htm。

13. Action Aid. *Study of the Homeless.* Report, 2003。

14. Kevin Bales. *Disposable People: New Slavery in the Global Economy.* Berkeley and Los Angeles: University of California Press. Rev. ed, (2012). 9

15. United Nations. *State of the World's Cities 2010/2011—Cities for All: Bridging the Urban Divide.* Nairobi: UN-Habitat, (2010). 32

16. Amnesty International. *Insecurity and Indignity: Women's Experiences in Slums in Nairobi, Kenya*. London. Amnesty International. (2010). 7. Web. 全文網址為 https://www.amnesty.org/en/documents/AFR32/002/2010/en 科羅戈喬貧民窟占據私有與公有土地（幾乎同等面積），估計十二萬人住在裡頭約七個村落。

17. United Nations Human Settlements Programme. *The Challenge of Slums-Global Report on Human Settlements 2003*. Nairobi: UN Habitat, 2003. 59. Web. unhabitat.org/?wpdmact=process&did=MTQ3OS5ob3RsaW5r

18. 同前，78。

19. Oxfam GB Urban Programme. Urban Poverty and Vulnerability in Kenya. Oxfam GB Urban Programme, 2009. Web. 全文網址為 http://www.irinnews.org/pdf/Urban_Poverty_and_Vulnerability_in_Kenya.pdf

20. Center on Housing Rights and Eviction. Women and Housing Rights Programme. *Women, Slums and Urbanisation Examining the Causes*. Geneva: The Centre on Housing Rights and Evictions(2008). 14. Web. 全文網址為 http://www.alnap.org/pool/files/cohre-womenslumsandurbanisationexaminingthecausesandconsequences.pdf

21. Center for Rights Education and Awareness. *Status of Women and Girls in Kenya Urgent Need to Uphold Human Rights*. 12.

22. 同前，17。

23. 貧民窟以外鮮少有人會想到要研究這樣的事，所幸國際特赦組織做到了。同前，5。

24. UN Habitat. *State of the World's Cities 2010/2011*

25. UN Women. *Violence Against Women Prevalence Data: Surveys by Country*. (2012). Web. 全文網址為 http://www.endvawnow.org/uploads/browser/files/vawprevalence_matrix_june2013.pdf

26. Dorothy Kweyu. "P3 Forms in the Spotlight as Women Are Denied Justice." The Nation. April 30, 2010. Web. 全文網址為 http://www.nation.co.ke/News/P3%20forms%20in%20the%20

spotlight%20as%20women%20are%20denied%20justice/-/1056/909850/-/4pcs1iz/-/

第二章

1. The World Bank. "World Bank Sees Progress Against Extreme Poverty, But Flags Vulnerabilities." February 29, 2012. Web.
   全文網址為 http://go.worldbank.org/2MU9XBWGX0
   另請參閱 Shaohua Chen and Martin Ravallion. "An Update to the World Bank's Estimates of Consumption Poverty in the Developing World." Development Research Group, World Bank (2012)
   全文網址為 http://siteresources.worldbank.org/INTPOVCALNET/Resources/Global_Poverty_Update_2012_02-29-12.pdf
2. "Multidimensional Poverty Index." *Human Development Reports*. United National Development Programme (2011). Web.
   全文網址為 http://hdr.undp.org/en/statistics/mpi
3. USAID. *Two Decades of Progress: USAID's Child Survival and Maternal Health Program*. Washington, DC: USAID (2009). Web.
   全文網址為 http://pdf.usaid.gov/pdf_docs/PDACN044.pdf
   James P Grant. *The State of The World's Children 1981–82*. Leicester: United Nations Children's Fund (UNICEF) (1981). Web.
   全文網址為 http://www.unicef.org/sowc/archive/ENGLISH/The%20State%20of%20the%20World%27s%20Children%201981-82.pdf
   另請參閱 http://www.unicefusa.org/campaigns/believe-in-zero
4. UNICEF and the World Health Organization. *Progress on Drinking Water and Sanitation: 2012 Update*. WHO/UNICEF Joint Monitoring Programme for Water Supply and Sanitation. (2012). Web.
   全文網址為 http://www.unicef.org/media/files/JMPreport2012.pdf
   United Nations. *The Millennium Development Goals Report 2011*. New York: United Nations (2011). Web.
   全文網址為 http://www.un.org/millenniumgoals/pdf/%282011_E%29%20MDG%20Report%202011_Book%20LR.pdf

5. Food and Agriculture Organization of the United Nations, World Food Programme, International Fund for Agricultural Development. "The State of Food Insecurity in the World." Rome: Food and Agriculture Organization of the United Nations. (2012). Web.

全文網址為 http://www.fao.org/docrep/016/i3027e/i3027e.pdf

另請參閱 "Hunger Stats." World Food Programme. (2012). Web.

全文網址為 http://www.wfp.org/hunger/stats。

6. UNESCO. "The Hidden Crisis: Armed Conflict and Education" *Education for All Global Monitoring Report 2011*. Paris: UNESCO (2011). Web.

全文網址為 http://unesdoc.unesco.org/images/0019/001911/191186e.pdf。

另請參閱 Roy Carr-Hill. "Finding and Then Counting Out-of-School Children." *Compare: A Journal of Comparative and International Education*. 42.2 (2012): 187–212. Web.

全文網址為 http://www.tandfonline.com/doi/abs/10.1080/03057925.2012.652806#preview (suggests 115 million)

7. United Nations. "Press Briefing by Special Rapporteur on Right to Adequate Housing." November 05, 2005. Web.

全文網址為 http://www.un.org/News/briefings/docs/2005/kotharibrf050511.doc.htm

8. United Nations. *The Millennium Development Goals Report 2011*. Web.

全文網址為 http://mdgs.un.org/unsd/mdg/Resources/Static/Products/Progress2011/11-31339%20(E)%20MDG%20Report%202011_Book%20LR.pdf

9. 在一八二〇年，人類約百分之七十五每天僅靠少於一美元度日。到了二〇一三年，約百分之二十的人口每天花不到一美元。二〇〇八年世界有六十七億人口，其中八億零五百萬人每天以一美元度日。

Ian Vásquez. "Ending Mass Poverty." *Cato Institute*. September 2001. Web.

全文網址為 http://www.cato.org/publications/commentary/ending-mass-poverty

Population Reference Bureau. "2008 World Population Data Sheet." 2008. Web.

全文網址為 http://www.prb.org/Publications/Datasheets/2008/2008wpds.aspx

Chen and Ravallion. "An Update to the World Bank's Estimates."

10. 同前。

11. 發展中國家每天靠少於二美元度日的人口絕對數值，從一九八一年的二十六億人實際上增長為二〇〇〇年的二十九億人，後來在二〇〇八年回跌至二十五億人。

12. Michael R. Anderson. "Access to Justice and Legal Process: Making legal institutions responsive to poor people in LDCs." World Development Report Meeting. 1999. Web.

    全文網址為 http://www.ids.ac.uk/files/dmfile/Wp178.pdf

13. The World Bank. "Poor People Endure Many Struggles; New Bank Study Cites Powerlessness And Domestic Violence." *Voices of the Poor II*. September 21, 2000. Web.

    全文網址為 http://web.worldbank.org/WBSITE/EXTERNAL/NEWS/0,,contentMDK:20013280~menuPK:34463~pagePK:34370~piPK:34424~theSitePK:4607,00.html

14. Deepa Narayan , Raj Patel , Kai Schafft , Anne Rademacher and Sarah Koch-Schulte. *Voices of the Poor: Can Anyone Hear Us?* New York: Oxford University Press (2000). Web.

    全文網址為 http://siteresources.worldbank.org/INTPOVERTY/Resources/335642-1124115102975/1555199-1124115187705/vol1.pdf

    Deepa Narayan , Robert Chambers, Meera K. Shah and Patti Petesch. *Voices of the Poor: Crying Out for Change.* New York: Oxford University Press (2000). 126. Web.

    全文網址為 http://siteresources.worldbank.org/INTPOVERTY/Resources/335642-1124115102975/1555199-1124115201387/cry.pdf

15. 同前，120。

16. Deepa Narayan and Patti Petesch. *Voices of the Poor: From Many Lands.* New York: Oxford University Press (2002). 69. Web.

    全文網址為 http://siteresources.worldbank.org/INTPOVERTY/Resources/335642-1124115102975/1555199-1124115210798/full.pdf

17. 同前，368。

18. Narayan, et al. *Voices of the Poor: Can Anyone Hear Us?* 181.

19. Narayan and Petesch, *Voices of the Poor: From Many Lands.* 99.

20. 同前，403。

21. "World Report on Violence and Health: Summary." Geneva: World Health Organization (2002). Web.
   全文網址為 http://www.who.int/violence_injury_prevention/violence/world_report/en/summary_en.pdf

22. United Nations Human Settlements Programme. "The Challenge of Slums: Global Report on Human Settlements 2003." London: Earthscan Publications Ltd. (2003). xxvii. Web.
   全文網址為 unhabitat.org/?wpdmact=process&did=MTQ3OS5ob3RsaW5r

23. P. Amis and C. Rakodi. "Urban Poverty: Concepts, Characteristics and Policies." *Habitat International* 19.4 (199): 403–405.

24. Nicholas Kristof and Sheryl WuDunn. *Half the Sky: Turning Oppression into Opportunity for Women Worldwide*. New York: Vintage Books, Random House, Inc. (2009). xiv.

25. Narayan, et al. *Voices of the Poor: Crying Out for Change*. 122.

26. "Fact Sheet: Violence against Women Worldwide." New York: United Nations Development Fund for Women (2009). Web.
   全文網址為 http://www.un.org/en/women/endviolence/pdf/VAW.pdf

27. "World Report on Violence and Health: Summary." 57–60.
   UN Millennium Project. *Taking Action: Achieving Gender Equality and Empowering Women*. London: Earthscan Publications Ltd. (2005). Web.
   全文網址為 http://www.unmillenniumproject.org/documents/Gender-complete.pdf

28. Claudia García-Moreno, Henrica A. F. M. Jansen, Mary Ellsberg, Lori Heise, and Charlotte Watts. *WHO Multi-Country Study on Women's Health and Domestic Violence against Women*. Geneva: World Health Organization (2005). Web.
   全文網址為 http://www.who.int/gender/violence/who_multicountry_study/en/
   Benjamin Petrini. "Domestic Violence Dataset: 1982–2007." 2010. Web.
   全文網址為 http://siteresources.worldbank.org/EXTCPR/Resources/407739-1267651559887/Domestic_Violence_Dataset_combined.pdf

29. "Fact Sheet: Violence against Women Worldwide."

30. Kristof and WuDunn, xv.

31. United Nations General Assembly. *In-depth Study on All Forms of Violence against Women: Report of the Secretary-General.* 61st session. 2006. Web. 全文網址為 http://www.un.org/womenwatch/daw/vaw/SGstudyvaw.htm

32. UN Women. *Indicators on Violence Against Women.* Web. 全文網址為 http://www.un.org/womenwatch/daw/vaw/v-issues-focus.htm

33. Shireen J. Jejeebhoy and Sarah Bott. *Non-consensual Sexual Experiences of Young People: A Review of the Evidence from Developing Countries.* New Delhi: Population Council (2003). Web. 全文網址為 http://citeseerx.ist.psu.edu/viewdoc/download?doi=10.1.1.175.9 529&rep=rep1&type=pdf
Tracy McVeigh. "World Turning Blind Eye to 10 Million Child Brides Each Year, Charity Warns." *The Guardian.* June 25, 2011. Web. 全文網址為 http://www.theguardian.com/society/2011/jun/26/10-million-child-brides-each-year-charity-warns

34. Amnesty International. "Impunity – violence unchecked and unpunished." *It's in our Hands: Stop Violence Against Women.* Amnesty International. London: Amnesty International Publications. (2004) 全文網址為 https://www.amnesty.org/download/Documents/88000/act770012004en.pdf

35. CDC. *Together for Girls: We Can End Sexual Violence.* Atlanta: Center for Disease Control and Prevention (2010). Web. http://www.cdc.gov/violenceprevention/pdf/togetherforgirlsbklt-a.pdf

36. "World Report on Violence and Health: Summary." 18.

37. Jill Keesbury and Ian Askew. *Comprehensive Responses to Gender Based Violence in Low-resource Settings: Lessons Learned from Implementation.* Population Council (2010). Web. 全文網址為 http://www.popcouncil.org/uploads/pdfs/2010RH_CompRespGBV.pdf
International Women's Health Coalition. "Triple Jeopardy: Female Adolescence, Sexual Violence, and HIV/AIDS." New York: International Women's Health Coaltion (2008). Web. 全文網址為 http://www.wunrn.com/news/2008/08_08/07_08_08/072808_

female.htm

38. U.S. Department of State. *2009 Human Rights Reports: Ethiopia.* Washington, DC: U.S. Department of State (2010). Web.
全文網址為http://www.state.gov/j/drl/rls/hrrpt/2009/af/135953.htm

39. Anne M. Moore, Kofi Awusabo-Asare, Nyovani Madise, Johannes John-Langba, and Akwasi Kumi-Kyereme. "Coerced First Sex among Adolescent Girls in Sub- Saharan Africa: Prevalence and Context." *African Journal of Reproductive Health* 11.3 (2007). Web.
全文網址為 http://www.guttmacher.org/pubs/journals/reprints/AJRH.11.3.62.pdf

40. du Venage, Gavin. "Rape of Children Surges in South Africa/Minor Accounts for About 40% of Attack Victims." San Francisco Chronicle. February 12, 2002.
全文網址為http://www.sfgate.com/news/article/Rape-of-children-surges-in-South-Africa-Minors-2875310.php

41. Juan M. Contreras, Sarah Bott, Alessandra Guedes, and Elizabeth Dartnall. *Sexual Violence in Latin America and the Caribbean.* Sexual Violence Research Initiative (2010).Web.
全文網址為http://www.svri.org/SexualViolenceLACaribbean.pdf

42. World Health Organization. "World Report on Violence and Health." Chapter 6. (2002). Web.
全文網址為http://whqlibdoc.who.int/publications/2002/9241545615_eng.pdf

43. Medicines Sans Frontieres. "Sexual Violence." Web.
全文網址為http://www.doctorswithoutborders.org/news/issue_print.cfm?id=3466
（譯註：此網址已失效，未能找到更新網址，仍列上作為參考。）

44. 同前。

45. Jejeebhoy and Bott. 8.

46. World Health Organization. "World Report on Violence and Health." Chapter 6. (2002). 156. Web.
全文網址為http://whqlibdoc.who.int/publications/2002/9241545615_eng.pdf

47. Shireen J. Jejeebhoy and Sarah Bott. *Non-consensual Sexual Experiences of*

Young People: A Review of the Evidence from Developing Countries. New Delhi: Population Council (2003). Web.

全文網址為http://citeseerx.ist.psu.edu/viewdoc/download?doi=10.1.1.175.9 529&rep=rep1&type=pdf

48. 同前，15。

49. "World Report on Violence and Health: Summary."

50. Donald E Brown. *Human Universals*. New York: McGraw-Hill (1991).

51. 國際勞工組織的報告指出有一千二百三十萬人陷於強迫勞動，其中百分之四十三被迫進入性產業工作。

International Labour Organization. "Fighting Human Trafficking: The Forced

Labour Dimensions." January 28, 2008. Web.

全文網址為http://www.ilo.org/global/topics/forced-labour/publications/ WCMS_090236/lang--en/index.htm

Ethan B. Kapstein. "The New Global Slave Trade." *Foreign Affairs* 85.6 (2006): 106. Web.

全文網址為http://www.cgdev.org/doc/KapsteinfaslaveryFA.pdf

全球市場大約百分之四十三的強迫勞動者是為性產業所用。

52. Brian M Willis. "Child Prostitution: global health burden, research needs, and interventions." *The Lancet*. April 20, 2002.

全文網址為http://www.thelancet.com/journals/lancet/article/PIIS0140- 6736(02)08355-1/fulltext

53. UNICEF. "State of the World's Children 2005." Web.

全文網址為http://www.unicef.org/sowc05/english/sowc05.pdf

54. U.S. Department of State. "Country Reports on Human Rights Practices." March 31, 2003. Web.

全文網址為http://www.state.gov/j/drl/rls/hrrpt/2003/index.htm

55. Patrick Belser. "Forced Labour and Human Trafficking: Estimating the Profits." Geneva: International Labour Office (2005). 14. Web.

全文網址為http://digitalcommons.ilr.cornell.edu/cgi/viewcontent.cgi?articl e=1016&context=forcedlabor

更不必說商業國家強迫商業性性剝削所生產的另外一百五十四億美元。

56. 一九九四年人權觀察組織揭露泰國強迫賣淫的恐怖現狀，並且將之正確指為「現代的奴隸形式」。

Human Rights Watch. *A Modern Form of Slavery: Trafficking of Burmese Women and Girls into Brothels in Thailand.* New York: Human Rights Watch (1994). Web.

全文網址為 http://www.hrw.org/legacy/reports/1993/thailand

57. United Nations Global Initiative to Fight Human Trafficking. "The Vienna Forum to Fight Human Trafficking." Background Paper. February 13–15, 2008. 2. 016 Workshop: Profiling the Traffickers. Vienna: UNODC (2008). Web.

全文網址為 http://www.un.org/ga/president/62/ThematicDebates/humantrafficking/ebook.pdf

58. 可見於 http://www.thelocusteffect.com

59. 幾乎所有經審閱的研究和報告均發現，遭販運人口有高比例屬於低收入族群。貧窮的程度愈嚴重，受到販運誘騙的風險就愈高。

Mukherjee and Das 1996. K.K. Mukherjee and Deepa Das, Prostitution in Six Metropolitan Cities of India, New Delhi, Central Social Welfare Board, 1996.

DWCD 1998. Department of Women and Child Development, Ministry of Human Resource Development, Government of India, Report on the committee on prostitution, child prostitutes and children of prostitutes & Plan of Action to combat traffickers and commercial sexual exploitation of women, New Delhi, India, 1998.

UNDCP, ILO, UNDP 2002, Survey of Opium Cultivation in Lohit District, Arunachal Pradesh, New Delhi, 2002.

Sankar Sen and P. M. Nair. "A Report on Trafficking in Women and Children in India 2002–2003." NHRC, UNIFEN, ISS Project, vol. I. New Delhi: UNIFEM (2004)

全文網址為 http://www.ashanet.org/focusgroups/sanctuary/articles/ReportonTrafficking.pdf

60. 同前。

61. 在那之後，奈庫·貝拉在馬雅的案子裡被判定強暴和其他販運相關罪

行。判決由以下法院做出：Court of Additional District & Sessions Judge, Fast

Track, 2nd Court, Haldia, Purba Medinipur. March 15, 2013.

62. Belser.

63. Kevin Bales. "How We Can End Slavery." *National Geographic Magazine*. 2003.Web.

全文網址為 http://ngm.nationalgeographic.com/ngm/0309/feature1/online_ extra.html

64. John D. Sutter. "Slavery's Last Stronghold." *CNN Freedom Project*. 2012. Web.

全文網址為 http://www.cnn.com/interactive/2012/03/world/mauritania. slaverys.last.stronghold/index.html

65. Ethan B. Kapstein. "The New Global Slave Trade." *Foreign Affairs* 85, no. 6 2006. 103-115.

66. David Eltis. "The Volume and Structure of the Transatlantic Slave Trade: A Reassessment." *William and Mary Quarterly* 58, no. 1 (2001): 17–46.

67. Bales, 15–17. ILO. "A Global Alliance against Forced Labour." International Labour Conference. 93rd Session. Report I(B). 18. Geneva: International Labour Office (2005)

全文網址為 http://apflnet.ilo.org/resources/a-global-alliance-against-forced-labour/at_download/file1

68. Kevin Bales. *Ending Slavery: How We Free Today's Slaves*. University of California Press, 2008

69. "Bonded Labour Touches the Figure of 1m in Pakistan." *Daily Times*. February 26, 2005.

全文網址為 http://archives.dailytimes.com.pk/national/26-Jun-2012/ bonded-labour-widespread-in-pakistan

70. John D. Sutter. "Slavery's Last Stronghold." *CNN Freedom Project*. 2012. Web.

全文網址為 http://edition.cnn.com/interactive/2012/03/world/mauritania. slaverys.last.stronghold

71. Samuel Grumiau. "UNICEF Aids Restavek Victims of Abuse and Exploitation in Haiti." *At a Glance: Haiti*. January 31, 2012. Web.

全文網址為 http://www.unicef.org/adolescence/haiti_61518.html

72. Robyn Dixon. "Africa's Bitter Cycle of Child Slavery." *Los Angeles Times*. July 12, 2012. Web.

全文網址為 http://articles.latimes.com/2009/jul/12/world/fg-ghana-slavery12

另請參閱紀錄片 *Not My Life*。

International Labour Organization. "Combatting Forced Labour and Discrimination in Africa." Web.

全文網址為 http://www.ilo.org/sapfl/Projects/WCMS_082041/lang--en/index.htm

73. "Brazilian Pact to Eradicate Slave Labour." Pacto Nacional. Web.

全文網址為 http://www.reporterbrasil.com.br/pacto/conteudo/view/9

74. Br. Xavier Plassat. "Brazil Slave Labor: Hero Honored for Battling Human Trafficking." *Interview by Catholic Relief Services*. June 15, 2010. Web.

全文網址為 http://crs-blog.org/brazil-slave-labor-hero-honored-for-battling-human-trafficking/

75. Johannes Koettl. "Human Trafficking, Modern Day Slavery, and Economic Exploitation." *SP Discussion Paper*. No. 0911. May 2009. 10, 13. Web.

全文網址為 http://siteresources.worldbank.org/SOCIALPROTECTION/Resources/SP-Discussion-papers/Labor-Market-DP/0911.pdf

「抵債勞動是強迫勞動中最重要的形式，東南亞尤為如此。」

Beate Andrees and Patrick Belser. Forced Labor: Coercion and Exploitation in the Private Economy. Boulder: Lynne Rienner Publishers (2009). 51.

「巴基斯坦和印度兩國的抵債勞工，肯定占了現今世上最多的強迫勞動人數。」

Kevin Bales. Disposable People: New Slavery in the Global Economy. (Berkeley and Los Angeles: University of California Press. Rev. ed. (2012)

「在那二千七百萬人當中，最大一部份是印度、巴基斯坦、孟加拉和尼泊爾的**抵債勞工**，可能有一千五百萬至二千萬人。」

76. Aneel Karnani. "Microfinance Needs Regulation." *Philanthropy News Digest*. October 31, 2011. Web.

全文網址為 http://foundationcenter.org/pnd/ssir/ssir_item.jhtml?id=359800001

在發展中國家，甚至微型信貸工作也遭到非難，原因出自對於強制償還貸款手段的擔憂。

77. UN-HABITAT. *Secure Land Rights for All.* HS/978/08E. 2008. Web.
全文網址為 http://mirror.unhabitat.org/pmss/getElectronicVersion.aspx?nr=2488&alt=1
Nicole Anand. "To Fight Poverty, Give Secure and Long-term Land Rights to the Poor." *One World South Asia.* November 13, 2010. Web.
全文網址為 http://southasia.oneworld.net/archive/weekend/to-fight-poverty-give-secure-and-long-term-land-rights-to-the-poor#.VTY-jq2qqko

78. David Bledsoe and Michael Brown. *Land and Conflict: A Toolkit for Intervention.* USAID (2005). Web.
全文網址為 http://www.globalprotectioncluster.org/_assets/files/tools_and_guidance/housing_land_property/By%20Themes/Land%20Conflict/CMM_Land_and_Conflict_Toolkit_2005_EN.pdf
Land Governance for Equitable and Sustainable Development. "Kenya: Food Security and Land Governance Factsheet." 2010. Web.
全文網址為 http://www.landgovernance.org/system/files/Kenya%20Factsheet%20landac%20april%202011.pdf
Caroline Moser and Dennis Rodgers. "Change, Violence and Insecurity in Non- Conflict Situations." *Overseas Development Institute Working Paper* 245. March 2005. Web.
全文網址為 http://www.odi.org.uk/resources/docs/1824.pdf

79. UN-HABITAT.

80. Hamid Rashid. "Land Rights and the Millennium Development Goals: How the Legal Empowerment Approach Can Make a Difference." *IDLO Legal Empowerment Working Papers No. 15.* Rome: International Development Law Organization (2010). Web.
全文網址為 http://namati.org/resources/land-rights-and-the-millennium-development-goals-how-the-legal-empowerment-approach-can-make-a-difference-paper-n-15

81. "Africa's Homeless Widows." *The New York Times.* Opinion. June 16, 2004. Web.

全文網址為 http://www.nytimes.com/2004/06/16/opinion/africa-s-homeless-widows.html

82. Sylvia B. Ondimba. "The World Must Support Its Widows." *The Guardian*. June 23, 2011. Web.

    全文網址為 http://www.theguardian.com/commentisfree/2011/jun/23/international-widows-day-support

83. UN Division for the Advancement of Women. "Widowhood: Invisible Women, Secluded or Excluded." *Women 2000*. December 2001. Web.

    全文網址為 http://www.un.org/womenwatch/daw/public/wom_Dec%2001%20single%20pg.pdf

84. Kachika, Tanyade. "Land Grabbing in Africa: A Review of the Impacts and the Possible Policy Responses" Oxfam (2010).

    全文網址為 http://www.oxfamblogs.org/eastafrica/wp-content/uploads/2010/11/Land-Grabbing-in-Africa.-Final.pdf

85. Kaori Izumi, et al. "Protecting Women's Land and Property Rights in the Context of AIDS." Module 4/Thematic Note 5. (2008). Web.

    全文網址為 http://siteresources.worldbank.org/INTGENAGRLIVSOUBOOK/Resources/AfricaIAP.pdf

86. UN Division for the Advancement of Women.

87. S. Vanessavon Struensee. "Widows, AIDS, Health, and Human Rights in Africa." (2004). Web.

    全文網址為 http://papers.ssrn.com/sol3/papers.cfm?abstract_id=569665

88. Rashid.

89. 同前。

90. Oxfam. "Oxfam warns that modern day land rush is forcing thousands into greater poverty." Oxfam (2011). Web.

    全文網址為 https://www.oxfam.org/en/pressroom/pressreleases/ 2011-09-22/oxfam-warns-modern-day-land-rush-forcing-thousands-greater

91. Narayan, Chambers, Shah and Petesch (emphasis added).

92. Narayan and Petesch, 471.

93. 同前。

94. Narayan, Chambers, Shah and Petesch.

95. Narayan and Petesch.

96. 同前。

97. Open society Justice Initiative. "Criminal Force: Torture, Abuse, and Extrajudicial Killings by the Nigeria Police Force." Open Society Institute and NOPRIN. New York: Open Society Initiative (2010). Web.

   全文網址為 http://www.opensocietyfoundations.org/sites/default/files/criminal-force-20100519.pdf

98. Narayan, Chambers, Shah and Petesch.

99. 同前，163。

   Amnesty International. "Rape: The Silent Weapon." Amnesty International (2006). 3. Web.

   全文網址為 http://www.univie.ac.at/bimtor/dateien/nigeria_ai_2006_rape_the_silent_weapon.pdf

100. Open Society Justice Initiative. "Pretrial Detention and Torture: Why Pretrial Detainees Face the Greatest Risk." New York: Open Society Initiative (2011). 23. Web.

   全文網址為 http://www.opensocietyfoundations.org/reports/pretrial-detention-and-torture-why-pretrial-detainees-face-greatest-risk

101. 同前，20。

102. 同前。

103. "Unclog the Courts: Law Ministry Proposes Measures to Clear Backlog of Cases." *The Times of India*. October 27, 2009.

104. "Pretrial Detention and Torture: Why Pretrial Detainees Face the Greatest Risk."

105. Alfred de Zayas. "Human Rights and Indefinite Detention."

106. Open Society Justice Initiative. "The Socioeconomic Impact of Pretrial Detention." New York: Open Society Initiative (2010). 13. Web.

   全文網址為 http://www.opensocietyfoundations.org/sites/default/files/socioeconomic-impact-pretrial-detention-02012011.pdf

107. 同前。

108. Michael Wines. "The Forgotten of Africa, Wasting Away in Jails Without Trial." *The New York Times*. November 6, 2005. Web.

全文網址為http://www.nytimes.com/2005/11/06/international/africa/06prisons.html?pagewanted=all&_r=0

109. Police Staff College. "Locked up and Forgotten." October 2010. Web.
全文網址為http://www.penalreform.org/wp-content/uploads/2013/05/Dhaka-Declaration-FINAL-version-October-7_0.pdf

110. Open Society Justice Initiative. 2010. 8.

111. United Nations. "Interim report of the Special Rapporteur on torture and other cruel, inhuman or degrading treatment or punishment." United Nations. (2009) Web.
全文網址為http://www.ohchr.org/Documents/HRBodies/HRCouncil/RegularSession/Session22/A.HRC.22.53_English.pdf

112. 同前，34。

113. Alfred de Zayas. "Human Rights and Indefinite Detention."

114. Open Society Justice Initiative. 2011. 17.

115. 同前，30。

116. 同前，11。

117. Nowak, Manfred. "Fact-Finding on Torture and Ill-Treatment and Conditions of Detention." *Journal of Human Rights Practice 1*, no. 1 (March 2009): 113. Web.
全文網址為http://jhrp.oxfordjournals.org/content/1/1/101.full. pdf+html

第三章

1. Lyndon N Irwin and Douglas Pascoe. "Grasshopper Plagues and Destitute Farmers." Missouri State University Agricultural History Series: Grasshopper Plagues. Web.
全文網址為http://www.lyndonirwin.com/hopdesti.htm

2. "When The Skies Turned To Black: The Locust Plague of 1875: A Study of the Intersection of Genealogy and History." Hearthstone Legacy Publications. 2004–2012. Web.
全文網址為http://www.hearthstonelegacy.com/when-the-skies-turned-to-black-the_locust-plague-of-1875.htm

3. Daniel Hubbard. "Locusts on the Plains." *Personal Past Meditations: A Genealogical Blog*. 2009. Web.

    全文網址為 http://www.thepersonalpast.com/2009/08/14/locusts

4. Lyndon N Irwin and Douglas Pascoe. "Grasshopper Plagues and Destitute Farmers."

5. *The History of Henry and St. Clair Counties, Missouri*. St. Joseph, MO: National Historical Company, 1883. 959. Web.

    全文網址為 http://www.archive.org/stream/historyofhenryst00nati# page/958/mode/2up

6. Christopher Stone. "Crime, Justice Systems and Development Assistance." *World Bank Legal Review: Law, Equity, and Development*, vol. 2. Washington: World Bank and Martinus Nijhoff, 2006. 215, 216. Web.

    全文網址為 https://openknowledge.worldbank.org/bitstream/handle/10986/ 6899/568260PUB0REPL1INAL 0PROOF0FULL0TEXT.pdf ?sequence=1

7. (Narayan 1999) and (Sage et al. 2006) in Open Society Justice Initiative and Department for International Development 2008:7.

    Roger Bowles, Joseph Akpokodje, Emmanuel Tigere. *Evidenced-based Approaches to Crime Prevention in Developing Countries*. Centre for Criminal Justice Economics and Psychology, University of York, (2002).

8. Pablo Fajnzylber, Daniel Lederman, and Norman Loayza. *Determinants of Crime Rates in Latin America and the World: An Empirical Assessment*. Washington, DC: World Bank (1998). 1. Web.

    全文網址為 http://www-wds.worldbank.org/external/default/ WDSContentServer/IW3P/IB/2000/02/23/000094946_99030406230127/ Rendered/PDF/multi_page.pdf

9. The World Bank. *The World Bank Legal Review: Law, Equity, and Development*. vol. 2. Ed. A. Palacio. Washington: The World Bank (2006). 18. Print.

10. United Nations Office on Drugs and Crime. *Crime and Development in Central America: Caught in the Crossfire*. Vienna: UNODC (2007). 11. Web.

    全文網址為 http://www.unodc.org/pdf/research/Central_America_ Study_2007.pdf

Antonio Maria Costa. Localizing the Millennium Development Goals. United Nations, 2008. 2.

11. Department for International Development. *Eliminating World Poverty*, 2006. London: DFID (2006) 37.

12. United Nations Office on Drugs and Crime. *Crime and Development in Africa*. Vienna: UNODC (2005). 101. Web.

    全文網址為 http://www.unodc.org/pdf/African_report.pdf

13. Deepa Narayan, Robert Chambers, Meera K. Shah, and Patti Petesch. "Anxiety, Fear, and Insecurities." *Voices of the Poor: Crying Out for Change*. New York: Oxford University Press (2000). 152. Web.

    全文網址為 http://siteresources.worldbank.org/INTPOVERTY/Resourc es/335642-1124115102975/1555199-1124115201387/cry.pdf

14. Michael R. Anderson. *Access to Justice and Legal Process: Making Legal Institutions Responsive to Poor People in LDCs*. Sussex: Institute of Development Studies (2003). 2. Web.

    全文網址為 https://www.ids.ac.uk/files/dmfile/Wp178.pdf

    Easterly, 87.

    「社會必須解決的另一個問題，是對於財產和人員的保護。」

    另請參閱 Amartya Sen. "What Is the Role of Legal and Judicial Reform in the Development Process." *The World Bank Legal Review: Law, Equity, and Development*, vol. 2. Ed. A. Palacio. Washington: The World Bank (2006). 215–216.

    「請容許我在此稍微停頓，回想資本主義如何搖身一變成為如此成功的體系。直到法治進化後資本主義才興起，財產權在法律和實踐雙方面廣受採行，使得以私有制為基礎的經濟可行且持續運轉。直到透過法律以及行為變革，使人們能夠自由打造契約且有效執行，交易才變得具有效率。」

15. Daron Acemoglu and James Robinson. *Why Nations Fail, The Origins of Power, Prosperity & Poverty*. New York: Random House (2012).

16. George Soros and Fazle Hasan Abed. "Rule of Law Can Rid the World of Poverty." *Financial Times*, September 26, 2012.

    全文網址為 http://www.ft.com/intl/cms/s/0/f78f8e0a-07cc-11e2-8354-

00144feabdc0.html

17. World Bank. *World Development Report*. 2011. 64–65. Web.

全文網址為 http://siteresources.worldbank.org/INTWDRS/Resources/
WDR2011_Chapter1.pdf

「雖然全部的成本難以量化，保守估計由於內戰與程度非常嚴重的暴力
犯罪，失去的生產經濟成本介於國內生產總值的百分之二至三。」

18. Ginger Thompson. "In Guatemala Village, a Scramble for Bodies." *The New
York Times*, October 11, 2005. Web.

全文網址為 http://www.nytimes.com/2005/10/10/world/americas/10iht-
flood.html

19. *World Development Report*, 65.

20. Juan Luis Londoño and Rodrigo Guerrero. "Violencia en América Latina:
epidemiología y costos." In *Asalto al Desarrolla: Violencia en América Latina*.
Ed. Juan Luis Londoño, Alejandro Gaviria, and Rodrigo Guerrero.
Washington D.C.: Inter-American Development Bank.

21. IDB Institutions for Development — Institutional Capacity of the State
Division. *The Cost of Crime and Violence in Latin America and the Caribbean*.
5. Web.

全文網址為 http://idbdocs.iadb.org/wsdocs/getdocument.aspx?
docnum=36835069

另請參閱 United Nations Organization on Drugs and Crime and the Latin
America and the Caribbean region of the World Bank. *Crime, Violence, and
Development: Trends, Costs, and Policy Options in the Caribbean*. 2007. 59.
Web.

全文網址為 http://www.unodc.org/pdf/research/Cr_and_Vio_Car_E.pdf

22. Pfizer（2001）估計犯罪暴力的總成本相等於工業國家國內生產總值的
百分之五，或是低收入國家國內生產總值的百分之十四。

Inter-American Development Bank. Institutions for Development —
Institutional Capacity of the State Division. 5.

23. Mayra Buvinic and Andrew Morrison. *Technical Note 4: Violence as an
Obstacle to Development*. Inter-American Development Bank (1999), 4. Web.

全文網址為 http://idbdocs.iadb.org/wsdocs/getdocument.aspx?

docnum=362887

24. 同前。

25. World Health Organization. "Violence by Intimate Partners." World Report on Violence and Health (2002), 102–103. Web.
   全文網址為 http://whqlibdoc.who.int/publications/2002/9241545615_chap4_eng.pdf

26. Buvinic, 5.

27. United Nations Office on Drugs and Crime. *Crime and Development in Africa*. Vienna: UNODC (2005). 67.

28. United Nations Office on Drugs and Crime. *Crime and Development in Central America: Caught in the Crossfire*. Vienna: UNODC (2007). 73.

29. *Crime and Development in Africa*.

30. Human Rights Watch. "South Africa: Sexual Violence Rampant in Schools." March 27, 2001.
   全文網址為 http://www.hrw.org/news/2001/03/26/south-africa-sexual-violence-rampant-schools

31. *Crime and Development in Africa*, 72.

32. World Health Organization. *Thirds Milestone of a Global Campaign of Violence Prevention Report* (2007), 7. Web.
   全文網址為 http://whqlibdoc.who.int/publications/2007/9789241595476_eng.pdf

33. *Crime and Development in Africa*, 67; *Crime and Development in Central America: Caught in the Crossfire,* 73. Web.

34. World Bank. *Crime and Violence in Central America: A Development Challenge*. World Bank (2011). 5, 11, 17. Web.
   全文網址為 http://siteresources.worldbank.org/INTLAC/Resources/FINAL_VOLUME_I_ENGLISH_CrimeAndViolence.pdf

35. *Crime and Development in Africa*, 68.

36. 同前，xiii，71。

37. Michael R. Anderson. *Access to Justice and Legal Process: Making Legal Institutions Responsive to Poor People in LDCs*. Sussex: Institute of Development Studies (2003). 20. Web.

全文網址為 https://www.ids.ac.uk/files/dmfile/Wp178.pdf

38. World Health Organization. "Violence by Intimate Partners." (2007). 101–102.

    全文網址為 http://www.who.int/violence_injury_prevention/violence/global_campaign/en/chap4.pdf

39. Buvinic, 4.

40. Judith Herman. *Trauma and Recovery: The Aftermath of Violence-from Domestic Abuse to Political Terror.* New York: Basic Books (1992). 86.

41. 同前，90。

42. 同前，94。

43. Centre on Housing Rights and Evictions Women and Housing Rights Programme. *Women, Slums and Urbanisation:Examining the Causes and Consequences.* 2008. 13. Web.

    全文網址為 http://sheltercentre.org/sites/default/files/COHRE_WomenSlumsAndUrbanisationExaminingTheCausesAndConsequences.pdf

44. UN-Habitat. *State of the World's Cities 2010/2011—Cities for All: Bridging the Urban Divide.* London: Earthscan Publications Ltd. (2010). 117.

    全文網址為 http://mirror.unhabitat.org/pmss/getElectronicVersion.aspx?nr=2917&alt=1

45. Human Rights Watch. *Policy Paralysis: A Call for Action on HIV/ AIDS-Related Human Rights Abuses Against Women and Girls in Africa* (December 2003), 10. Web.

    全文網址為 http://www.hrw.org/sites/default/files/reports/africa1203.pdf

46. International Labour Conference. *A Global Alliance Against Forced Labour.* 93rd Session, 2005. Geneva: International Labour Office (2006). 30. Web.

    全文網址為 http://apflnet.ilo.org/resources/a-global-alliance-against-forced-labour/at_download/file1

47. Johannes Koettl. *Human Trafficking, Modern Day Slavery, and Economic Exploitation.* The World Bank 2009). Web.

    全文網址為 http://siteresources.worldbank.org/SOCIALPROTECTION/Resources/SP-Discussion-papers/Labor-Market-DP/0911.pdf

48. Open Society Foundations. The Global Campaign for Pretrial Justice.

Collateral Consequences: How Pretrial Detention Stunts Socioeconomic Development. Open Society Justice Initiative (2013). Web.
全文網址為 http://legalaidreform.org/pretrial-justice-resources/item/download/163_581878bda12222b1e4262d03c32b3a50

49. Christopher Stone. *Crime, Justice, and Growth in South Africa: Toward a Plausible Contribution from Criminal Justice to Economic Growth.* Center for International Development at Harvard University. 2006. 10. Web.
全文網址為 http://www.hks.harvard.edu/var/ezp_site/storage/fckeditor/file/pdfs/centers-programs/centers/cid/publications/faculty/wp/131.pdf

50. Christopher Stone. "Crime, Justice Systems and Development Assistance." *World Bank Legal Review: Law, Equity, and Development*, vol. 2. Washington: World Bank and Martinus Nijhoff, 2006. 216. Web.
全文網址為 https://openknowledge.worldbank.org/bitstream/handle/10986/6899/568260PUB0REPL1INAL0PROOF0FULL0TEXT.pdf?sequence=1

第四章

1. Patricia Kameri Mbote and Migai Akech. *Kenya: Justice Sector and the Rule of Law.* Johannesburg: The Open Society Initiative for Eastern Africa (2011). 12, 149. Web.
全文網址為 http://www.ielrc.org/content/a1104.pdf

2. 同前，123。

3. 同前，124。

4. World Health Organization. "Summary and Key Points." World Malaria Report 2011. World Health Organization (2011). Web.
全文網址為 http://www.who.int/malaria/world_malaria_report_2011/wmr2011_summary_keypoints.pdf

5. "Malaria Overview." Bill and Melinda Gates Foundation. 1999–2012. Web.
全文網址為 http://www.gatesfoundation.org/topics/pages/malaria.aspx

6. David H. Bayley. *Police for the Future.* Oxford University Press: New York (1994); Carl B. Klockers. "The Rhetoric of Community Policing." In J.R. Greene and S.D. Mastrofski (eds), *Community Policing: Rhetoric or Reality.*

New York: Praeger (1988) 239-258.

另請參閱 *Thinking about Police: Contemporary Readings*. Ed. C. B. Klockers and S. D. Mastrofski. New York: McGraw-Hill, Inc. (1991). 537. Print.

7. Richard A. Leo. "Police Scholarship for the Future: Resisting the Pull of the Policy Audience." *Law and Society*, vol. 30 (1996): 871. Web.

全文網址為 http://papers.ssrn.com/sol3/papers.cfm?abstract_id=1144325

事實上，Bayley寫過另一本書專門討論如何在發展中國家建立警察機關，請參閱David H. Bayley. *Changing the Guard: Developing Democratic Police Abroad*. New York: Oxford University Press (2005).

另請參閱Bayley的兩篇相關文章：David H. Bayley and Christine Nixon. "The Changing Environment for Policing, 1985-2008." *New Perspectives in Policing. Harvard Kennedy School*, September 2010. Web.

全文網址為 https://www.ncjrs.gov/pdffiles1/nij/ncj230576.pdf

David H. Bayley. "Democratizing the Police Abroad: What to Do and How to Do It." *Issues in International Crime*. U.S. Department of Justice. Web.

全文網址為 https://www.ncjrs.gov/pdffiles1/nij/188742.pdf

8. Steven Pinker. *The Better Angels of Our Nature: Why Violence Has Declined*. New York: The Viking Press (2011). 681. Print.

9. 過去十年，實證經濟學家在鑒別犯罪刑罰效果的領域進展豐碩，原因是找到新的方法以打破犯罪率及刑罰間的同時性。一般來說，新的實證證據支持遏制模型，不過顯示了失能也會影響犯罪率。警察機關與監禁規模能夠減少犯罪的效力，在不同的方法論途徑得到一致證據。

Steven D. Levitt and Thomas J. Miles. "Empirical Study of Criminal Punishment." *Handbook of Law and Economics Ed. A. M. Polinsky and S. Shavell*. Amsterdam: Elsevier, 2007. 455-495

舉例來說，理性選擇取向的犯罪學家如Derek Cornish和Ronald Clarke，曾描寫當一個罪犯盤算是否要犯罪時，他／她做選擇的過程，極富說服力。根據Cornish和Clarke，可能的罪犯決定犯下罪行前，唯一的衡量標準是受到拘捕的風險（Adler, Mueller, and Laufer 1995）。舉例而言，藉由員警集中巡邏或監控熱門地點，使被拘捕的風險增加，將會影響犯罪者的理性選擇。假定他們做出正確的選擇，就能預防犯罪。Bayley認為警察無法預防犯罪的主張，也受到著名犯罪學家

Lawrence Cohen和Marcus Felson提出的日常活動犯罪理論觀點所駁斥。日常活動觀點與理性選擇理論類似，關注犯罪的特性而非犯罪者的特徵。Cohen和Felson指出，犯罪率會隨著合適目標數量及保護目標的人手不在場而提升。

請參閱Derek Cornish and Ronald V. Clarke eds. *The Reasoning Criminal: Rational Choice Perspectives on Offending.* New York: Springer-Verlag (1986). 另請參閱John J. Coleman. Book Review: Police for the Future by David H. Bayley. The National Executive Institute Associates Leadership Bulletin, March 2001. Web.

全文網址為http://www.neiassociates.org/book-review

10. Pinker, 122.

11. World Bank. *Crime, Violence and Economic Development in Brazil: Elements for Effective Public Policy.* Washington: World Bank (2006). ii.

12. King, Martin Luther, Jr. "Social Justice." Conscience of America Series. Western Michigan University, Read Fieldhouse. Kalamazoo, MI. December 18, 1963. Lecture. Web.

全文網址為http://wmich.edu/sites/default/files/attachments/MLK.pdf

13. World Bank. *World Development Report 2006: Equity and Development.* World Bank (2006). 13. Web.

全文網址為http://www-wds.worldbank.org/servlet/WDSContentServer/WDSP/IB/2005/09/20/000112742_20050920110826/Rendered/PDF/322040World0Development0Report02006.pdf

14. Center for Rights Education and Awareness. *Status of Women and Girls in Kenya: Urgent Need to Uphold Human Rights.* Center for Rights Education and Awareness (2007). 12. Web.

15. Caroline Sage, Nicholas Menzies, and Michael Woolcock. "Taking the Rules of the Game Seriously: Mainstreaming Justice in Development: The World Bank's Justice for the Poor Program." *IDLO Articles.* Rome: International Development Law Organization (2010). 6.

16. 同前，8。

17. United Nations Rule of Law. Commission on Legal Empowerment of the Poor. *Making the Law Work for Everyone: Report of the Commission on Legal*

Empowerment of the Poor, vol. 1. United Nations Development Programme (2008). 47.

18. Christopher Stone. "Crime, Justice Systems and Development Assistance." *World Bank Legal Review: Law, Equity, and Development, vol. 2.* Washington: World Bank (2006). 217. Web.
全文網址為 https://openknowledge.worldbank.org/bitstream/handle/10986/6899/568260PUB0REPL1INAL0PROOF0FULL0TEXT.pdf?sequence=1

19. Deepa Narayan, Robert Chambers, Meera K. Shah, and Patti Petesch. "A Call to Action: The Challenge to Change." *Voices of the Poor: Crying Out for Change.* New York: Oxford University Press (2000). 280. Web.
全文網址為 http://siteresources.worldbank.org/INTPOVERTY/Resources/335642-1124115102975/1555199-1124115201387/cry12.pdf

第五章

1. Child Rights International Network. *Denouncing Sexual Violence Against Adolescent Girls in Bolivia.* Child Rights International Network (2012). Web.
全文網址為 http://www.crin.org/docs/Thematic_Hearing_Submission_DRAFT_03-08-12_3pm.pdf

2. United Nations Office on Drugs and Crime. *Crime and Development in Africa.* United Nations (2005). Web.
全文網址為 http://www.unodc.org/pdf/African_report.pdf

3. United Nations Office on Drugs and Crime. *Crime and Development in Central America: Caught in the Crossfire.* United Nations (2007). 30.

4. Steven Pinker. *The Better Angels of Our Nature: Why Violence Has Declined.* New York: Viking Press (2011).

5. Human Rights Watch. *Broken System: Dysfunction, Abuse, and Impunity in the Indian Police.* New York: Human Rights Watch (2009). 7, 26–28. Web.
全文網址為 http://www.hrw.org/sites/default/files/reports/india0809web.pdf

6. Administrative Staff College of India. *Training Module for Sub-Inspector.* Web.
全文網址為 http://bprd.nic.in/writereaddata/linkimages/4596119307-

Training%20Module%20for%20Sub-Inspector.pdf

7. *Broken System: Dysfunction, Abuse, and Impunity in the Indian Police*, 32.

8. *Broken System: Dysfunction, Abuse, and Impunity in the Indian Police*, 33.

9. Praveen Swami. "Why Rape Victims Aren't Getting Justice." *The Hindu*, March 11, 2012. Web.

   全文網址為 http://www.thehindu.com/news/national/why-rape-victims-arent-getting-justice/article2982508.ece

10. Naureen Shah and Meenakshi Ganguly. *India: Broken System: Dysfunction, Abuse, and Impunity in the Indian Police*. New York: Human Rights Watch (2009). 68.

11. Deepa Narayan and Patti Petesch. Voices of the Poor: From Many Lands. New York: Oxford University Press (2002). 71.

12. 同前，128。

13. Charles Kenny. *Getting Better: Why Global Development Is Succeeding—And How We Can Improve the World Even More*. New York: Basic Books (2011). 170.

14. Human Rights Watch. *Broken System: Dysfunction, Abuse, and Impunity in the Indian Police*. New York: Human Rights Watch (2009). 9. Web.

    全文網址為 http://www.hrw.org/sites/default/files/reports/india0809web.pdf

15. Amnesty International. *Kenya: Insecurity and Indignity: Women's Experiences in the Slums of Nairobi, Kenya*. London: Amnesty International (2010). 15.

16. 「因此員警只要拒絕登記受害人的申訴，就得以操縱轄區內的犯罪率。」

    Abhijit Banerjee, Raghabendra Chattopadhyay, Esther Duflo, Daniel Keniston, and Nina Singh. *Can Institutions Be Reformed from Within? Evidence from a Randomized Experiment with the Rajasthan Police*. Poverty Action Lab, Massachusetts Institute of Technology (2012). 7. Web.

    全文網址為 http://economics.mit.edu/files/7581

17. Ian Clegg, Robert Hunt, and Jim Whetton. *Policy Guidance on Support to Policing in Developing Countries*. Swansea: Centre for Development Studies, University of Wales (2000). 23–24. Web.

    全文網址為 http://www.gsdrc.org/docs/open/SEC4.pdf

18. 同前，56。

19. *Kenya: Insecurity and Indignity: Women's Experiences in the Slums of Nairobi, Kenya*, 12.

20. Tamar Ezer. "Inheritance Law in Tanzania: The Impoverishment of Widows and Daughters." *The Georgetown Journal of Gender and the Law 7* (2006): 599–662. Web.
   全文網址為http://winafrica.org/wp-content/uploads/2011/08/Inheritance-Law-in-Tanzania1.pdf

21. IRIN. "Women Struggle to Survive Sexual Violence in Indonesia." *Jakarta Globe*, April 10, 2012. Web.
   全文網址為 http://www.thejakartaglobe.com/lawan-dorder/women-struggle-to-survive-sexual-violence-in-indonesia/510427

22. Human Rights Watch. *Broken System: Dysfunction, Abuse, and Impunity in the Indian Police*. New York: Human Rights Watch (2009). 9. Web.
   全文網址為 http://www.hrw.org/sites/default/files/reports/india0809web.pdf

23. Asm Shahjahan. "Police Reform: A Bangladesh Concept." "Improving the Police's Role and Performance in Protecting Human and Economic Security." *Report from the ADB Symposium on Challenges in Implementing Access to Justice Reforms*. Asian Development Bank (2005) 39–40. Web.
   全文網址為http://www.adb.org/sites/default/files/publication/29684/challenges-implementing-access-justice.pdf

24. Gen. Edgardo Aglipay. "Police Effectiveness and Accountability: Ideas to Launch Police Reform." "Improving the Police's Role and Performance in Protecting Human and Economic Security." *Report from the ADB Symposium on Challenges in Implementing Access to Justice Reforms*. Asian Development Bank (2005) 48. Web.
   全文網址為http://www.adb.org/sites/default/files/publication/29684/challenges-implementing-access-justice.pdf

25. 印度各邦和聯邦屬地政府共支出56,794,812,164美元在警察部門，除以十二億人口，即為每人支出47美元、每人每天支出少於13美分。
   India: National Crime Records Bureau. "Police Strength, Expenditure, and Infrastructure." *National Crime Records Bureau Report 2010*. Web.

全文網址為 http://ncrb.nic.in/CII2010/cii-2010/Chapter%2017.pdf

相比之下，華盛頓特區每人支出851美元在國民警力上（印度的十八倍），紐約州是每人393美元（八倍），加州每人381美元。

United States; Dept. of Justice. *State and Local Government Expenditures Per Capita by Criminal Justice Function and State: 2007*, Table 345. U.S. Department of Justice, September 2010. Web.

全文網址為 http://www.census.gov/compendia/statab/2012/tables/12s0345.pdf

26. United Nations Office on Drugs and Crime. *Crime and Development in Africa*. Vienna: UNODC (2005). 101. Web.

    全文網址為 http://www.unodc.org/pdf/African_report.pdf

27. 同前，10。

28. United Nations Office on Drugs and Crime. *Crime and Development in Central America: Caught in the Crossfire*. Vienna: UNODC (2007). 30.

29. Adrianus E. Meliala. "Police Reform: The Indonesian Context." *Improving the Police's Role and Performance in Protecting Human and Economic Security*, Report from the ADB Symposium on Challenges in Implementing Access to Justice Reforms. Asian Development Bank (2005). 37. Web.

    全文網址為 http://www.adb.org/sites/default/files/publication/29684/challenges-implementing-access-justice.pdf

    Nicolas Florquin. "Global Private Security/Police Officer Personnel Levels by Country/Per Capita 2011." *2011 Small Arms Survey*. Public Intelligence. Web.

    全文網址為 http://publicintelligence.net/global-private-securitypolice-officer-personnel-levels-by-countryper-capita-2011

30. *Kenya: Insecurity and Indignity: Women's Experiences in the Slums of Nairobi, Kenya*, 38.

31. Asian Development Bank. *Law and Policy Reform*, Report from the ADB Symposium on Challenges in Implementing Access to Justice Reforms. Asian Development Bank (2005). 10. Web.

    全文網址為 http://www.asianlii.org/asia/other/ADBLPRes/2005/2.pdf.

    "Calculating Lifetime Value: A Case Study." *KISSmetrics*. Web.

    全文網址為 https://blog.kissmetrics.com/wp-content/uploads/2011/08/

calculating-ltv.pdf

32. Deepa Narayan, Raj Patel, Kai Schafft, Anne Rademacher, and Sarah Koch-Schulte. *Voices of the Poor: Can Anyone Hear Us?* New York: Oxford University Press (2000). 280. Web.

　　全文網址為 http://siteresources.worldbank.org/INTPOVERTY/Resourc es/335642-1124115102975/1555199-1124115187705/vol1.pdf

33. Michael Wines. "The Forgotten of Africa, Wasting Away in Jails Without Trial." *The New York Times*, November 6, 2005. Web.

　　全文網址為 http://www.nytimes.com/2005/11/06/international/ africa/06prisons.html?pagewanted=all&_r=0

34. Hillery Anderson. "Justice Delayed in Malawi's Criminal Justice System Paralegals vs. Lawyers." *International Journal of Criminal Justice Sciences 1* (January 2008). Web.

　　全文網址為 http://www.sascv.org/ijcjs/anderson.pdf

35. Wines, "The Forgotten of Africa, Wasting Away in Jails Without Trial."

36. 同前。

37. 研究顯示，以政府預算投資的角度來說，檢察起訴服務可能是發展中國家司法管線最受忽視的一個區段。

　　Jan Van Dijk. "Law Enforcement, Crime Prevention, and Victim Assistance." *The World of Crime: Breaking the Silence on Problems of Security, Justice and Development Across the World.* London: Sage Publications (2007). 207–244.

38. United Nations Office on Drugs and Crime. *International Statistics on Crime and Justice.* Ed. S. Harrendorf, M. Heiskanen, and S. Malby. Helsinki: European Institute for Crime Prevention and Control, Affiliated with the United Nations (2010). Web.

　　全文網址為 http://www.unodc.org/documents/data-and-analysis/Crime-statistics/International_Statistics_on_Crime_and_Justice.pdf

39. 同前。

40. Danilo Reyes. "Prosecution in the Philippines." *Focus: Prosecutions in Asia*, special issue, Article 27 (March 2008). Web.

　　全文網址為 http://www.article2.org/mainfile.php/0701/307/

41. Rommel Alim Abitria. "How Speedy are Philippine Criminal Cases Disposed

of?" Humanitarian Legal Assistance Foundation. Web.

全文網址為 http://primary.hlafphil.org/index.php?option=com_phocadownload&view=category&id=1:research&download=1:speedy-trial-survey&Itemid=76

42. Dr. Romulo A. Virola. "2009 Official Poverty Statistics." NSCB Operations Room, Makati City. National Statistical Coordination Board (February 8, 2011). Presentation. Web.

全文網址為 http://www.nscb.gov.ph/poverty/2009/Presentation_RAVirola.pdf

43. "Launch of Joint UNODC and DPP Report: Toward Professionalized Prosecution Services in Kenya." United Nations Office of Drug and Crime, Eastern Africa. Web.

全文網址為 http://www.unodc.org/easternafrica/en/criminal-justice.html

44. "SC Raps States for Shortage of Prosecutors." *The Times of India*, September 22, 2011. Web.

全文網址為 http://timesofindia.indiatimes.com/india/SC-raps-states-for-shortage-of-prosecutors/articleshow/10073262.cms

另請參閱 Rebecca Samervel. "Prosecution & Cops Need to Work as Team." *The Times of India*, February 29, 2012. Web.

全文網址為 http://timesofindia.indiatimes.com/city/mumbai/Prosecution-cops-need-to-work-as-team/articleshow/12078595.cms

45. "Behind Maharashtra's Plummeting Conviction Rate." *Rediff News*. 02 Feb. 2012. Web.

全文網址為 http://www.rediff.com/news/report/behind-maharashtras-plummeting-conviction-rate/20120202.htm

46. Madan Lal Sharma. "The Role and Function of Prosecution in Criminal Justice." *Resource Material Series No. 53. 107th International Training Course Participants' Papers.* United Nations Asia and Far East Institute. Web.

全文網址為 http://www.unafei.or.jp/english/pdf/RS_No53/No53_20PA_Vargas.pdf

"Little Justice for Rape Victims." *The Hindu*. Table. Web.

全文網址為 http://www.thehindu.com/multimedia/archive/00948/Little_justice_for__948144a.pdf

47. "Guatemala." The International Commission against Impunity in Guatemala. Web.

全文網址為 http://cicig.org/index.php?page=guatemala

48. "Bolivia." United Nations Office on Drugs and Crime. 2005–2006. Web.

全文網址為 http://www.unodc.org/documents/data-and-analysis/Bolivia.pdf.

49. "Brazil: Country Specific Information." *Travel.State.Gov*. Web.

全文網址為 http://travel.state.gov/content/passports/english/country/brazil.html

50. 「」

United Nations Office on Drugs and Crime. *Crime and Development in Africa*. Geneva: UNODC (2005). 97.

「」

United Nations Development Programme. *Making the Law Work for Everyone: Volume 1—Report of the Commission on Legal Empowerment of the Poor*. New York: UNDP (2008). 14.

51. Michael R. Anderson. *Access to Justice and Legal Process: Making Legal Institutions Responsive to Poor People in LDCs*. Sussex: Institute of Development Studies (2003). 19. Web.

全文網址為 http://www.ids.ac.uk/files/dmfile/Wp178.pdf

52. 布吉納法索、布隆迪、象牙海岸、賴比瑞亞、馬拉威、馬利、尼日、盧安達、尚比亞的人口總和約等於一億一千四百萬人，其中有 2,550 位律師。佛蒙特州人口為六十二萬二千人，擁有 2,166 位律師。加州、德州、紐約州、佛州和伊利諾州的人口總和為一億一千二百萬人，律師有 136,880 位。

"Lawyers Per Capita By State." *The Law School Tuition Bubble*. Web.

全文網址為 http://lawschooltuitionbubble.wordpress.com/original-research-updated/ lawyers-per-capita-by-state

United Nations Office on Drugs and Crime. *Access to Legal Aid in Criminal Justice Systems in Africa: Survey Report*. New York: United Nations (2011). Web.

全文網址為 http://www.unodc.org/pdf/criminal_justice/Survey_Report_on_Access_to_Legal_Aid_in_Africa.pdf

53. 同前，14。

54. Michael Anderson. *Access to Justice and Legal Process: Making Legal Institutions Responsive to Poor People in LDCs.* Institute of Development Studies, Sussex. (February 2003). 19.

55. *Crime and Development in Africa*, 13.

56. United Nations Office on Drugs and Crime. *International Statistics on Crime and Justice.* Ed. S. Harrendorf, M. Heiskanen, and S. Malby. Helsinki: European Institute for Crime Prevention and Control, Affiliated with the United Nations (2010). Web.
全文網址為http://www.unodc.org/documents/data-and-analysis/Crime-statistics/International_Statistics_on_Crime_and_Justice.pdf

57. Press Trust of India. "Court Will Take 320 Years to Clear Backlog Cases: Justice Rao." *The Times of India*, March 6, 2010. Web.
全文網址為http://articles.timesofindia.indiatimes.com/2010-03-06/india/28143242_1_high-court-judges-literacy-rate-backlog
Bar & Bench News Network. "Pending Litigations 2010: 32,225,535 Pending Cases; 30% Vacancies in High Courts: Government Increases Judicial Infrastructure Budget by Four Times." *Bar & Bench* (June 3, 2011). Web.
全文網址為http://barandbench.com/content/212/pending-litigations-2010-32225535-pending-cases-30-vacancies-high-courts-government#.VTjO1K2qqko

58. United Nations Office on Drugs and Crime. "Why Fighting Crime Can Assist Development in Africa: Rule of Law and Protection of the Most Vulnerable" United Nations Office on Drugs and Crime. Web.
全文網址為http://www.unodc.org/pdf/research/Africa_Summary_eng.pdf

59. Antonio T. Carpio. "Judicial Reform in the Philippines." Central Luzon Regional Convention of the Integrated Bar of the Philippines. (June 29, 2012). Speech. Web.
全文網址為http://zh.scribd.com/doc/98639760/Justice-Antonio-T-Carpio-Judicial-reform-in-the-Philippines
另請參閱"Philippine Justice Slowed by Judge Shortage." *Middle East North Africa Financial Network. Singapore: The Straits Times*, Mar 28, 2011. Web.

60. International Bar Association Human Rights Institute. *One in Five: The Crisis in Brazil's Prisons and Criminal Justice System*. London: International Bar Association (2010).

61. R. Hunter. "Reconsidering 'Globalisation': Judicial Reform in the Philippines." *Law, Text, Culture 6*, no. 1 (January 1, 2002): 6. Web. 全文網址為 http://ro.uow.edu.au/ltc/vol6/iss1/5

62. 「在這種無罪免責的局勢裡，法律的遏制效力微乎其微。」

United Nations Office on Drugs and Crime. *Crime and Development in Central America: Caught in the Crossfire*. United Nations (2007). 13. Web. 全文網址為 http://www.unodc.org/documents/data-and-analysis/Central-america-study-en.pdf

「假如一樁謀殺案最後遭到定罪的機率小於二十分之一，刑事司法制度的遏制力很可能十分微弱，而連續殺人犯被逮捕前或許能擁有十分漫長的職業生涯。」

United Nations Office on Drugs and Crime. *Figure 9: Homicide Conviction Rates: Europe Crime and Development in Africa*. United Nations (2005). 69. Web. 全文網址為 http://www.unodc.org/pdf/African_report.pdf

63. Heather Timmons. "Rape Trial Challenges a Jam in India's Justice System." *The New York Times*, January 23, 2013. 全文網址為 http://www.nytimes.com/2013/01/24/world/asia/gang-rape-trial-tests-indias-justice-system.html

64. Justice J. S. Verma (ret'd), Justice Leila Seth (ret'd), and Gopal Subramanium. *Report of the Committee on Amendments to Criminal Law.* (January 23, 2013). 全文網址為 http://www.scribd.com/doc/121798698/Justice-Verma-Committee-report

65. WAMU-FM. Kojo Nnamdi Show. "Interview of Katherine Boo regarding her book Behind the Beautiful Forevers: Life, Death, and Hope in a Mumbai Undercity." (February 29, 2012). (audio excerpted at 26:51–28:52).

66. Ronald Bailey. "The Secrets of Intangible Wealth." Reason.com, (October 5, 2007). Web.

全文網址為http://reason.com/archives/2007/10/05/the-secrets-of-intangible-weal

67. The World Bank. *Where is the Wealth of the Nations?* Washington, DC: The World Bank (2006). Web.

全文網址為http://siteresources.worldbank.org/INTEEI/214578-1110886258964/20748034/All.pdf

68. David Brooks. "Sam Spade at Starbucks." *The New York Times*, April 12, 2012. Web.

全文網址為http://www.nytimes.com/2012/04/13/opinion/brooks-sam-spade-at-starbucks.html

69. Mark L. Schneider. *Placing Security and Rule of Law on the Development Agenda.* Washington, DC: World Bank (2009). 14. Print.

第六章

1. Martin Luther King, Jr. "I Have a Dream." Lincoln Memorial, Washington, DC, (August 28, 1963).

全文網址為http://www.americanrhetoric.com/speeches/mlkihaveadream.htm

2. UN Archives/Geneva, SOA 317/4/01(C), speech by John Humphrey, January 1, 1952, cited in Paul Gordon Lauren. *The Evolution of International Human Rights: Visions Seen.* 3d ed. XX: Philadelphia: University of Pennsylvania (2011). 232.

3. 同前。

4. Robert Jackson, Opening Statement, in International Military Tribunal, *Trial of the Major War Criminals 2* (November 21, 1945): 98–99, 130, cited in Lauren. *The Evolution of International Human Rights*, 198.

5. Lauren. *The Evolution of International Human Rights*, 198.

6. 同前。

7. Herman Goering, as cited in G. M. Gibert. *Nuremberg Diary.* New York: New American Library, (1961), 39, cited in Paul Gordon Lauren, *The Evolution of International Human Rights: Visions Seen,*198.

8. Mary Ann Glendon. *A World Made New: Eleanor Roosevelt and the Universal Declaration of Human Rights*. New York: Random House, 2001.

9. Lauren. *The Evolution of International Human Rights*, 207.

10. 同前。

11. 同前。

12. Glendon. *A World Made New*, 36.

13. 同前。

14. Vladimir Koretsky, as cited in Humphrey, *Human Rights and the United Nations*, 40.
    另請參閱 U.S., NARA, RG 59, Box 2256, 501.BD Human Rights/6-2147, Telegram 7594 from W. Austin to Department of State, Restricted, (June 21, 1947) in Lauren, *The Evolution of International Human Rights*, 217.

15. Hansa Mehta, as cited in "Economic and Social Council," *United Nations Weekly Bulletin*, March 25, 1947, in Lauren, *The Evolution of International Human Rights*, 217.

16. 同前。

17. Glendon. *A World Made New*, xvi.

18. E. N. Nasinovsky, December 16, 1966, in UN/GA, *Official Records, Plenary Meetings*, 1966, at 13, cited in Lauren, *The Evolution of International Human Rights*, 242.

19. Lauren. *The Evolution of International Human Rights*, 242.

20. Martha Finnemore and Kathryn Sikkink. "International Norm Dynamics and Political Change." *International Organization* 52 (1998): 887–917.
    全文網址為 http://www.jstor.org/discover/10.2307/2601361?uid=3739216&uid=2&uid=4&sid=21106560955523

21. Human Rights Watch. "The Small Hands of Slavery: Bonded Child Labor In India" *Human Rights Watch Children's Rights Project*. New York: Human Rights Watch. Web.
    全文網址為 http://www.hrw.org/reports/1996/India3.htm

22. Women in Law and Development. *Protocol to the African Charter on Human and People's Rights on the Rights of Women in Africa (Simplified)*. Lomé, Togo: Women in Law and Development. (2005). Web.

全文網址為http://www.achpr.org/files/instruments/women-protocol/achpr_instr_proto_women_eng.pdf

23. Abigail Schwartz. "Sex Trafficking in Cambodia." *Columbia Journal of Asian Law* 17, no. 2 (2004): 373–431. Web.

24. Jonathan L. Hafetz. "Latin America: Views on Contemporary Issues in the Region Pretrial Detention, Human Rights, and Judicial Reform in Latin America." *Fordham International Law Journal* 26, no. 6 (2002): 1754–1777.

25. Karl DeRouen Jr. and Uk Heo. "Modernization and the Military in Latin America." *British Journal of Political Science* 31 (2001): 475–496.
    全文網址為http://www.jstor.org/discover/10.2307/3593286?uid=3739584&uid=2129&uid=2134 &uid=2&uid=70&uid=4&uid=3739256&sid=21101371053863

26. Lauren, 228.

27. Andrea M. Bertone. "Transnational Activism to Combat Trafficking in Persons." *Brown Journal of World Affairs* 10 (2004): 9–22.

28. Stuart Ford. "How Leadership in International Criminal Law is Shifting from the United States to Europe and Asia: An Analysis of Spending on and Contributions to International Criminal Courts." *Saint Louis University Law Journal* 55 (2011): 953–999. Web.
    全文網址為http://papers.ssrn.com/sol3/papers.cfm?abstract_id=1674063

29. Hans Peter Schmitz. "Transnational Human Rights Networks: Significance and Challenges." *The International Studies Encyclopedia*. Vol. XI, ed. Robert A. Denmark. New York: Wiley-Blackwell, 2010. 7189–7208.

30. Commission on Legal Empowerment of the Poor. *Making the Law Work for Everyone*. Report vol. 1. United Nations Development Programme, June 2008. 31–32. Web.
    全文網址為http://www.unrol.org/doc.aspx?n=Making_the_Law_Work_for_Everyone.pdf

31. United Nations General Assembly. *Universal Declaration of Human Rights*. Paris: United Nations (1948). Article 8. Web.
    全文網址為http://www. un.org/en/documents/udhr/index.shtml

第七章

1. 在英國統治下稱為印度文官機構（Indian Civil Service）。

2. 就在同一年，法國首度引進穿制服的專職警員。

3. Kirpal Dhillon. *Police and Politics in India: Colonial Concepts, Democratic Compulsions, Indian Police*, 1947–2002. New Delhi: Manohar (2005). 35. Print. Emphasis added.

4. 同前，329。

5. 同前，23，41。

6. 同前，41。

7. 同前，36。

8. 同前，33。

9. David Bayley. "The Police and Political Development in India."Patterns of Policing: A Comparative International Analysis. New Brunswick: Rutgers University Press. (1985). Print. 51.

10. 同前，42。

11. 同前，45。

12. "History of the Kenya Police." Kenya Police. Web. 全文網址為 http://archive.is/eoer

13. Human Rights Watch. *Broken System: Dysfunction, Abuse, and Impunity in Indian Police*. New York: Human Rights Watch (2009).

14. Dhillon, *Police and Politics in India*, 28.

15. 同前。

16. Patrick Edobar Igbinovia. "Pattern of Policing in Africa: The French and British Connections." *Police Journal* 54, no. 2 (1981): 150–151.

17. 同前，150–152。

18. Emmanuel C. Onyeozili. "Obstacles to Effective Policing in Nigeria." *African Journal of Criminology and Justice Studies* 1, no. 1 (2005): 32.

19. 同前，37。

20. 同前，36。

21. Edna E. A. Coetal. *Philippine Democracy Assessment: Rule of Law and Access to Justice*. Stockholm: International Institute for Democracy and Electoral

Assistance (2010). 98–99. Web.

全文網址為 http://www.idea.int/publications/philippine_democracy_ assessment/loader.cfm?csmodule=security/getfile&pageid=42088

22. 同前。

23. S. E. Hendrix. "Innovation in Criminal Procedure in Latin America: Guatemala's Conversion to the Adversarial System." *Southwestern Journal of Law and Trade in the Americas* 5 (Fall 1998): 381. Print.

24. Simon Robins. "Restorative Approaches to Criminal Justice in Africa: The Case of Uganda." *The Theory and Practice of Criminal Justice in Africa*. Pretoria, South Africa: Institute for Security Studies (2009). 61.

25. Iffat Idris. *Legal Empowerment in Pakistan*. Islamabad: United Nations Development Programme Pakistan (2008).

26. Open Society Initiative for Southern Africa. *Mozambique: Justice Sector and the Rule of Law*. Johannesburg: Open Society Initiative for Southern Africa (2006).111. Web.

全文網址為 http://www.afrimap.org/english/images/report/ Mozambique%20Justice%20report%20(Eng).pdf

27. AfriMAP et al. *Ghana: Justice Sector and the Rule of Law*. Dakar: Open Society Initiative for West Africa (2007).104. Web.

全文網址為 http://www.afrimap.org/english/images/report/AfriMAP_ Ghana%20JusticeDD.pdf

28. F. E. Kanyongolo. *Malawi: Justice Sector and the Rule of Law*. Johannesburg: Open Society Initiative for Southern Africa (2006). 114–115. Web.

全文網址為 http://www.afrimap.org/english/images/report/Malawi%20 Report%20justice.pdf

29. S. F. Joireman. "Inherited Legal Systems and Effective Rule of Law: Africa and the Colonial Legacy." *The Journal of Modern African Studies* 39, no. 4 (2001): 571–596.

30. "Access to Justice and Legal Process: Making Legal Institutions Responsive to Poor People in LDCs," 21.

31. Daniel Fitzpatrick. "Beyond Dualism: Land Acquisition and Law in Indonesia." *Indonesia: Law and Society*, 2d ed. Ed. Tim Lindsey. Sydney: The

Federation Press (2008). 1.

另請參閱 D. Henley. "In the Name of Adat: Regional Perspectives on Reform, Tradition, and Democracy in Indonesia." *Modern Asian Studies* 42, no. 4 (2008): 815–852. Print.

Kurnia Toha. *The Struggle over Land Rights: A Study of Indigenous Property Rights in Indonesia*. Seattle: University of Washington (2007).

32. Amnesty International. *Senegal: Land of Impunity*. London: Amnesty International Publications (2010). 14. Web.

全文網址為 http://www.amnistia-internacional.pt/files/Relatoriosvarios/ Senegal-Terra_da_Impunidade.pdf

33. 同前，6。

34. Dhillon, *Police and Politics in India*, 42.

35. 同前，29。

第八章

1. 所謂的金磚四國（巴西、俄國、印度、中國）儘管擁有最大的成長動力，目前已急遽跌回較為和緩、具有歷史意義的成長水準。
   Ruchir Sharma. "Broken BRICs: Why the Rest Stopped Rising." *Foreign Affairs* (November–December 2012).

2. *International Law and the Third World: Reshaping Justice*. Ed. Richard Falk, Balakrishnan Rajagopal, and Jacqueline Stevens. New York: Routledge-Cavendish (2008), 1–2.

3. 「簡言之，世界的貧窮狀態──尤其是赤貧──在過去三十年已顯著減緩，全球平民的收入不均似乎依舊未變，儘管國際（國家與國家之間）的不均已降低。更重要的是國際與全球的不均形成愈來愈寬的間隙，顯然來自於國家內部的收入不均漸長──尤其是崛起的大型亞洲經濟體如中國、印度、印尼，以及許多經濟合作暨發展組織（OECD）成員國──且此情況並無例外。」
   Pedro Olinto and Jaime Saavedra. *Inequality in Focus: An Overview of Global Income Inequality Trends*. Washington: The World Bank April 2012).

   全文網址為 http://siteresources.worldbank.org/EXTPOVERTY/Resources/

Inequality_in_Focus_April2012.pdf

4. Andy Summer. *Where Will the World's Poor live? An Update on Global Poverty and the New Bottom Billion.* Working Paper 305. Center for Global Development, (September 13, 2012).

    全文網址為 http://www.cgdev.org/content/ publications/detail/1426481

5. World Bank. "Equity and Development." *World Development Report 2006.* New York: Oxford University Press (2006).

6. Jayati Ghosh. "Poverty reduction in China and India: Policy Implications of Recent Trends." New York: United Nations (January 2010). 17.

    全文網址為 http://www.un.org/esa/desa/papers/2010/wp92_2010.pdf

7. American Poverty Rate Ebbs to Lowest in 3 decades— UN." November 27, 2012.

    全文網址為 http://www.reuters.com/article/2012/11/27/latinamerica-poverty-eclac-idUSL1E8MR34B20121127

8. W. Clinton Terry and Karelisa V. Hartigan. "Police Authority and Reform in Augustan Rome and Nineteenth-Century England." *Law and Human Behavior* 6, no. 3–4 (1982). 307.

9. Law and Policy Reform at the Asian Development Bank. "Report from the ADB Symposium on Challenges in Implementing Access to Justice Reforms." Asian Development Bank (2005). 10.

    全文網址為 http://www.asianlii.org/asia/other/ADBLPRes/2005/2.pdf

10. Rita Abrahamsen and Michael C. Williams. "Privatising Africa's Everyday Security." *Open Security*, (July 1, 2010). Web.

    全文網址為 http://www.opendemocracy.net/opensecurity/rita-abrahamsen-michael-c-williams/privatising-africas-everyday-security

11. Rachel Neild. "From National Security to Citizen Security: Civil Society and the Evolution of Public Order Debates." *International Center for Human Rights and Democratic Development* (1999). 16. Web.

    全文網址為 http://www.umass.edu/legal/Benavides/Fall2005/397U/Readings%20Legal%20397U/9%20Richard%20Neild.pdf

12. James Holston, quoted in Neild "From National Security to Citizen Security: Civil Society and the Evolution of Public Order Debates", 11.

13. Neild "From National Security to Citizen Security: Civil Society and the Evolution of Public Order Debates", 16.

14. Manu Kaushik. "A Force to Reckon With." *Business Today*, October 31, 2010. Web.
全文網址為 http://businesstoday.intoday.in/story/a-force-to-reckon-with/1/9591.html

15. 同前。

16. Luciana Coelho. "Brazil Has Almost 5 Private Security Guards for Each Police Officer." *Folha De S. Paulo*, September 14, 2012. Web.
全文網址為 http://www1.folha.uol.com.br/internacional/en/saopaulo/2012/09/1153834-brazil-has-almost-5-private-security-guards-for-each-police-officer.shtml

17. William C. Prillaman. "Crime, Democracy, and Development in Latin America." *Policy Papers on the Americas*, vol. XIV, study 6. Washington, DC: Center for Strategic and International Studies (2003), 13. Web.
全文網址為 http://csis.org/files/media/csis/pubs/ppcrime_democracy_inlatinamerica%5B1%5D.pdf

18. Coelho. "Brazil Has Almost 5 Private Security Guards for Each Police Officer."

19. World Bank. *Kenya—Economic Development, Police Oversight, and Accountability: Linkages and Reform Issues*. Washington, DC: World Bank (2009), ii. Web.
全文網址為 https://openknowledge.worldbank.org/bitstream/handle/10986/3174/445150ESW0P1061C0disclosed031161101.pdf?sequence=1

20. World Bank. *Enhancing the Competitiveness of Kenya's Manufacturing Sector: The Role of the Investment Climate*. Washington, DC: World Bank (2004). 78. Web.
http://chrisblattman.com/documents/policy/2005.KenyaICA.WorldBank.Exec%20Summ.pdf

21. Peter Schouten. "Political Topographies of Private Security in Sub-Saharan Africa." *African Engagements: Africa Negotiating an Emerging Multipolar World*. Africa–Europe Group for Interdisciplinary Studies, vol. 5

(2011): 58. Web.

全文網址為 http://www.academia.edu/1544401/Political_topographies_of_ private_security_in_Sub-Saharan_Africa

22. Abrahamsen and Williams. "Privatising Africa's Everyday Security."

23. Michael Weissenstein. "Mexico Drug War: Common Crime Rates Rise." *Huffington Post*, October 20, 2012. Web.

    全文網址為 http://www.huffingtonpost.com/2012/10/20/mexico-drug-war_ n_1992497.html#slide=1630080

    Katharine A. Lorr. Review of *Gangland: The Rise of Mexican Drug Cartels from El Paso to Vancouver* by Jerry Langton. *The Washington Independent Review of Books*. Web.

    Jeanna Cullinan. "A Look at Police Reform." *Tinker Foundation Incorporated*. Web.

    全文網址為 http://www.tinker.org/content/look-police-reform

24. Katherine Boo. *Behind the Beautiful Forevers.: Life, Death, and Hope in a Mumbai Undercity*. New York: Random House, 2012.

25. Anthony Wanis-St. John. "Implementing ADR in Transitioning States: Lessons Learned from Practice." *Harvard Negotiation Law Review* 5 (2000). 339, 342.

26. 同前，342–343。

27. 同前，346。

28. 同前，368。

29. Neild, "From National Security to Citizen Security," 2.

30. Kathryn Neckerman. *Social Inequality*. New York: Russell Sage Foundation, 2004.

    另請參閱 Katrina Kosec. "Relying on the Private Sector: The Political Economy of Public Investments in the Poor." Unpublished PhD dissertation. Stanford University (2011). 1. Web.

31. Kosec, "Relying on the Private Sector, 5, 6.

    另請參閱 Tugrul Gurgur. "The Political Economy of Public Spending on Publicly-

    Provided Goods in Developing Countries." Unpublished PhD dissertation.

University of Maryland (2005). Web.

全文網址為http://drum.lib.umd.edu/bitstream/1903/2601/1/umi-umd-2495.pdf

32. Miguel Sánchez and Roby Senderowitsch. "The Political Economy of the Middle Class in the Dominican Republic Individualization of Public Goods, Lack of Institutional Trust and Weak Collective Action." *World Bank Policy Research Working Paper*. Santo Domingo, Dominican Republic: World Bank (2012). 39, 40. Web.

全文網址為http://www-wds.worldbank.org/external/default/WDSContentServer/IW3P/IB/2012/04/24/000158349_20120424091546/Rendered/PDF/WPS6049.pdf

另請參閱The World Bank. "Alternative Dispute Resolution Workshop." January 6, 2000. Room MC4-800, 1818 H Street, N.W. Washington, D.C. Washington: Miller Reporting Co. (2000). Web.

全文網址為http://siteresources.worldbank.org/INTLAWJUSTINST/Resources/TranscriptOfWorkshop.pdf

33. Carol Graham. *Private Markets for Public Goods: Raising the Stakes in Economic Reform*. Washington, DC: Brookings Institution Press (1998).

另請參閱Gurgur, "The Political Economy of Public Spending on Publicly-Provided Goods in Developing Countries."

34. World Bank. "Alternative Dispute Resolution Workshop."

35. 同前。

第九章

1. "Foreign Aid for Development Assistance." *Global Issues*, (April 8, 2012). See chart entitled "Comparing Official Aid Given vs. Shortfall 1970-2011, (USD Trillions at 2010 Prices)." Web.

全文網址為http://www.globalissues.org/article/35/foreign-aid-development-assistance#ForeignAidNumbersinChartsandGraphs

2. 有些批評者（例如Moyo Easterly）主張這些援助可能受到不當支出或產生反效果，考量到全球貧窮下眾多人口身受苦難，出於企圖消滅貧

窮的人性，我們不認為這筆投入金額過於巨大。

3. 保護窮人免於暴力也在要素 3「秩序與安全」、次要素 3.1「犯罪受到有效控制」、次要素 4.2「基本權利」中提及，這些分類索引顯示法治有效保證「生存的權利與人身安全」。

4. General Accounting Office. *Foreign Aid: Police Training and Assistance.* Report GAO-92-118. Washington, DC: General Accounting Office (1992). 1. Web.

全文網址為 http://archive.gao.gov/t2pbat7/145909.pdf

5. 同前。

6. Ethan Avram Nadelmann. *Cops Across Borders: The Internationalization of U.S. Criminal Law Enforcement.* University Park: Penn State Press, 1993. 113–116.

7. 國會頒布六六〇修正案禁令對於警察援助的豁免，允許資助反毒品及反恐怖主義的訓練與支援。此項援助大多經由國務院國際毒品和執法事務局（State Department International Narcotics and Law Enforcement）挹注。美國國際開發署將警察援助限縮至一項小型計畫，意欲在社區監督計畫中發揮公民對警察的管理能力。

8. U.S. Agency for International Development. *Assistance for Civilian Policing: USAID Policy Guidance.* Washington, DC: U.S. Agency for International Development (2005). 1. Web.

全文網址為 http://pdf.usaid.gov/pdf_docs/PNADU808.pdf

9. The World Bank. *Initiatives in Justice Reform.* Washing ton, D C : The World Bank (2009). 4. Web.

全文網址為 http://siteresources.worldbank.org/INTLAWJUSTINST/Resources/JRInitiativestext2009.pdf

10. The World Bank. *World Development Report: Conflict, Security and Development.* Washington, DC: The World Bank (2011). 5. Web.

全文網址為 http://siteresources.worldbank.org/INTWDRS/Resources/WDR2011_Full_Text.pdf

11. Anne-Marie Leroy. "Legal Note on Bank Involvement in the Criminal Justice Sector." Washington, DC: The World Bank (2012). Web.

全文網址為 http://siteresources.worldbank.org/INTLAWJUSTINST/

Resources/CriminalJusticeLegalNote.pdf

12. The World Bank. *World Bank Directions in Justice Reform: Discussion Note.* Washington, DC: The World Bank (2012). 1.

全文網址為 http://siteresources.worldbank.org/EXTLAWJUSTINST/ Resources/wb_jr_discussionnote.pdf

13. Robert Zoellick, quoted in *World Bank Directions in Justice Reform: Discussion Note*, 1.

14. C. Stone. "Crime, Justice Systems, and Development Assistance." *The World Bank Legal Review: Law, Equity, and Development*, vol. 2. Ed. A. Palacio. Washington, DC: The World Bank (2006). 215–216.

15. Nicole Ball et al. "Security and Justice Sector Reform Programming in Africa." *Evaluation Working Paper 23.* London and Glasgow: DFID (2007). ix.

全文網址為 http://www.dfid.gov.uk/Documents/publications1/evaluation/ sjr.pdf

另請參閱 Adam Isacson and Nicole Ball. "U.S. Military and Police Assistance to Poor-Performing States." *Short of the Goal.* Ed. Nancy Birdsall, Milan Vaishnav, and Robert Ayres (2006): 414.

全文網址為 http://www.cgdev.org/doc/shortofthe-goal/chap13.pdf

16. United States Department of State. "DRL Programs, Including Human Rights Democracy Fund (HRDF)." *U.S. Department of State Archive.* (2001–2009). Web.

全文網址為 http://2001-2009.state.gov/g/drl/p/index.htm

17. Freedom House. *Investing in Freedom: An Analysis of the Obama Administration FY 2011 Budget Request for Democracy and Human Rights.* Washington, DC: Freedom House (May 2011). 10. Web.

全文網址為 https://freedomhouse.org/sites/default/files/inline_images/ Investing%20in%20Freedom%20Analyzing%20the%20FY%202012%20 International%20Affairs%20Budget%20Request.pdf

18. U.S. State Department. *The Merida Initiative - Fact Sheet.* Washington, D.C.: U.S. State Department (2009). Web.

全文網址為 http://www.state.gov/j/inl/rls/fs/122397.htm

19. Michael Shifter. *Countering Criminal Violence in Central America*. New York: Council on Foreign Relations (2012). 18. Web.

    全文網址為 http://www.cfr.org/central-america/countering-criminal-violence-central-america/p27740

20. 擷取自 State/INL Congressional Budget Justification Reports。請留意 2001–2007 財政年度的資料是以兩年為區間，2010 和 2011 財政年度的資料取自 2012 年 State/INL Budget Justification Report。

    United States Department of State. *Congressional Budget Justification: Fiscal Year 2001*. Washington, DC: GPO (2000).

    全文網址為 http://www.state.gov/documents/organization/9478.pdf

    United States Department of State. *Congressional Budget Justification: Fiscal Year 2003*. Washington, DC: GPO (2002). 507, 515. Web.

    全文網址為 http://www.state.gov/documents/organization/28982.pdf

    United States Department of State. *Congressional Budget Justification: Fiscal Year 2005*. Washington, DC: GPO (2004). 585, 593. Web.

    全文網址為 http://www.state.gov/documents/organization/60658.pdf

    United States Department of State. *Congressional Budget Justification: Fiscal Year 2007*. Washington, DC: GPO (2006). 665, 673. Web.

    全文網址為 http://www.state.gov/documents/organization/84462.pdf

    United States Department of State. *Congressional Budget Justification: Fiscal Year 2008*. Washington, DC: GPO (2007). 76. Web.

    全文網址為 http://www.state.gov/documents/organization/84462.pdf

    United States Department of State. *Congressional Budget Justification: Fiscal Year 2009*. Washington, DC: GPO (2008). Web.

    全文網址為 http://www.state.gov/documents/organization/100326.pdf

    United States Department of State. *FY 2010 Program and Budget Guide: Centrally- Managed Programs*. Washington, DC: GPO (2009). 41. Web.

    全文網址為 http://www.state.gov/documents/organization/131027.pdf

    United States Department of State. *FY 2012 Program and Budget Guide: Centrally- Managed Programs*. Washington, DC: GPO (2011). 201. Web.

    全文網址為 http://www.state.gov/documents/organization/185822.pdf

21. Rachel K. Belton. "Competing Definitions of the Rule of Law: Implications

for Practitioners." *Carnegie Papers: Rule of Law Series*, No. 55 (2005): 23. Web.

全文網址為 http://www.carnegieendowment.org/files/CP55.Belton.FINAL. pdf

22. Vivek Maru. "Access to Justice and Legal Empowerment: A Review of World Bank Practice." *Hague Journal on the Rule of Law* 2 (2010): 259–281. Web.

全文網址為 http://journals.cambridge.org/action/displayAbstract?fromPage =online&aid=7942021

23. *World Bank Directions in Justice Reform: Discussion Note*. 1.

全文網址為 http://siteresources.worldbank.org/EXTLAWJUSTINST/ Resources/wb_jr_discussionnote.pdf

24. Belton, "Competing Definitions."

25. United States General Accounting Office. *Foreign Assistance: Rule of Law Funding Worldwide for Fiscal Years 1993-98*. Washington, DC: GPO (1999). 12. Web.

全文網址為 http://www.gao.gov/archive/1999/ns99158.pdf

26. John F. Tierney. *Multiple U.S. Agencies Provided Billions of Dollars to Train and Equip Foreign Police Forces*. GAO Report. Washington, DC: GPO (2011). 2. Web.

全文網址為 http://www.gao.gov/new.items/d11402r.pdf

第十章

1. Richard Zacks. *Island of Vice: Theodore Roosevelt's Quest to Clean Up Sin-Loving New York*. Garden City, NY: Anchor Books (2012). 84. Print.

2. Jean Pfælzer. *Driven Out: The Forgotten War against Chinese Americans*. University of California Press. (2008) Print. 75–84.

3. 同前，25。

4. 同前，243–251。

5. Elaine Tipton. *The Japanese Police State: The Tokkō In Interwar Japan*. London: Athlone Press (1990). 66–67.

Christopher Aldous. *The Police in Occupa tion Japan: Control, Corruption, and Resistance to Reform*. London and New York: Routledge, Chapman & Hall (1997). 32–33.

6. J.P. Burdy. "Social Control and Forms of Working-Class Sociability in French Industrial Towns between the Mid-Nineteenth and the Mid-Twentieth Centuries." *Social Control in Europe 1800–2000*, vol. 2. Trans. Helen Arnold, ed. H. Roodenburg, P. Spierenburg, C. Emsley, and E. Johnson. Columbus: Ohio State University Press (2004). 25–69. Print.

   P. Lawrence. "Policing the Poor in England and France, 1850–1900." *Social Control in Europe 1800-2000*, vol. 2. Ed. H. Roodenburg, P. Spierenburg, C. Emsley, and E. Johnson. Columbus: Ohio State University Press (2004). 210–225.

7. Jean-Marc Berlière. "L'Institution policière en France sous la Troisième République, 1875–1914." Unpublished PhD dissertation. University of Bourgogne, Dijon (1991). 36.

8. Samuel Walker and Charles Katz. *The Police in America: An Introduction*. New York: McGraw- Hill (2007). 4.

9. 同前，9。

10. 同前，16。

11. 同前，9。

12. 同前，14。

13. 同前，24。

14. 同前，62。

15. 同前。

16. 同前，9。

17. 同前，40。

18. 同前，100。

19. Zacks, *Island of Vice*, 88.

20. Walker and Katz, *The Police in America*, 9.

21. 同前，20。

22. 同前，16。

23. 同前，20。

24. 同前。一八七六年紐約市擁有一百萬人口與769位巡邏員警，亦即每

1,300位市民對應一位員警。今日的印度每1,037位市民對應一位員警，
菲律賓是每1,400位市民對應一位員警。

25. Walker and Katz, *The Police in America*, 20.

26. 同前，21。

27. 同前，18；Zacks, *Island of Vice*, 103.

28. Walker and Katz, *The Police in America*, 24.

29. 同前。

30. 同前，25。

31. 同前，30。

32. Robert F. Vodde. *Andragogical Instruction for Effective Police Training*. Amhurst: Cambria Press (2009). 5–6 (quoting Stephens).

33. Walker and Katz, *The Police in America*, 10.

34. Vodde, *Andragogical Instruction*, 7 (quoting Bailey).

35. 同前。

36. Vodde, *Andragogical Instruction*, 1–17.

37. John Roach and Jürgen Thomaneck. *Police and Public Order in Europe*. Croom Helm. (1985) Print. 107.

38. David H. Bayley. "The Police and Political Development in Europe." *The Formation of National States in Western Europe*. Princeton University Press. (1975) Print. 345.

39. Phillip J. Stead. *The Police of France. Macmillan Publishing Company*. (1983) Print. 34.

40. 同前，68–69。

41. D. E. Westney, "The Emulation of Western Organizations in Meiji, Japan: The Case of the Paris Prefecture of Police and the Keishicho." *Journal of Japanese Studies*, 8. (1982), 311.

42. Christopher Aldous. *The Police in Occupation Japan: Control, Corruption, and Resistance to Reform*. London and New York: Routledge, Chapman & Hall.
(1997). 24.

43. 同前，19–31。

44. Katzenstein, Peter J., and Yutaka Tsujinaka. "Bullying, Buying, and Binding:

US-Japanese Transnational Relations and Domestic Structures." *Cambridge Studies in International Relations*, 42. (1995). 36.

45. Craig L. Parker. *The Japanese Police System Today: A Comparative View*. Armonk, NY: M. E. Sharpe, 2001. 21–22.

46. Walker and Katz, *The Police in America*, 25–26.

47. Vodde, *Andragogical Instruction*, 8 (quoting Roberg from Roberg, Crank, & Kuykendall (2000). 45).

48. Walker and Katz, *The Police in America*, 31.

49. 同前。

50. Abhijit Banerjee. "Police Performance and Public Perception in Rajasthan, India." Web.
全文網址為 http://www.povertyactionlab.org/evaluation/police-performance-and-public-perception-rajasthan-india

51. Walker and Katz, *The Police in America*, 7.

52. L. Craig Parker. *The Japanese Police System Today: A Comparative View*. Armonk: East Gate Publications (2001), 21.

53. Walker and Katz, *The Police in America*, 44.

54. Vodde, *Andragogical Instruction*, 11.

55. 同前，149。
J. L. Lyman. "The Metropolitan Police Act of 1829: An Analysis of Certain Events Influencing the Passage and Character of the Metropolitan Police Act in England." *The Journal of Criminal Law, Criminology*, and Police Science 55, no. 1 (1964): 151.

56. Josiah Flynt. "Police Methods in London." *North American Review 176*, no. 556 (1903): 440.

57. 同前，447。

58. Leonard Porter Ayres. "The Cleveland survey of the administration of criminal justice." Cleveland: The Cleveland Trust Company. (1922) Web.
全文網址為 http://archive.org/details/clevelandsurvey00clevgoog

59. Samuel Walker. *A Critical Theory of Police Reform*. Lexington Books. (1977) Print. 127.

60. Walker and Katz, *The Police in America*, 135.

第十一章

1. Rhea Ruth V. Rosell. "40% Cebu City households are poor — DSWD." *Cebu Daily News*, October 6, 2011.

   全文網址為 http://newsinfo.inquirer.net/71311/40-cebu-city-households-are-poor-dswd

2. Christopher Stone. "Crime, Justice Systems and Development Assistance." *World Bank Legal Review: Law, Equity, and Development*, vol. 2. 217.

3. 同前。

4. 同前，228。

5. 讀者若想獲得其他區域國際正義使命團計畫的更多資訊，請參照 www. TheLocustEffect.com

6. David Batty. "More than 30 Women Raped and Beaten in DR Congo Attack." *The Guardian*, January 6, 2011. Web.

   全文網址為 http://www.guardian.co.uk/world/2011/jan/07/congo-women-raped-beaten

7. Associated Press. "Congo Army Colonel Guilty of Ordering Mass Rape on New Year's Day." *The Guardian*, February 21, 2011. Web.

   全文網址為 http://www.guardian.co.uk/society/2011/feb/21/congo-rape-trial

8. Open Society Justice Initiative. *Justice in the DRC: Mobile Courts Combat Rape and Impunity in Eastern Congo*. June 2012. 2. Print.

9. UN News Centre. "DR Congo mass rape verdict sends strong signal to perpetra-tors — UN envoy." *UN News Service*, February 21, 2011. Web.

   全文網址為 http://www.un.org/apps/news/story.asp?NewsID=37580&Cr=sexual

10. 同前。

11. Open Society Justice Initiative. *Justice in the DRC: Mobile Courts Combat Rape and Impunity in Eastern Congo*. 5.

12. Tessa Khan and Jim Wormington. "Mobile Courts in the DRC- Lessons from Development for International Criminal Justice." Oxford Transitional Justice Research Working Paper Series, July 9, 2012. 23. Web.

    全文網址為 http://www.csls.ox.ac.uk/documents/OTJR-KhanandWormington-

MOBILECOURTSINTHEDRC-LESSONSFROMDEVELOPMENTFORINT
ERNATIONALCRIMINALJU.pdf

另請參閱 Patrick Vinck and Phuong Pham. "Ownership and Participation in Transitional Justice Mechanisms: A Sustainable Human Development Perspective from Eastern DRC." *International Journal of Transitional Justice*, vol. 2 (2008): 401. Print.

13. Khan and Wormington. "Mobile Courts", 27.
14. 同前，2。
15. Patrícia Trindade Maranhão Costa. *Fighting Forced Labour: The Example of Brazil.* Geneva: International Labour Office (2009). v. Web.
   全文網址為 http://www.ilo.org/wcmsp5/groups/public/---ed_norm/---declaration/documents/publication/wcms_111297.pdf
16. International Labour Office. *ILO 2012 Global Estimate of Forced Labour Executive Summary.* Geneva: International Labour Office (2012). Print. 2.
17. Costa, *Fighting forced Labour*, 9.
18. 同前，8。
19. 同前。
20. Kevin Bales. *Disposable People: New Slavery in the Global Economy.* Berkeley and Los Angeles: University of California Press (1999). 5. Print.
21. 同前，78。
22. Nick Caistor. "Brazil's 'Slave' Ranch Workers." *BBC News*, May 11, 2005. Web.
   全文網址為 http://news.bbc.co.uk/2/hi/americas/4536085.stm
23. Presidência da República do Brasil. "Plano Nacional Para a Erradicação do Trabalho Escravo." Presidência da República do Brasil (2003). Web.
   全文網址為 http://www.oit.org.br/sites/all/forced_labour/brasil/iniciativas/plano_naci onal.pdf
24. Costa, "Fighting Forced Labour."
25. International Labour Organization. "The Good Practices of Labour Inspection in Brazil: The Eradication of Labour Analogous to Slavery" Geneva: International Labour Organization (2010).
   全文網址為 http://www.ilo.org/wcmsp5/groups/public/---ed_norm/---

declaration/documents/publication/wcms_155946.pdf

26. 同前，39。

27. 同前，36。

28. United States Department of State. "Trafficking in Persons Report 2012" Washington, DC: United States Department of State (2012).

全文網址為http://www.state.gov/documents/organization/192594.pdf

「沒有綜合資料顯示報告期間有多少勞工販運者遭到起訴，然而媒體報導指出，有關當局依照奴工法令定罪了七個可能的勞工販運犯罪者，包括一位前任議員。」（96）。

29. Costa, "Fighting Forced Labour," 28.

30. 同前，77。

31. 同前。

32. The World Bank. "Fighting Corruption in Public Services: Chronicling Georgia's Reforms." Washington, DC: The World Bank (2012).

33. 同前，ix.

34. Transparency International. "Corruption Perceptions Index 2003."

全文網址為http://www.ti-israel.org/_Uploads/dbsAttachedFiles/174CPI2003PressRelease.pdf

35. World Bank, "Fighting Corruption," 1.

36. 同前。

37. 同前，7。

38. 同前，21。

39. 同前。

40. 同前，13。

41. 同前，13。

42. Personal conversation with former Prime Minister Gilauri. World Economic Forum, January 2012.

43. World Bank, "Fighting Corruption," 6. Emphasis added

44. 同前，18。

45. 同前，8。

46. 同前。

47. 同前，19。

48. "Seven Years after the Rose Revolution, Georgia has come a long way" *The Economist. August* 19, 2010. Web.
    全文網址為 http://www.economist.com/node/16847798

49. Personal conversation with former Prime Minister Gilauri. World Economic Forum, January 2012.

50. 想了解國際司法橋樑（International Bridges to Justice）請至 http://www.ibj.org/meet-ibj/mission

51. Stone, Joel Miller, Monica Thornton, and Jennifer Trone. "Supporting Security, Justice, and Development: Lessons for a New Era." New York: Vera Institute for Justice (2005). 12. Web.
    全文網址為 http://www.vera.org/sites/default/files/resources/downloads/Supporting_security.pdf

52. 同前，58。

53. Department for International Development. *Safety, Security, and Accessible Justice: Putting Policy into Practice.* Department for International Development (July 2002). Web.
    全文網址為 http://www.gsdrc.org/docs/open/SSAJ23.pdf

54. 同前，12–14。

55. Peter Albrecht and Paul Jackson. "Executive Summary." *Security System Transformation in Sierra Leone, 1997–2007.* Global Facilitation Network for Security Sector Reform (2009). 6. Web.
    全文網址為 http://issat.dcaf.ch/content/download/33989/486204/file/Security%20System%20Transformation%20in%20Sierra%20Leone,%201997-2007.pdf

56. About Us." Namati(2012). Web.
    全文網址為 http://www.namati.org/about

57. Vivik Maru. "Between Law and Society: Paralegals and the Provision of Justice Services in Sierra Leone and Worldwide." *The Yale Journal of International Law* 31 no. 2 (2006): 427–476.

58. 同前。

59. Maru, "Between Law and Society," 428.

60. Pamela Dale. "Delivering Justice to Sierra Leone's Poor: An Analysis of the

Work of Timap for Justice." World Bank Justice for the Poor Research Report. (2009). 21.

61. Vivek Maru. Personal interview by Holly Burkhalter. May 15, 2012.

62. Maru, "Between Law and Society", 441.

63. 2012年由 Holly Burkhalter 親身訪談 Vivek Maru。

64. 想對和平與希望（Paz y Esperanza）了解更多，請至 http://www.pazyesperanza.org

65. Golub, 9.

國際正義使命團

　　國際正義使命團是一個人權機構，企圖救出千千萬萬奴工，保護國際正義使命團是一個人權機構，企圖救出千千萬萬奴工，保護數以百萬計遭欺壓者，並且證明窮人有可能享有正義。

　　律師、社會工作者、調查員、社區運動人士組成國際正義使命團的在地團隊——形成一群世界最大的由在地倡議者組成的國際團隊，為發展中國家的暴力受害人提供直接服務——在他們自身的社區裡保護窮人免於暴力，包括拯救受害人逃離暴虐魔掌、將罪犯繩之以法、使倖存者重獲安全和信心，並幫助當地執法機構建立一個長治久安的未來。

　　自一九九七年創建以來，國際正義使命團的當地團隊持續與當地刑事司法體系合作，拯救數以千計的人口販運、奴役、警察濫權、非法財產掠奪、性暴力的受害者，確保數百名罪犯因其凌虐窮人的犯行遭到定罪，且使「失靈的」刑事司法制度顯現開創性的轉變。

　　受到神愛世人、為受壓迫之人尋求正義等基督教信念的啟發，國際正義使命團服務每一個人，無論種族、宗教或其他任何因素，並且開放與所有存良善之心的人結盟合作。國際正義使命團曾受到《紐約時報》、《印度時報》、《華盛頓郵報》、《衛報》、《外交》、《富比士》雜誌、《美國新聞與世界報導》、《紐

約客》、《今日基督教》雜誌（*Christianity Today*）、美國國家廣播電台、BBC「世界新聞」（*World News*）節目、CNN與其他許多媒體的報導。

想了解更多，請造訪網站IJM.org。

「現在我該做些什麼？」

　　現在你讀過《蝗蟲效應》了，假如你今天只能做一件事來打擊暴力災禍，那就是**分享出去**。

　　世界尚未醒覺、看清正吞噬我們世上最貧困鄰人生命的暴力災禍——或是如同尤莉、蘿拉、瑪利亞瑪的數百萬人，迫切需求有效執法來保護他們。

你可以改變這件事。喚醒世人。

　　就你所知，誰是最有影響力的人？你認識的人當中，誰最關切世上的貧窮處境？跟那個人說有《蝗蟲效應》這本書。把你手上這本傳給他，或是慫恿他們去買一本（本書全部版稅用於保護身受凌虐的窮人），叫他們去看 TheLocustEffect.com 網站，抑或告訴他們你閱讀這本書的心得。

　　當你把這個訊息傳出去以後，請到 TheLocustEffect.com 網站，讓我們知道你這麼做了，並且獲取更多資源和行動方針。

　　對付發展中國家的貧窮困境需要持續不懈的努力，但是非常值得。謝謝你與我們共同踏出容易的第一步。

蓋瑞・豪根與維克多・布特羅斯

國家圖書館出版品預行編目資料

蝗蟲效應：暴力的暗影——為何終結曾窮需要
消滅暴力？／蓋瑞‧豪根（Gary A. Haugen）、
維克多‧布特羅斯（Victor Boutros）著；楊芩
雯譯. -- 二版. -- 臺北市：馬可孛羅文化出
版：家庭傳媒城邦分公司發行, 2019.10
面；　公分
譯自：The locust effect
ISBN：978-957-8759-83-1（平裝）

1.貧窮　2.暴力犯罪　3.開發中國家

548.16　　　　　　　　　　　　　108013018

MI1013X

蝗蟲效應
暴力的暗影——為何終結貧窮需要消滅暴力？
The Locust Effect:why the end of poverty requires the end of violence

作　　　者❖蓋瑞‧豪根（Gary A. Haugen）、維克多‧布特羅斯（Victor Boutros）
譯　　　者❖楊芩雯
封 面 設 計❖蔡南昇
總 編 輯❖郭寶秀
協 力 編 輯❖李雅玲、黃亦安
行 銷 企 畫❖許芷瑀

發 行 人❖涂玉雲
出　　　版❖馬可孛羅文化
　　　　　104台北市民生東路二段141號5樓
　　　　　電話：886-2-25007696
發　　　行❖英屬蓋曼群島商家庭傳媒股份有限公司城邦分公司
　　　　　104台北市中山區民生東路二段141號11樓
　　　　　客服服務專線：(886) 2-25007718；25007719
　　　　　24小時傳真專線：(886) 2-25001990；25001991
　　　　　讀者服務信箱：service@readingclub.com.tw
　　　　　劃撥帳號：19863813　戶名：書虫股份有限公司
香港發行所❖城邦（香港）出版集團有限公司
　　　　　香港灣仔駱克道193號東超商業中心1樓
　　　　　E-mail:hkcite@biznetvigator.com
馬新發行所❖城邦（馬新）出版集團 Cite (M) Sdn.Bhd.(458372U)
　　　　　41, Jalan Radin Anum,Bandar Baru Seri Petaling,
　　　　　57000 Kuala Lumpur,Malaysia.
製 版 印 刷❖前進彩藝有限公司
初 版 一 刷❖2015年9月
二 版 一 刷❖2019年10月
定　　　價❖460元

ISBN：978-957-8759-83-1（平裝）

城邦讀書花園
www.cite.com.tw

版權所有　翻印必究（如有缺頁或破損請寄回更換）